BEGIN VAN EEN ONBEKEND TIJDPERK

»PRIVÉ-DOMEIN«

NR. 5

KONSTANTIN PAUSTOVSKIJ

BEGIN VAN EEN ONBEKEND TIJDPERK

HERINNERINGEN AAN DE RUSSISCHE REVOLUTIE

VERTAALD DOOR WIM HARTOG

UITGEVERIJ DE ARBEIDERSPERS · AMSTERDAM · ANTWERPEN

Eerste druk 1967
Tweede druk 1978
Derde druk 1982
Vierde druk 1985
Vijfde druk 1987
Zesde druk 1990
Zevende druk, als pocket, 1992
Achtste druk 1992
Negende druk 1996
Tiende druk 1997

Oorspronkelijke titel: *Natsjalo nevedomogo veka*

ISBN 90 295 3325 0 / NUGI 321

INHOUD

I / DE MAALSTROOM

In een paar maanden tijds sprak Rusland alles uit waarover het eeuwenlang had gezwegen.

Vanaf februari tot herfst 1917 leek heel het land dag en nacht op een ononderbroken wanordelijke meeting.

De mensen schoolden rumoerig bijeen op stadspleinen, bij monumenten en voor naar chloor ruikende stations, op fabrieken, in dorpen, op markten, op elke binnenplaats en in ieder trappenhuis van een ook maar enigszins bewoond pand.

Alles – het zweren van een eed, het doen van een oproep, beschuldigingen, ja het redenaarsvuur zelf – verzonk plotseling in het bezeten geschreeuw van 'weg met!' of in een geestdriftig hees 'hoera!' Deze kreten rolden voort over alle kruisingen als het gedender van wielen over een keiweg.

Bijzonder hartstochtelijk en heftig ging het toe bij de Moskouse meetings.

Er werd iemand gejonasd, er werd iemand bij zijn koppel van het Poesjkin-monument afgesleept, men kuste elkaars ruige wangen, drukte elkaars eeltige knuisten. Een intellectueel werd de hoed van het hoofd geslagen, maar nog geen minuut daarna werd hij in triomf rondgedragen. Terwijl hij zijn op en neer dansende knijpbrilletje vasthield, slingerde hij vervloekingen in het rond tegen bepaalde ondermijners van de Russische vrijheid waarbij men niet aan de weet kwam wie dat dan wel waren. Er ging nu eens hier dan weer daar verwoed applaus op en het kletsend geluid van harde handen klonk net alsof er grote hagelkorrels op het wegdek neerkletterden.

Overigens was de lente van het jaar 1917 koud en de hagel lag dikwijls in een knerpende laag over het jonge gras aan de Moskouse boulevards.

Op de meetings vroeg niemand het woord. Iedereen nam het zelf. Frontsoldaten werden graag aan het woord gelaten evenals een Frans officier, lid van de Franse socialistische partij, de latere communist Jacques Sadoul, die in Rusland was blijven hangen. Altijd dook zijn blauwe soldatenjas wel ergens op tussen de beide belangrijkste trefpunten van Moskou, het Poesjkin-monument en dat van Skobeljev.

Wanneer een soldaat zei dat hij van het front kwam werd hij eerst aan een luidruchtig verhoor onderworpen. 'Van welk front?' werd er uit de menigte geroepen. 'Van welke divisie? Van welk regiment? Wie is de commandant van je regiment?'

Antwoordde de verwarde soldaat niet snel genoeg, dan werd hij van de tribune gesleept onder het roepen van: 'hij komt van het Chodynka-front! Weg met hem!' en werd zo ver mogelijk de menigte ingesmeten. Daar snoot hij dan verlegen zijn neus, veegde deze aan de zoom van zijn jas af en schudde stomverbaasd zijn hoofd.

Om de menigte dadelijk in de hand te hebben en tot luisteren te dwingen, moest deze overrompeld worden.

Op een keer klom een gebaarde soldaat met een jas aan die stijf uitstond, op het voetstuk van het Poesjkin-monument. De menigte begon te schreeuwen. 'Van welke divisie? Van welke eenheid?'

De ogen van de soldaat vernauwden zich van woede. 'Wat is dat voor gebrul?' riep hij. 'Als men een beetje behoorlijk zou zoeken dan zou men in de zak van één op de drie personen hier de foto van Wilhelm vinden! Meer dan de helft van jullie zijn spionnen! Dat staat als een paal boven water! Met welk recht zou een Russische soldaat voor jullie zijn kop dicht moeten houden?'

Zoiets was een overrompelingstactiek. De menigte zweeg.

'Laten jullie je eerst eens een keer in de loopgraven door de luizen opvreten,' schreeuwde de soldaat, 'dan kunnen jullie opkomen met je verhoor! Tsaristische misbaksels! Tuig! Jullie hebben rooie lintjes opgespeld en denken dat wij jullie dan niet door hebben! Het is niet genoeg dat jullie ons als kippen aan de bourgeois verkopen, jullie wilden ons ook tot de laatste veer kaal plukken. Door jullie is het een en al verraad aan het front en in die rottige achterhoede! Kameraden van het front! Ik wend mij tot jullie! Weest zo goed om al deze burgers te omsingelen, fouilleer ze en controleer hun papieren. En als er bij iemand iets gevonden wordt, dan maken we meteen korte metten met hem zonder op bevel te wachten van de Regeringscommissaris. Hoera!'

De soldaat rukte de pelsmuts van zijn hoofd en stak hem omhoog. Hier en daar werd hoera geroepen maar het klonk iel en verspreid. Meteen daarop voer er een beweging door de menigte: de soldaten die elkaar bij de hand hadden gepakt begonnen de mensen in te sluiten.

Wie weet waar het op uitgedraaid zou zijn als er niet iemand op het idee was gekomen om de Sowjet van Gedeputeerden op te bellen. Er arriveerde een vrachtwagen vol gewapende arbeiders die de orde herstelden.

Geleidelijk aan kregen de op verschillende plaatsen in Moskou gehouden meetings ieder hun eigen karakter. Bij het Skobeljev-monument traden voornamelijk vertegenwoordigers van de verschillende partijen op – van de Kadetten[1] en volkssocialisten tot aan bolsjewieken toe. Er werden daar vurige maar serieuze redevoeringen gehouden. Zwetsen aan de voeten van Skobeljev was niet op zijn plaats. Zodra het die kant leek op te gaan, schreeuwde het publiek als uit één man tegen de redenaar: 'Naar het Taganskaja-plein! Opduvelen!'

Op het Taganskaja-plein kon iemand werkelijk alles zeggen wat hem voor de mond kwam, als het moest zelfs dat Kerensky uit het kleine plaatsje Sjpola kwam en tot het jodendom was overgegaan, of dat bij de monniken in het Donskoj-klooster gouden tienroebelstukken gevonden waren die in het klokhuis van ingemaakte appelen verborgen zaten. Op een keer in de lente (het was al mei maar niemand scheen dat jaar de ijsgang op de Moskwa en de bloeiende vogelkers op te merken) bevond ik mij onder de menigte aan de voet van het Skobeljev-monument. Tussen sociaal-revolutionairen en bolsjewieken was een woordenwisseling aan de gang.

1. Constitutioneel-democraten. (Noot v. d. vert.)

Plotseling klom mijn oude kennis Ratsjinski op het voetstuk van het monument. Onwillekeurig ging er een schok door mij heen. Tot op dat ogenblik was ik hem in Moskou nog niet tegengekomen. Ratsjinski nam zijn breedgerande fluwelen hoed af, verzocht om stilte door zijn met een naakte zilveren najade versierde wandelstok omhoog te heffen en riep pathetisch:

'Zwarte wolken trachten de zon van onze vrijheid te verduisteren, staat u een arme en bescheiden dichter toe die in een mansarde woont, zijn van verontwaardiging trillende stem te verheffen...'

'Op de belt met hem!' klonk een duidelijke en vastbesloten maar wat ruwe stem in de menigte.

'Naar het Taganka-plein,' viel de massa bereidwillig in. 'Hee, jullie daar vooraan, sleur hem eens van het standbeeld af.'

'Dat is machtsmisbruik,' begon Ratsjinski wanhopig te schreeuwen. 'Dat is de stem van het domme gepeupel!'

Maar desondanks liet men hem niet aan het woord komen. Hij sloeg zijn ogen smartelijk ten hemel, maakte een wijds gebaar, sprong waardig van het voetstuk en verdween in de menigte.

De meetings bij het Poesjkin-monument waren weliswaar gevarieerd van thema maar stonden, zoals men vandaag pleegt te zeggen, 'op hoog niveau'. Meestal spraken daar studenten.

Ik werkte toen bij een krant en moest beroepshalve de meetings bijwonen. Men registreerde er de minste of geringste schommeling in de stemming van Moskou. Wij krantenmensen kwamen daar ook veel nieuwtjes aan de weet.

De krant waaraan ik verbonden was, droeg de eigenaardige naam van 'Mededelingen van het Moskouse Stadsbestuur'. Een stadsbestuur was er toen al lang niet meer, net zo min als mededelingen trouwens. Het kan best zijn dat de krant zo heette omdat de redactie gevestigd was in het vroegere gebouw van de stadsbestuurder, op de Tverskoje-boulevard.

Het was maar een klein blad. De redactie werd gevoerd door de lichtzinnige en ongegeneerde dichter en feuilletonist Don Aminado. Zijn echte naam kende niemand.

In de krant verschenen sensationele meldingen uit alle hoeken van het land, een kroniek van het dagelijks leven in Moskou en zo nu en dan twee, drie bevelen van de Commissaris van de Tijdelijke regering, dokter Kisjkin. Niemand kwam ook maar op het idee om deze bevelen uit te voeren. Daarom had de figuur van Kisjkin een zuiver decoratief karakter. Hij was een nogal norse man met een grijzend baardje en de ogen van iemand die naar de slachtbank wordt gevoerd. Hij droeg een elegante overjas met zijden revers en in zijn knoopsgat had hij een rode kokarde.

De redevoeringen van de sprekers op de meetings namen van dag tot dag vaster vorm aan en al gauw begonnen zich uit de wirwar van slagzinnen en eisen duidelijk twee kampen af te tekenen waarin het land reeds verdeeld was: aan de ene kant de bolsjewieken en de arbeiders, aan de andere kant de op het eerste gezicht zo edelmoedige, bij nader inzien echter slappe en verwarde intelligentsia die achter de tijdelijke regering stond. Natuurlijk niet de hele intelligentsia maar wel een heel groot deel ervan.

De staat viel uiteen als een klomp natte klei. De provincie, het Rusland met zijn districten, onderwierp zich niet aan Petrograd; wat er precies leefde en broeide wist men niet. Aan het front smolt het leger weg als sneeuw in de zon.

Kerensky vloog van het ene eind van het land naar het andere en trachtte met zijn extatische welsprekendheid Rusland weer aan elkaar te lijmen. Hij probeerde krachtige ideeën en overtuigingen te vervangen door bombastische taal, een operette-achtige houding, majestueuze doch misplaatste gebaren. Zo verscheen hij voor duizenden soldaten aan het front, op de borstwering van de loopgraven zonder er erg in te hebben dat hij doodgewoon belachelijk was.

Op een goeie dag rukte hij een al niet meer zo jonge zieke soldaat die geweigerd had de loopgraven in te gaan, de epauletten van de schouders, wees met een onverbiddelijk gebaar, een Caesar waardig, naar het Oosten en riep: 'Lafaard, keer naar de achterhoede terug. Niet wij, maar je eigen geweten zal je doden!'

Hij riep dit met tragische stem en tranen in zijn ogen, maar de soldaten wendden zich af en vloekten.

Ik heb deze man met zijn pafferige citroengele gezicht, donkerrode oogleden en dunne grijzende broshaar heel wat keren gezien.

Hij liep wild voort en dwong daardoor zijn adjudanten achter hem aan te rennen. Hij draaide zich al even wild en onverwacht om waarbij hij zijn begeleiders aan het schrikken bracht. De hand van zijn zieke arm die in een zwarte doek hing hield hij tussen de randen van zijn dichtgeknoopte kreukelige veldjas. Deze jas viel in plooien over zijn buik. De bruine lakleren beenkappen aan zijn lange dunne benen kraakten en blonken.

Met blaffende hortende stem slingerde hij korte zinnen de menigte in en snakte naar adem. Hij hield van donderende woorden en geloofde erin. Hij had het gevoel dat zij als het geklep van een alarmklok over het verontruste land klonken en de mensen tot offers en heldendaden aanspoorden.

Had Kerensky zijn donderende woorden eenmaal rondgeschreeuwd, dan viel hij krampachtig snikkend in een leunstoel. Zijn adjudanten gaven hem een kalmerend middel te drinken. Als bij een zenuwzwakke dame hing de geur van valeriaan om hem heen.

Deze geur die deed denken aan de muffe lucht van uitgewoonde en ouderwetse huizen verraadde hem. Zo leek het mij toen tenminste. Ik was ervan overtuigd, waarom weet ik zelf niet, dat de lucht van medicijnen onverenigbaar was met de hoge titel van tribuun.

Ik begreep al gauw dat Kerensky gewoon een zieke man was, met een flinke scheut Dostojewski-achtigheid, een acteur die in zijn hoge messiaanse bestemming geloofde en als een kip zonder kop de afgrond tegemoet holde.

Deze hystericus, als een lichte houtspaander omhooggezogen op de eerste revolutionaire golf, was waarschijnlijk eerlijk in zijn opgeschroefde overtuigingen, in zijn verknochtheid aan Rusland. Rusland had sinds het feodalisme niet te klagen gehad over gebrek aan geloofsgetuigen. Iets van deze geloofsijver school ook in Kerensky. Ik kreeg bijna alle toenmalige leiders van de februari-revolutie te zien. Ook al kon ik niet erg wijs worden uit de verwarde toestand, toch werd ik getroffen door de bonte verscheidenheid van deze mensen.

De minister van buitenlandse zaken, Miljoekov bij voorbeeld, een geschiedenisleraar met de allures van een groot sinjeur, paste helemaal niet bij Kerensky.

Zijn grijsblauwige haar deed steriel en ijzig aan, net als de man zelf trouwens, tot aan elk afgewogen en correct woord toe. In die stormachtige tijd leek hij net een of ander fatsoenlijk academisch wezen van een andere planeet.

Plotseling doken er een hele rist schreeuwers op. Ze schoten als paddestoelen uit de grond.

Harder te schreeuwen dan de tegenpartij scheen een eerste vereiste te zijn.

Een goedkope demagogie bloeide op de met mest bedekte marktpleinen. Zelfs uit het buitenland werden schreeuwers gehaald. Uit Parijs kwam op zekere dag de Franse minister voor legerbevoorrading, Albert Thomas.

Hij verscheen bij ons om het 'heldhaftige Russische volk' er toe te bewegen de bondgenoten trouw te blijven en zich niet uit de strijd terug te trekken.

Deze man, gekleed in een elegante jas, met zijn korte benen en rode baard gaf in zijn toespraken een subliem staaltje weg van geschreeuw en expressieve gebaren. Zo sprak hij op een keer vanaf het balkon van de huidige Mossowjet[1] (dit gebouw diende toen de commissaris van de Tijdelijke Regering tot residentie). Thomas hield zijn rede in het Frans. Onder de menigte die naar hem luisterde, zullen nauwelijks tien mensen zijn geweest die deze taal begrepen. Het waren voornamelijk soldaten en bewoners van de voorsteden van Moskou. Maar Thomas' toespraak viel ook zonder woorden te begrijpen.

Op zijn kromme benen danste Thomas over het balkon heen en weer en liet op aanschouwelijke wijze zien wat er volgens hem met Rusland zou gebeuren indien het zich uit de oorlog terugtrok. Hij draaide zijn heldhaftige Pruisische snor op, sprong hoog op en vloog heftig een denkbeeldig Rusland naar de keel. Hij hield het in een wurgende greep gevangen, slingerde het briesend op de grond en begon er als een bezetene met zijn lakschoenen op te trappen. Daarbij stootte hij oorlogszuchtige kreten uit en brulde als een dolgeworden tijger.

Wilhelms macabere dans op het gevloerde lichaam van Rusland

1. Gemeenteraad van Moskou. (Noot v. d. vert.)

duurde een paar minuten. Verbluft door het circusachtige schouwspel hielden de omstanders hun adem in.

Vervolgens ging er een dof geroezemoes door de menigte heen. Thomas veegde zijn roodaangelopen gezicht af met een geparfumeerde zakdoek en zette met een gewoontegebaar – een tikkeltje scheef – zijn glimmende hoge hoed op. Hij luisterde scherp naar de menigte en glimlachte. Hij hield het geroezemoes voor een teken van bijval.

Maar het lawaai zwol aan, nam steeds dreigender vormen aan en ging ten slotte over in kreten als: 'Een schande! Clown! Opduvelen!' Ook werd hij uitgefloten.

Iemand pakte Thomas gedienstig bij de elleboog en voerde hem naar binnen. Op zijn plaats verscheen nu op het balkon de Belgische socialist Vandervelde. Een man met een onuitstaanbaar schijnheilig gezicht die een van onder tot boven dichtgeknoopte pastoorsjas aanhad...

Hij begon heel zacht en eentonig te spreken; het geprevel van zijn uitgedroogde dunne lippen scheen erop gericht te zijn de menigte te doen inslapen. Inderdaad werden de rijen snel dunner zodat al gauw nog slechts een handjevol mensen bij het balkon stond, dat klaarblijkelijk zuiver uit beleefdheid nog naar Vandervelde luisterde.

Vandervelde verviel trouwens in herhaling. Ook hij riep mistroostig tot trouw aan 'het heilige militaire bondgenootschap' op.

In de richting van het Strastnoj-klooster werd muziek hoorbaar. Het geluid zwol voortdurend aan, schallend klonk het:

We zijn allen aan het volk ontsproten
Hebben in de rijen der arbeiders onze jeugd genoten
Een broederlijk verbond en de vrijheid,
Zo luidt onze leus in de strijd!

Over de Tverskaja-straat naderden arbeiderscolonnes uit de voorstad Presnja. Rode spandoeken werden door de mensenstroom aan Vandervelde voorbijgevoerd: 'Vrede voor schamele stulpen, Oorlog aan de paleizen. Alle macht aan de Sowjets! Weg met de oorlog!'

Vandervelde stond nog een paar minuten wat te murmelen, dan legde hij zijn blaadjes met aantekeningen bij elkaar en liep langzaam weg waarbij een stijfopgerolde paraplu in een zijden foedraal hem tot wandelstok diende.

In de arbeiderscolonnes had men zijn aanwezigheid niet eens opgemerkt. Er werd gezongen:

Heel het stutsel van de tronen,
Zetten wij arbeiders neer,
We doen nu zelf 't kruit in de patronen,
Zetten zelf de bajonet op 't geweer!

Als je vandaag, na zoveel jaren terugdenkt aan die eerste maanden van de revolutie, dan zie je zo langzaamaan duidelijk in hoezeer men in die tijd doordrongen was van de wisselvalligheid van hetgeen er gebeurde en hoezeer men allerlei onvermijdelijke veranderingen tegemoet zag.

Het oude regime was verwoest. Maar in zijn hart geloofde bijna niemand dat de revolutie met de gebeurtenissen in februari afgelopen was. Het nieuwe regime was natuurlijk slechts een overgangsstadium in de geschiedenis van Rusland.

Het kan best dat de toenmalige, snel wisselende leiders van het land dit ook inzagen. Dat verzwakte hun verzet tegen het nieuwe element waar ze vijandig tegenover stonden maar waaraan niet viel te ontkomen en dat voor de eerste maal had geklonken uit de woorden die Lenin vanaf de wagon van een pantsertrein op het Finse station in Petrograd uitsprak: 'De dageraad van de socialistische revolutie is reeds aangebroken!'

Alles wat na februari zonder veel moeite bereikt en haastig in elkaar geflanst was, kondigde zoals we zullen zien nog maar het prille begin van een nieuw tijdperk aan. Dit werd echter pas aanzienlijk later voor iedereen duidelijk. In die tijd kon men het hoogstens aanvoelen. De tijd was te gespannen, iedere dag weer gebeurden er te veel fantastische dingen. We kwamen zielskracht en tijd te kort om behoorlijk wijs te kunnen worden uit de bliksemsnelle vlucht die de geschiedenis nam. Het geraas waarmee de oude tijd uiteenbrokkelde, vervaagde tot een ononderbroken gerommel.

De idyllische blijmoedigheid van de eerste dagen van de revolutie versomberde. Werelden kraakten in hun voegen en stortten in elkaar.

De intelligentsia – deze grootse Russische intelligentsia, het troetelkind van Poesjkin en Herzen, Tolstoj en Tsjechov – was in haar overgrote meerderheid het spoor bijster. Het kwam onomstotelijk vast te staan dat zij weliswaar hoge geestelijke waarden wist te scheppen, maar op een enkele uitzondering na machteloos stond nu het er om ging een nieuw staatsbestel te scheppen.

De Russische cultuur had zich vooral ontwikkeld in de vrijheidsstrijd tegen het autocratische regime. Deze strijd had het denken gescherpt, verheven gevoelens gekweekt en de burgermoed gewekt.

Het oude regime was nu in elkaar geploft. In plaats van het volk de 'eeuwige principes van redelijkheid en goedheid' uit de leesboekjes met de paplepel in te gieten, kwam het er nu op aan om onverwijld met eigen handen nieuwe levensvormen te scheppen en een onmetelijk en volkomen verwaarloosd land verstandig te besturen.

De verwarde, haast irreële toestand van het land mocht niet langer voort blijven duren. Als de natie wilde blijven bestaan, dan moest het doel duidelijk voor ogen staan en met vereende krachten de koe bij de horens worden gevat. Het bleek dat er, wilde men gerechtigheid en vrijheid vast verankeren, hard gebeuld en zelfs onbarmhartig gehandeld moest worden. Het werd ook duidelijk dat deze dingen niet spontaan vorm aannamen bij klank van cimbalen en het enthousiaste geroep van de burgerij.

Dat waren de eerste lessen van de revolutie. Dat was de eerste confrontatie van de Russische intelligentsia met de idealen ervan.

Het was een bittere kelk. En hij ging aan niemand voorbij. De sterke geesten dronken hem uit en bleven solidair met het volk, de zwakken ontaardden of gingen ten onder.

Zo ging het land een vreselijk en langdurig tijdperk binnen waarin een nieuwe samenleving werd geschapen. Maar ik herhaal het nogmaals, helemaal zonneklaar waren deze voorstellingen toen nog niet. Ze waren in de kiem aanwezig, haast als een flauw soort vermoeden. De meeste mensen lieten zich voortdrijven op de stroom van gebeurtenissen met als enig verlangen nog een poosje te blijven leven om te kunnen zien welke wending de geschiedenis zou nemen en op welke oever Rusland ten slotte door de branding aangespoeld zou worden.

Persoonlijk begroette ik de Februarirevolutie met jongensachtig enthousiasme, terwijl ik toch al vijfentwintig jaar oud was. Ik leefde in de naïeve veronderstelling dat deze revolutie de mensen in één klap ten goede zou kunnen veranderen en onverzoenlijke vijanden nader tot elkaar zou weten te brengen. Het scheen mij toe dat het voor de mensen toch niet zo vreselijk moeilijk moest zijn om ter wille van de onbetwistbare waarden van de revolutie, te breken met het verleden en met allerlei lage dingen zoals vooral hebzucht, chauvinisme en onderdrukking van de medemens.

Ik was er altijd van overtuigd geweest dat er in iedere mens een kern tot goede wil schuilt en dat het er alleen maar op aan komt om deze goede inborst wakker te schudden.

Maar ik moest al gauw tot het inzicht komen dat deze prachtige aanleg voor een groot gedeelte alleen maar schone schijn was. Iedere dag werd ik op wrede wijze met mijn neus op het feit gedrukt dat de mens niet zomaar verandert en dat de revolutie voorlopig noch de haat, noch het wederzijds wantrouwen uit de weg had geruimd.

Ik trachtte deze onaangename gedachte van mij af te zetten, maar het liet me niet met rust en zette een domper op mijn vreugde. Ik viel steeds vaker ten prooi aan aanvallen van woede. Ik begon de gladde en liberale intellectuelen bijzonder fel te haten die hun groeiende domheid volgens mij wel zeer duidelijk toonden door hun vijandige gezindheid tegenover het volk dat hen kort daarvoor nog zo diep vertederd had. Maar dat wilde nog niet zeggen dat ik het toenmaals met de hele Oktoberrevolutie als zodanig eens was. Met vele dingen was ik het eens, andere dingen wees ik af, vooral alles waarin ik een teken van verachting voor de vroegere cultuur meende te zien.

Mijn idealistische opvoeding verhinderde mij de Oktoberrevolutie in zijn geheel te aanvaarden. Daarom heb ik de eerste twee, drie jaar van de revolutie niet beleefd als deelnemer er aan, maar als diep geïnteresseerde ooggetuige.

Pas in 1920 heb ik begrepen dat er geen andere weg mogelijk was dan die mijn volk gekozen had. Het was toen of er een pak van mijn hart viel. De tijd van geloof en grote hoop was gekomen. De weg waarlangs het leven mij voerde werd niet langer door toeval bepaald maar had in het vervolg een duidelijker zij het soms ook grillig verloop. Mijn leidraad daarbij was het volk te dienen op het gebied waarop ik het nuttigste werk kon doen en dat mij het meeste lag, namelijk de literatuur.

Niemand weet welke weg beter is: die van twijfel tot inzicht voert of die waarbij alle twijfel uitgesloten is.

In elk geval zijn voor mij het volkomen instaan voor vrijheid, gerechtigheid en humaniteit evenals het eerlijk tegenover zich zelf staan, altijd absoluut noodzakelijke eigenschappen voor een mens van onze revolutionaire tijd geweest.

Op het koude voorjaar van het jaar 1917 volgde een zoele zomer: een hete wind joeg hopen verfrommelde en verscheurde kranten over het wegdek. Bijna iedere dag verschenen er nieuwe kranten in Moskou, die soms de meest vreemdsoortige richtingen aanhingen tot aan theosofische en anarchistische toe onder de leus van: 'De anarchie is de moeder van de orde.' Deze luidruchtige en meestal ondermaatse blaadjes beleefden een zeer kortstondig bestaan.

De wind rukte aan tientallen aangeplakte oproepen die of aanklachten inhielden of een beroep deden op het gezonde verstand. De lucht was doordrenkt van de geur van drukinkt en roggebrood. Deze landelijke geur had het leger meegebracht. De stad liep vol met soldaten die in weerwil van de schreeuwerige bevelen van Kerensky van het front terugstroomden.

Moskou veranderde in een woelige legerplaats. De soldaten schoolden in dichte drommen rond de stations. Van de stationspleinen steeg rook op als van de ruïnes van veroverde steden. Maar dit was geen kruitdamp, het was de rook van grove tabak. De wind joeg de doppen van zonnepitten in grauwe slierten voort. De rode vlag aan de krijgshaftig omhooggeheven bronzen sabel van Skobeljev was reeds lang verbleekt door de zon maar hij wapperde zegevierend in de wind.

Boven de stad hing een wolk van stof. Dag en nacht brandden daarin slaperige gaslantaarns. Men vergat gewoon ze te doven.

Om stroom uit te sparen werden op bevel van de regering de klokken teruggezet, zodat de zon reeds om vier uur 's middags onderging.

De hele stad was op de been. De woningen stonden leeg. Nachten achtereen spraken de mensen zich hees op de openbare bijeenkomsten, slenterden over de straat omdat ze toch niet konden slapen, zaten in parken of gewoon op de stoep te discussiëren. Onbekenden die elkaar op een meeting ontmoetten werden ogenblikkelijk vriend of vijand. Er waren reeds vier maanden verstreken sinds het begin van de revolutie, maar de opwinding nam niet af. Als tevoren bleven de gemoederen verontrust.

Ik besloot om de herfst bij mijn moeder door te brengen. Moskou had mij helemaal uitgeput. Al die tijd had ik er geen kans toe gezien iets anders te lezen dan een heleboel haastig op krantepapier gedrukte politieke brochures die de verbitterde strijd van de partijen afspiegelden. Alsof het iets onbereikbaars was droomde ik ervan 'Oorlog en vrede' van Tolstoj nog eens te kunnen lezen. Het kwam mij toen voor alsof deze roman twee eeuwen geleden was geschreven.

Moeder woonde met mijn zusje Galja in Polesje, niet ver van het stadje Tsjernobyl. Daar bezat mijn tante Vera uit Kijev, het bescheiden landgoed Kopan en moeder had ermee ingestemd daar te gaan wonen en het armzalig bedrijf te beheren. Een tijd lang had zij zelfs in de illusie geleefd mij voor agronoom te laten studeren.

Ik reisde over Kijev. Net als in Moskou ging het er bij de meetings bruisend toe. Alleen werd hier in plaats van 'Weg met!' en 'Hoera!', 'Het!' en 'Slava!' geroepen en in plaats van de Marseillaise zong men Sjevtsjenko's 'Testament' en 'De Oekraïne is nog niet dood'.

Tot Tsjernobyl voer ik de Dnjepr en de Prijet op met een kleine onooglijke stoomboot, de 'Volodja'. Deze deed erg zijn best. Af en toe klom de kapitein, een Oekraïner met een grijze snor en een rood lintje op zijn borst, op de brug en riep lachend naar de machinekamer: 'Vooruit Volodja! Zet 'm op! Doe eens wat voor de revolutie!' En de Volodja deed wat hij kon. Hij begon op volle kracht te stomen, zijn schoepen maalden haastig door het water en hij vermeerderde aanzienlijk snelheid. Maar dat duurde niet lang. Al gauw hoorde men achter de verschansing de schoepen weer lui door het water ploeteren, de goedgeluimde passagiers zochten een gemakkelijk plekje aan dek, van de oever kwam de zoete geur van de moerasrozemarijn overwaaien en de krekels sjirpten in koor hun in slaap wiegend lied.

Ook ik knapte een uiltje op het dek. Moskou leek hier nog slechts een verwarde droom.

Vanuit Tsjernobyl moest ik veertig werst afleggen met paard en wagen door dennebossen en over stuifzand. De paarden gingen stapvoets. De wielen knarsten, het oude tuig rook naar teer. De voerman – een oud baasje met een versleten bruine boerenkiel aan – kwam steeds weer op hetzelfde onderwerp terug:

'Neem u mij vooral niet kwalijk, maar is er daar in Moskou nog geen sprake van wanneer de algemene toestemming wordt gegeven.'

'Wat voor toestemming?'

'Dat de landbouwers zelf over de grond beschikken, en dat men de hereboeren en hun handlangers met een knuppel achter hun broek naar de duivel jaagt. Er wordt gezegd dat Kerenski dat tegenhoudt, die moesten ze eens flink achter z'n vodden zitten.'

Kopan was een klein landgoed of liever gezegd een verwaarloosde boerenhoeve. Op een open plek in het bos stond een grote oude boerenwoning met een verweerd strodak en een paar bouwvallige schuurtjes. Een omheining was er niet. Het bos sloot de gebouwen aan alle kanten in. Het ruisen van de sparren deed mij na de helse herrie in Moskou majestueus en weldadig aan. Moeder hield haar tranen in toen ze mij zag. Alleen haar lippen beefden en haar stem weigerde dienst. Maar het volgende moment al omhelsde ze me, legde haar grijze hoofd aan mijn schouder en bleef zo lange tijd onbeweeglijk en zwijgend staan, onderdrukt snikkend. Nog nooit had zij mij zo omarmd als haar oudste, als een beschermer, als haar enige toeverlaat in haar leven vol tegenspoed.

Galja hield mij stijf bij mijn elleboog vast en achter haar dikke brilleglazen biggelden tranen naar beneden die ze niet afveegde.

Onhandig trachtte ik mijn moeder te kalmeren. Vaak had ik bewust aan haar gedacht maar pas nu begreep ik dat het leven haar niets had nagelaten behalve deze bittere, diep in haar hart verborgen liefde voor de twee wezens die haar nog restten: Galja en ik. Dat waren de laatste kruimeltjes liefde waarop zij teerde. Voor deze liefde verdroeg zij zonder morren de vernederingen van haar rijke bloedverwanten, het zware werk en het totale isolement in deze onbewoonde bossen.

Toen het schemerde zei mijn moeder met schuldige stem dat het op het ogenblik onmogelijk was om aan petroleum te komen – zelfs in Tsjernobyl vond je die niet – en dat Galja en zij daarom hun avonden doorbrachten bij het licht van een gasspaander.

Tot op dat moment had ik nog nooit een brandende gasspaander gezien. Het helle purperen licht ervan beviel mij eigenlijk wel.

Zenuwachtig aan de rand van haar omslagdoek frommelend met haar door de landarbeid tanig en ruw geworden handen zei mijn moeder:

'Wat zou het fijn zijn, Kostik, wanneer je hier voor goed bij ons zou blijven. Het is nu zo gevaarlijk om uit elkaar te gaan. Hier zouden we ons er wel doorheen slaan. Weliswaar alleen met aardappelen en spek, maar daar staat tegenover dat we dan allemaal samen zijn. Wat vind jij er van, Kostik?'

Zij waagde het niet mij aan te kijken en bleef met neergeslagen ogen zitten.

Ik bewaarde er het stilzwijgen toe.

Moeder begon een nieuwe spaander in de ijzeren klem te steken. Haar handen beefden.

'Ik heb het er met Galja over gehad,' zei zij zonder zich om te draaien, 'dat, als je tenminste het idee om schrijver te worden nog niet van je hebt afgezet, het toch niets uitmaakt waar je werkt. Hier is het tenminste kalm. En niemand zal je storen.'

Langer te zwijgen was niet mogelijk.

'Ik zal er eens over denken,' antwoordde ik.

Moeder kwam naar mij toe en streek over mijn haar.

'Kijk eens aan, dat is fijn,' zei ze en glimlachte droevig. 'Dat is fijn. Dat moet je echt doen, Kostik.'

Hoe lang je ook op aarde zou leven, nooit zou je verbazing over Rusland grenzen kennen. Voor mij begon deze verbazing toen ik nog een kind was en hij heeft mij tot nu toe nog niet verlaten. Er bestaat op de wereld geen land dat verrassender en tegenstrijdiger is.

Daarvan kon ik mij in Kopan op de tweede dag na mijn aankomst weer eens overtuigen.

Net toen ik mijn moeder en Galja over het revolutionaire Moskou vertelde, zag ik door het raam een gebogen seniele monnik met een stoffige pij aan en een versleten puntig mutsje op het bos uitkomen en met slepende tred op ons huis afgaan. Hij kwam binnen, sloeg een kruis voor de hoek van de ikonen die leeg was, maakte een diepe buiging voor ons en vroeg mijn moeder of ze voor de kloosterbroeders zout tegen gedroogde paddestoelen wilde ruilen. Het was mij te moede alsof met hem een stuk middeleeuwen de kamer was binnen gekomen.

Zout had mijn moeder. Ze vulde er een zak voor een kwart mee, gaf het aan de monnik, maar nam zijn paddestoelen niet aan: In deze bosrijke streek wisten we niet eens waar we heen moesten met alle paddestoelen die we zelf zochten.

Mijn moeder nodigde de monnik uit om thee te drinken. Hij ging aan tafel zitten zonder daarbij zijn mutsje af te doen, knabbelde onder het theedrinken op een borstplaatje en daarbij rolde nu en dan een traan over zijn wasgele wangen. Hij wiste deze zorgvuldig met de mouw van zijn pij af en zei:

'De Heer heeft mij waardig bevonden dat ik, alvorens hij mij tot zich roept, nog eenmaal thee met suiker mag drinken. De Heer heeft zich waarlijk over mij erbarmd. Hij heeft zich verwaardigd zich over mijn nietswaardig bestaan neder te buigen.'

Mijn moeder ging iets halen in het naastgelegen vertrek. Ik liep achter haar aan en vroeg haar, waar deze monnik vandaan kwam. Ze vertelde me dat op tien werst afstand van Kopan, in de verste uithoek van het bos, aan de oever van de rivier de Oezj, sinds oeroude tijden een klein heremietenklooster lag. Nu, na de revolutie waren alle ook maar enigszins gezonde monniken er vandoor en er waren slechts een paar krachteloze grijsaards overgebleven.

'Je moest er eens een kijkje gaan nemen,' raadde mijn moeder me aan. 'Knoop eens een praatje met hen aan. Dat zou misschien interessant voor je kunnen zijn.'

Een paar dagen later ging ik naar het klooster. Het bos was donker en lag vol met afgewaaid hout. Niet op een open plek, maar midden in het bos, tussen de bomen, stootte ik opeens op een hoge omheining van verweerde balken. Zulke paalheiningen had ik op schilderijen van Roerich en Nesterov gezien die oude abdijen afbeeldden. Ik volgde de heining tot de poort. Deze was dichtgespijkerd. Ik moest lang op het poortje kloppen voordat er werd opengedaan door dezelfde monnik die zout was komen halen.

Ik liep een door gras overwoekerde binnenplaats op, kreeg een uit dennenstammen opgetrokken kerkje in het oog en dadelijk was het of ik opnieuw in een voorbije eeuw belandde. Uit de kerk klonk het gezang van oude mannen. Nu en dan klonk van het torentje zacht klokgelui.

'We weten niet goed,' zei de monnik tegen me, 'of we nu eigenlijk moeten luiden of niet. We zijn voorzichtig. Het zou immers bij de huidige autoriteiten in verkeerde aarde kunnen vallen. Daarom luiden we maar heel zacht. Als er een kraai op de klokketoren zit, dan vliegt hij niet eens weg. Komt u maar mee de kerk in.'

We liepen naar binnen. Er brandden maar een paar kaarsen. De oude monniken in hun zwarte monnikspijen waar witte kruisen en schedels op genaaid waren, verroerden zich niet. Het bruingele verguldsel van de smalle heiligengezichten schemerde in het halfduister. Het rook er bitter naar verbrande jeneverbessen die de monniken in de plaats van wierook gebruikten. In mijn gedachten versmolt alles: dit oude heremietenklooster, deze weemoedige klaagzangen, het geruis van de sparren vlak naast de kerk, de schedels op de pijen van de monniken, Moskou, het kruis op Lelja's graf, de met luizen bedekte soldaten in de loopgraven, de synagoge in Kobrin, het licht van de vuurtoren in Taganrog, de meetings, de revolutie, de Marseillaise, Kerensky, het 'Vrede voor de schamele stulpen – Oorlog aan de paleizen.' Deze bijna onwaarschijnlijke opeenvolging van gebeurtenissen in mijn leven waarin plotselinge veranderingen al tot de gewoonste zaak van de wereld behoorden, leek op een bonte droom... Wat moest men uit dit alles opmaken? Hoe moest men dit alles zien? Hoe kon men in deze chaos de klaarheid brengen die absoluut noodzakelijk is, wil men iets echts en waardevols tot stand brengen? En hoe moest je voor je zelf die toestand verklaren die maakt dat je tegelijkertijd een aanhanger van de revolutie, een volgeling van de grote toonaangevende ideeën, een gesprekspartner van Heine en een tijdgenoot van het oude Rusland bent dat hier in dit heremietenklooster met beverige stem zong dat de mens de eeuwige zaligheid verdiend heeft, 'voor nu en voor altijd en tot in den eeuwigheid' en waarom moet ik altijd wanneer ik deze woorden hoor, aan deze verzen denken: 'Mijn droefheid rijgt grote glanzende paarlen aaneen en bergt ze in een smeedijzeren kistje.' Er lijkt mij een zekere overeenkomst te bestaan tussen deze verzen en die klaagzangen van de monniken.

En het duurde lang voordat mijn gedachten tot rust gekomen waren. In het vervolg liep ik, iedere keer wanneer ik in de rivier de Oezj ging vissen, bij het klooster langs. De monniken vergastten mij op oude honing en koud water.

We kregen geen kranten op Kopan. We moesten ervoor naar Tsjernobyl op het kreupele paard. Ik kwam daar slechts één keer aan toe en keerde in Kopan terug met het nieuws dat de kozakken van generaal Kornilov aan het muiten waren geslagen en dat de Duitsers tot de aanval waren overgegaan en Riga hadden bezet. Een tweede keer liet mijn moeder me niet gaan. In de bossen was een of andere bende opgedoken. Men wist niet precies of het gevluchte Oostenrijkse krijgsgevangenen waren of vrijgelaten gevangenen. Niemand had hen gezien, maar iedereen maakte zich er druk om.

De tijd verstreek. Over de bende hoorde men al lang niets meer en alle harten waren weer gerust. In de late herfst reisde ik ten slotte terug naar Kijev en vandaar naar Moskou. Mijn moeder liet mij op mijn woord beloven dat ik de volgende lente terug zou komen.

Toen ik vertrok liet ik Polesje achter in een tooi van droog geel gebladerte en in weke nevels.

Een week later overviel de onbekende bende het klooster, haalde de cellen overhoop op zoek naar zilver, schoot de monniken dood en stak de kerk in brand. Deze was opgebouwd uit balken die keihard waren geworden zodat alleen de buitenste laag ervan verkoolde en de kerk niet afbrandde.

II/BLAUWE FAKKELS

In Moskou nam ik mijn intrek in een huis van twee verdiepingen in de buurt van de Nikitski-poort. Het kwam op drie straten uit: de Tverskoje-boulevard, de Bolsjaja Nikitskajastraat en de Lejontev-steeg. Met de vierde kant lag het vlak tegen een blinde muur aan: de brandmuur van een huis van zes verdiepingen.

Aan de overkant, in het verlengde van de Tverskoje-boulevard stond (op de plaats waar zich nu het Timirjazev-monument bevindt) in die tijd een saai langwerpig gebouw. Daarin was een apotheek gevestigd en in de kelders waren medicijnen opgeslagen. Het raam van mijn kamer keek op deze apotheek uit.

Wanneer ik zo uitvoerig de ligging van het huis beschrijf, dan is dat omdat dit het toneel was van enkele ongewone gebeurtenissen, die ik hieronder afschilder.

Op een keer, de herfstnacht was grijs van de vriesnevel, werd ik in mijn kamer wakker met het eigenaardige gevoel alsof iemand er in ene alle lucht had uitgezogen. Een paar seconden lang was ik als verdoofd.

Ik sprong op. De vloer lag bezaaid met glasscherven. Ze schitterden in het licht van de omfloerste maan die hoog boven het slapende Moskou dreef. Diepe stilte heerste rondom.

Dan weerklonk een korte donderslag. Een snel aanzwellend scherp gehuil vloog langs de gapende ramen en op hetzelfde ogenblik stortte met langaanhoudend geraas de hoek van het huis aan de Nikitski-poort in. In een kamer van mijn verhuurder begonnen kinderen te huilen.

We konden natuurlijk niet meteen weten dat de Nikitski-poort precies in het schootsveld lag van een kanon dat bij het Poesjkin-monument stond opgesteld. Dat kwamen we pas later aan de weet.

Na een tweede kanonschot keerde de stilte weer terug. De maan blikte nog altijd even aandachtig uit de nevelige nachthemel neer op de over de vloer verspreide glasscherven.

Een paar minuten later begon een mitrailleur bij de Nikitski-poort met lange vuurstoten te ratelen.

Zo begonnen in Moskou de Oktobergevechten, of zoals men toen zei de 'Oktober-putsch'. Ze zouden een paar dagen duren.

In antwoord op het machinegeweervuur brandden er geweerschoten los. Een kogel ketste tegen de muur en doorboorde het portret van Tsjechov. Ik heb het later teruggevonden onder de afgebrokkelde kalk. De kogel had Tsjechov in de borst getroffen en had een gat achtergelaten in zijn witte piqué vest.

Het geweervuur knetterde als brandende takkenbossen. De kogels patsten dof op de ijzeren daken. Mijn verhuurder, een oude architect in weduwnaarsstaat, riep mij toe om bij hem in de achterkamer te komen. Deze lag aan de binnenplaats.

Daar zaten zijn twee kleine dochtertjes en een oude kinderjuffrouw op de vloer. De oude vrouw had de kleintjes van top tot teen in een warme doek gewikkeld.

'Hier is geen gevaar,' zei de eigenaar tegen me. 'De kogels zullen niet gauw door de binnenmuur heenslaan.'

Het oudste meisje vroeg vanonder de doek:

'Papa, zijn dat de Duitsers die Moskou hebben overvallen?'

'Er zijn helemaal geen Duitsers.'

'Maar wie schiet daar dan?'

'Wil je je mond houden,' snauwde haar vader.

Ik keerde naar mijn kamer terug en wierp, tegen de muur tussen de ramen gedrukt, een schuine blik naar buiten. Zwarte wolken waren voor de maan geschoven. De reusachtige omtrekken van de huizen met hun gedoofde lichten waren in het duister nauwelijks te bespeuren. Ononderbroken flitsten vuurtongetjes uit de geweren op en de kogels zongen in vele toonaarden. Nu eens klonk er een fijn gefluit, dan weer gehuil, dan weer een eigenaardig klokkend geluid alsof de kogels door de lucht buitelden.

Ik keek of ik mensen zag maar de vuurflitsen verlichtten de straat niet voldoende. Naar het vuren te oordelen, waren de rode gardes[1] die vanuit het Strastnaja-plein aanvielen, reeds halverwege de Tverskoj-boulevard gekomen waar een protserig houten paviljoen stond dat 's zomers als restaurant diende. De 'junkers'[2] hadden op het plein bij de Nikitski-poort dekking gezocht.

Opeens lekte er onder de ramen een grote blauwe vuurtong zacht sissend op, deinend op de wind. Hij leek op een fakkel. In het spookachtige licht werden nu eindelijk ook mensen zichtbaar die van boom tot boom holden.

Even later laaide aan de overkant van de boulevard een tweede blauwe fakkel op.

De kogels hadden de pitten van de gaslantaarns kapotgeslagen en het brandende gas spoot zo uit de leidingen vandaan.

Bij dit flakkerende licht nam het vuren dadelijk aan intensiteit toe.

Ik keerde terug naar de huiseigenaar.

'Nou hoe staan de zaken ervoor?' vroeg hij.

'De kinderen moeten hier vandaan.'

'Waarheen?' vroeg hij. 'De Tverskoje-boulevard wordt onder vuur genomen.'

'Naar de Bolsjaja-Nikitskaja-straat. Via de winkels.'

'Die straat en de bioscoop "Union" wordt door de rode gardes vanuit de Malaka Nikitskaja-straat met mitrailleurs onder schot genomen. In de bioscoop is het hoofdkwartier van de junkers gevestigd.'

'Dan blijft de Leontjev-steeg nog over.'

'Laten we eens poolshoogte gaan nemen.'

We daalden langs de diensttrap naar de vierkante binnenplaats af. De kogels vlogen er hoog boven langs en er vielen alleen hier en daar stukken van de kroonlijst naar beneden. Achter op de binnenplaats, vlak bij de woning van de concierge, stonden wat mensen. In de Leontjev-steeg bleek nog veel heviger gevuurd te worden dan op de Tverskoje-boulevard. Aan de vierde zijde van onze

1. *Rode gardisten* zijn vrijwilligers, vnl. burgers. (Noot v. d. vert.)
2. *Junkers* waren leerlingen van de uitsluitend voor de adel bestemde militaire opleidings-instituten. (Noot v. d. vert.)

binnenplaats rees de brandmuur van het belendende huis op. Er was geen enkel venster in uitgespaard.

De architect keek naar deze blinde muur en vloekte.

'Een muizeval,' zei hij. 'Ons huis wordt aan alle kanten ingesloten. Een uitweg is er niet.' De mensen voor de woning van de concierge bleken bakkers te zijn uit de bakkerij die zich in hetzelfde pand bevond.

Ik stelde voor om alle bewoners over te brengen naar de conciergewoning, de veiligste plaats van het hele huis. Het ging slechts om een paar mensen, want de hele eerste verdieping bestond uit winkels en magazijnen.

Zo begon een gedwongen verblijf van meerdere dagen in de woning van de concierge.

Een van de bakkers, een jonge knul, besloot zich aan te sluiten bij de rode gardes. Zodra hij onder de poort was doorgekropen en voorovergebogen het trottoir opsprong, velde een kogelregen uit de mitrailleur bij de Nikitski-poort hem.

In de woning van de concierge zittend lieten wij de gebeurtenissen van de afgelopen dagen de revue passeren en wij verwonderden ons over ons gebrek aan scherpzinnigheid. De strijd was voor ons eigenlijk een volkomen verrassing geweest terwijl we toch gehoord hadden over de opstand in Petrograd, over de bestorming van het Winterpaleis, over het kanonschot vanaf de 'Aurora'. We waren er ook van op de hoogte dat in Moskou de staat van beleg was afgekondigd, dat op Chodynka goed bewapende afdelingen rode gardes en soldaten waren geconcentreerd en dat de militaire instituten Alexejevskoje en Alexandrovskoje in staat van alarm gebracht waren.

Het commando over ons huis werd gevoerd door de bakker die in Port-Arthur had gestreden. Uit de kraan in de woning van de concierge sijpelde een dun straaltje water. De bakker beval alle emmers en kannen uit de woning op te trommelen en een voorraad te maken want we konden ieder moment zonder water komen te zitten.

Vervolgens verzamelden we al het brood en alle levensmiddelen die we konden vinden. Veel was dat niet.

We wisten niet wat er om ons heen gebeurde en waren er vast van overtuigd dat er in heel Moskou werd gevochten. Een ding was echter wel duidelijk: we bevonden ons opeens als het ware in een belegerde vesting die rondom door vijandelijk vuur werd omgeven. Alleen was deze vesting verre van onneembaar. Reeds tegen het einde van de eerste dag zoemden er kogels over de binnenplaats.

De hele eerste nacht van ons beleg brachten wij zittend op de stoep van de conciergewoning door, terwijl we trachtten aan de hand van de kracht van het vuren te raden welke partij de overhand had.

Midden in de nacht verstomde het vuren. We spitsten de oren. Deze stilte deed gevaarlijker aan dan het trommelvuur. Maar het duurde niet lang, of we hoorden ver weg in het stikkedonker langgerekte kreten:

'Melden aan de commandant! De junkers trekken zich samen op de daken!' Steeds dringender en opgewondener klonk het: 'Melden aan de commandant. De junkers trekken zich samen op de daken!' Dadelijk daarop barstten de schoten weer los en een hagelbui van lood kletterde op de regenpijpen en uithangborden neer.

Tegen de avond vloog het huis waarin de apotheek gevestigd was in brand. Het vuur greep met bonte vlammen om zich heen, nu eens waren ze geel, dan weer groen en blauw, ongetwijfeld vanwege de daar opgeslagen medicijnen. Doffe ontploffingen dreunden in de kelderruimten en het huis stortte dan ook al gauw in. De vlammen werden gesmoord, maar nog dagen lang warrelden bont gekleurde rookwolken boven de brandende puinhopen.

Het plaatijzeren dak van ons huis begon krom te trekken en de rook sloeg uit de vensterlijsten, maar gelukkig vatte het huis geen vlam.

Wij hadden het vreselijk benauwd, onze ogen traanden van de rook. Het hielp niet veel of wij al natte zakdoeken voor ons gezicht bonden.

In de loop van de nacht hield het schieten opnieuw op en men hoorde iemand op de boulevard met onzekere overslaande stem roepen:

'Het Vikzjel (zo werd toen het "Verbond voor spoorwegmannen uit heel Rusland" genoemd) stelt beide partijen met klem voor het vuren te staken en onderhandelaars uit te vaardigen met het oog op een wapenstilstand! Niet schieten! Ik als vertegenwoordiger van het Vikzjel blijf tien minuten wachten. Niet schieten!'

Er viel een onwezenlijke stilte waarbij men de door de kogels stukgereten uithangborden in de wind kon horen knarsen.

Bij het wazige schijnsel van de nog nasmeulende resten van de afgebrande apotheek, keek ik op mijn horloge. Allen keken zwijgend toe. De secondewijzer scheen sneller dan ooit rond te vliegen. Vijf minuten! Zeven minuten! Zouden de junkers zich dan werkelijk niet overgeven? Tien minuten!

Een eenzaam schot ging af. Dan een tweede, en dadelijk werd er met het donderend geweld van een groeiende stormwind weer over en weer geschoten. Even later weerklonken vanaf het Arbatskajaplein een paar kanonschoten en in het naburig huis stortte iets met een daverende slag neer. Boven het dak van het huis steeg met een langzame wervelende beweging een vuurkolom omhoog.

Naar later bleek, hadden de junkers het huis naast het onze met granaten in brand gezet om te verhinderen dat de rode gardes het in zouden nemen, want dit huis beheerste het terrein, zoals dat in het militaire spraakgebruik heet.

Deze tweede brand was veel gevaarlijker dan die van de apotheek. Verbogen stukken plaatstaal kletterden op onze binnenplaats neer en brandende stukken hout vlogen in het rond. Wij doofden deze met onze zielige voorraad water.

De oude bakker verzekerde dat het gevaar geweken zou zijn zodra de bovenste etage van het gebouw uitgebrand was, als de brandmuur het tenminste niet zou begeven. Wij beaamden dit, ook al beseften wij heel goed dat wij in een vrij netelige situatie verkeerden.

Dezelfde nacht nog zagen we als een soort wonder een man vanaf de Tverskoje-boulevard door een kapotgeschoten raam van de eerste verdieping de binnenplaats opkruipen, die door de brand zo sterk werd verlicht dat men er ieder stofje op de stenen kon zien liggen. Hij droeg een grijs colbert, om zijn middel een soldatenkoppel en op zijn heup een mauser, had een bril op en was in het bezit van een blond baardje. Hij leek op Dobroljoebov.[1]

'Kalmte!' schreeuwde hij. 'Alle inwoners hierheen! We zijn tot een overeenkomst gekomen met de junkers. Zo dadelijk zullen zij net als wij het vuren staken om de kinderen en de vrouwen uit dit huis te kunnen evacueren. Alleen de kinderen en de vrouwen! De mannen mogen er niet uit. Jullie zitten in een lastig parket: het huis kan ieder uur in de fik vliegen. Daarom kunnen volgens mij ook de mannen een kans wagen. Maar natuurlijk pas nadat de vrouwen en de kinderen buiten zijn. Over de Tverskoje-boulevard naar de Bronnaja komen. Een voor een naar buiten gaan. Verzamel jullie onder de poort.'

De man verdween even snel als hij gekomen was.

Allen kwamen samen bij de poort. Het schieten hield op en als eerste trippelde onze oude kinderjuffrouw met de beide meisjes over de boulevard. De overige vrouwen renden achter haar aan.

Terwijl de vrouwen de boulevard overholden, begonnen de rode gardes en de junkers over en weer te roepen.

'Hee daar, jullie snotneuzerige sabelkwasten!' riepen de rode gardes. 'Het is nu leuk geweest. Gooi jullie wapens neer!'

'Wij staan onder ede!' riepen de junkers terug.

'Voor wie hebben jullie de eed afgelegd? Voor Kerenski? Die is 'm naar de Duitsers gesmeerd, de vuile smeerlap!'

'Wij hebben Rusland trouw gezworen, niet Kerenski!'

'Maar Rusland, dat zijn wij!' riepen de rode gardes. 'Gebruiken jullie eens een beetje jullie verstand!'

Zodra de vrouwen over waren, sprong de oude bakker de weg op. Ik zou achter hem aan gaan. Maar dadelijk begon aan de kant van de junkers een mitrailleur te ratelen en de kogels hieuwen het bovenstuk van de poortstijl af. De bakker stormde terug. Weer knetterden de schoten en stukken dakpan, glas en hout regenden op de stoep neer.

We keerden naar de woning van de concierge terug.

De bakker vloekte en zei tegen mij:

1. N. A. Dobroljoebov (1836-1861) democraat, criticus en filosoof. (Noot v. d. vert.)

'Ach, waren we maar aan de overkant gekomen, dan zouden we allebei bij de rode gardes zijn gegaan. Met mij erbij zouden ze je vast wel hebben genomen, ook al ben je student. Men kan er kort en breed over praten maar er is en blijft maar één Rusland. Ons Rusland. Want dat van hun ligt al op apegapen.'

Ik moest aan de kreten van de rode gardes van zoëven denken, 'Rusland, dat zijn wij', en plotseling stond de door veelvuldig gebruik versleten uitdrukking 'de massa van het volk' ongewoon scherp en nieuw voor mijn geest. Ja, ik behoorde tot deze 'massa van het volk'. Ik voelde mij thuis onder deze handwerkslieden, boeren, arbeiders en soldaten, onder het gewone volk waaruit Oespenski[1] en Leskov[2], Nikitin[3] en Gorki en duizenden andere begaafden onder ons grote volk waren voortgekomen.

'Nou, een ding weet ik in ieder geval wel,' antwoordde ik de bakker, 'zonder mijn volk zou ik niet kunnen leven.'

'Kijk er 's aan. Blijf aan onze zijde staan, beste jongen en houd het zo,' grinnikte de bakker.

Op de vijfde dag raakten we door onze voorraad levensmiddelen heen. Met knorrende magen oefenden we geduld uit tot de avond. Achter de brandmuur brandde langzaam het belendende huis af.

In ons huis bevond zich een kleine delicatessenzaak. Er bleef ons niets anders over dan daar in te breken. De achterdeur van de winkel kwam uit op de binnenplaats. De bakker sloeg met een bijl het slot er uit en om de beurt renden we 's nachts naar deze winkel en namen er worst, conserven en kaas mee vandaan zoveel wij maar konden dragen.

Bij het schijnsel van de nog nasmeulende brand moesten we ons achter de toonbanken verbergen opdat de junkers ons vanuit de 'Union' via het kapotgeschoten etalageraam niet in het oog zouden krijgen. Wie weet op wat voor rare gedachten hen dat zou hebben gebracht.

Die nacht ging alles als gesmeerd maar de volgende nacht had een schutter van de rode gardes zich in de toren van het hoekhuis

1. Gleb Oespenski (1843-1902), schrijver en democraat. (Noot v. d. vert.)
2. N. G. Leskov (1831-1895), schrijver (Noot v. d. vert.)
3. Y. G. Nikitin (1824-1861), dichter. (Noot v. d. vert.)

op de Bronnaja-straat verschanst. Van daaruit had men een goed overzicht op onze binnenplaats en de man die er op zijn gemak zat te roken, schoot op iedereen die zich op de binnenplaats vertoonde.

Het was toevallig net mijn beurt om op proviand uit te gaan. Het lukte mij ongehinderd de winkel in te glippen; de schutter had mij of niet opgemerkt of geen tijd gehad om te schieten.

Tot op de dag van vandaag herinner ik mij deze winkel. In zilverpapier gewikkelde rookworsten hingen er aan een draad. Over de rode ronde kazen op de toonbank was een dikke laag rammenas uit kapotgeschoten blikjes gedropen. Op de vloer verspreidden plassen met cognac en likeur vermengde azijn een bijtende geur. Er in zwommen stevige rossigschemerende gemarineerde boleten. De grote keulse pot waarin ze gezeten hadden, lag in scherven over de vloer.

Ik graaide snel een paar lange worsten weg en stapelde ze als blokken hout in mijn armen op. Een dikke gruyère kaas, net een wagenwiel en een paar conservenblikjes legde ik er bovenop.

Toen ik in looppas over de binnenplaats terugrende, hoorde ik vlak voor mij een rinkelend geluid waar ik verder geen aandacht aan schonk.

Toen ik de woning binnenkwam, begon de vrouw van de concierge, die als enige vrouw was achtergebleven, een bleek en ziekelijk mens wild te gillen. Ik liet mijn proviand op de vloer vallen en zag dat er dik bloed over mijn handen liep.

Even later schudden alle aanwezigen van het lachen, ook al waren we daar helemaal niet voor in de stemming. Allen schaterden het uit en krabden een dikke laag tomatenpuree van mij af. Terwijl ik teruggehold was, had de schutter toch nog kans gezien te vuren, de kogel had een conservenblikje doorboord en ik was helemaal onder de bloedrode tomatenpuree komen te zitten.

Wij hadden geen kruimel brood meer. Daarom aten we de scherpe kaas, de rookworst en de gepeperde inhoud van de blikjes zo op en spoelden het met koud kraanwater naar binnen.

Mijn kamerverhuurder herinnerde zich dat er bij hem in de keuken nog een zak scheepsbeschuit was achtergebleven. Ik bood aan deze te gaan halen.

Voorzichtig klom ik langs de diensttrap omhoog die vol lag met kapotte dakpannen. In de keuken stroomde water uit de door een kogel doorboorde leiding en een dikke brei van weekgeworden kalk bedekte de vloer.

Ik snuffelde net in de keukenkast rond op zoek naar de scheepsbeschuit, toen vanaf de boulevard het geluid van kreten en stampende voeten tot mij doordrong. Ik liep naar mijn kamer om te kijken wat er aan de hand was. Over de boulevard liepen rode gardes in stormpas met gevelde bajonetten, terwijl de junkers zich zonder te schieten terugtrokken. Het was de eerste maal dat ik de strijd van zo nabij zag, vlak onder het raam van mijn kamer. De gezichten van de mannen vielen mij op, groengeel, met holle ogen. Het kwam mij voor dat deze mensen, verdoofd door hun eigen geschreeuw, niets zagen en niets begrepen.

Toen ik op de hoofdtrap driftig gestamp van laarzen hoorde, vloog ik haastig bij het raam vandaan. De deur naar de voorkamer werd met geweld opengestoten en sloeg dreunend tegen de muur. De kalk brokkelde van het plafond. Een opgewonden stem riep in de voorkamer: 'Mitjoecha, sleep de mitrailleur hierheen!'

Ik draaide mij om. In de deuropening stond een al niet meer zo jonge man met een muts met oorkleppen op en een patroonriem om zijn schouder. In zijn handen hield hij een geweer. Heel even keek hij mij doordringend en verwilderd aan, dan bracht hij snel het geweer in de aanslag en schreeuwde:

'Staan blijven! Handen omhoog!'

Ik deed wat mij gezegd werd.

'Wat is er aan de hand, ouwe?' vroeg een jonge stem in de gang.

'Ik heb er een gesnapt,' antwoordde de man met de muts. 'Hij heeft geschoten. Door het raam heeft hij op ons geschoten, de vuilak! In de rug!'

Nu pas dacht ik eraan dat ik een afgedragen studentenjasje aanhad en ik herinnerde mij dat volgens de bakker bij de Nikitskipoort een studentencommando aan de zijde van de tijdelijke regering streed.

Een jonge arbeider met een tot op zijn oren getrokken pet op kwam de kamer binnen. Met schommelende tred kwam hij op mij af, pakte met een lui gebaar mijn rechterhand beet en bekeek aandachtig mijn handpalm.

'Zo te zien, heeft hij niet geschoten, ouwe,' zei hij goedmoedig, 'zijn hand is schoon. Er zit geen geweervet aan.'

'Jij stommeling!' riep de man met de muts. 'En als hij nu eens met een pistool heeft geschoten en niet met een geweer, en het pistool het raam heeft uitgegooid. Breng hem naar de binnenplaats!'

''t Kan best zijn,' antwoordde de jonge arbeider en gaf mij een klap op de schouder. 'Vooruit, voorwaarts mars en haal geen stommiteiten uit.'

Ik had al die tijd geen mond opengedaan. Waarom weet ik niet. De toestand zag er kennelijk zo hopeloos uit dat het gewoon zinloos was om ook maar te trachten mijn onschuld te bewijzen. Ze hadden me gesnapt bij een kapotgeschoten raam op de tweede verdieping van een zojuist door de rode gardes ingenomen huis. Ik had een met kalk besmeurd en met verdacht uitziende roodbruine tomatenvlekken bedekt studentenjasje aan. Wat ik ook zou zeggen, geloven zou men mij toch niet.

Ik zweeg en besefte daarbij heel goed dat ook dit zwijgen een verzwarende omstandigheid voor mij was.

'Een hardnekkige donder,' zei de man met de muts. 'Je ziet zo dat het een fanatiekeling is.' Ik werd naar de binnenplaats gebracht, waarbij de jonge garde mij met de loop van zijn geweer in m'n rug porde.

Op de binnenplaats wemelde het van de rode gardes. Zij sleepten kisten uit een platgeschoten opslagplaats en wierpen daarmee dwars over de Tverskoje-boulevard een barricade op.

Onder de rode gardes ging een geroezemoes op en ze omringden mij en mijn beide begeleiders. 'Wat is er aan de hand? Wie is dat?'

De man met de muts zei dat ik door het raam van achteren op hen had geschoten.

'Neerknallen!' riep vrolijk een jonge knul met een dronken blik. 'Naar het hoofdkwartier van de lieve heer ermee!'

'Laat de commandant komen!'

'Die is er niet!'

'Waar is de commandant?'

'Het bevel luidde om de gevangenen met rust te laten!'

'De gevangenen, goed. Maar hij heeft van achteren op ons geschoten!'

'Daar is maar een antwoord op mogelijk: op staande voet neerschieten.'

'Zonder de commandant gaat dat niet, kameraden.'

'Jij houdt je aan de letter, zeg! Zet hem tegen de muur!'

Ik werd naar de muur gesleept. De vrouw van de concierge kwam blootshoofds uit haar woning rennen. Zij stormde op de rode gardes af en trachtte zich aan hun armen vast te klampen.

'Jongens, kameraden!' riep zij. 'Maar dat is een van onze huurders. Hij heeft niet op jullie geschoten. Schiet mij liever dood. Ik ben toch ziek, ik hoef niet langer te leven.'

'Mens, houd op met je gemekker zonder te weten waar 't om gaat,' zei de man met de muts bedachtzaam. 'We zijn ten slotte geen moordenaars. Schiet op, bemoei je er niet mee!'

Nooit, nu net zo min als toen heb ik kunnen begrijpen waarom ik, terwijl ik bij de muur stond en hoorde dat de geweren werden ontgrendeld absoluut niets onderging. Was het een plotselinge afstomping van mijn zintuigen of was mijn bewustzijn uitgeschakeld? Ik weet het niet. Het enige wat ik deed, was strak naar de hoek van de poort kijken die door de mitrailleurkogels weggeslagen was, zonder ergens aan te denken. Maar om de een of andere reden heeft dit beeld zich tot in de geringste details in mijn geheugen gegrift.

Ik zie de zeven plaatsen waar de kogels waren ingeslagen nog voor mij. Aan de rand waar de kogels in de kalk waren geslagen, waren de gaten wit, verder naar binnen, waar de bakstenen zaten, rood. Ik herinner mij het witgeverfde ijzeren schellekoord naar de woning van de concierge, het stuk elektriciteitsdraad van de afgerukte bel dat aan dit koord was vastgemaakt, de met houtskool op de muur getekende tronie met een geweldige neus en wat stekelig overeind staande haren en het onderschrift: 'Deze grote, dwaze slome heeft men bij de neus genomen!'

Het leek net of de tijd stilstond en ik verzonken was in een soort eeuwige stilte. Maar in werkelijkheid waren er slechts een paar seconden verstreken toen ik een onbekende en tegelijkertijd toch heel vertrouwde stem hoorde roepen: 'Wie voor de duivel fusilleren jullie daar! Zijn jullie het bevel vergeten? Geweren neer!'

Met moeite wendde ik mijn ogen van de poorthoek af – ik had vreselijke krampen in mijn hals – en zag de man met de mauser die op Dobroljoebov leek, dezelfde die midden in de nacht naar ons toe was gekomen om de kinderen en de vrouwen te evacueren. Hij zag bleek en keek mij niet aan. 'Uitscheiden daarmee!' zei hij scherp. 'Ik ken deze man. Tot het studentencommando behoort hij niet. De junkers vallen aan en jullie staan daar jullie tijd te verbeuzelen.'

De man met de muts greep mij van voren beet, schudde mij heftig door elkaar en zei woest:

'Potverdomme nog an toe! Zou ik bijna door jou mijn geweten hebben bevlekt, lelijke stommeling. Waarom heb je niets gezegd? Dat noemt zich nou een student!'

De jonge arbeider echter gaf mij opnieuw een klap op mijn schouder en zei met een vrolijke knipoog:

'Vooruit, smeer 'm in vrede!'

Buiten op straat gooiden de junkers een handgranaat. De rode gardes begonnen, door de barricade gedekt naar de boulevard te rennen. De binnenplaats liep leeg. Opnieuw begonnen de mitrailleurs met irriterende hardnekkigheid te ratelen.

Zodoende ben ik nooit aan de weet gekomen wie deze jonge commandant met de mauser was die de kinderen en de vrouwen uit ons huis in veiligheid had laten brengen en mij had gered. Ik heb hem nooit meer teruggezien. Maar ik zou hem uit tientallen, honderden mensen hebben herkend.

In de nacht van de zesde dag van ons 'beleg van Nikitski' zaten wij als gebruikelijk, ongeschoren en hees van de kou op de stoep voor de woning van de concierge allerlei gissingen te maken over de te verwachten duur van de nog steeds aanhoudende strijd. Veel voortgang leek er niet in te zitten.

Er was nog geen sprake van de verbittering waarmee later, tijdens de burgeroorlog, de strijd werd gevoerd. Overtuigd van hun overwinning voerden de rode gardes een 'slijtageoorlog', wetende dat de zenuwen van de junkers het weldra zouden begeven.

De nieuwe Sowjetregering in Petrograd had de macht overgenomen. Geleidelijk aan maakte het land zich in al zijn geledingen los van de Tijdelijke Regering. Dat wisten de Moskouse junkers natuurlijk ook. Het was voor hen een verloren zaak. De kogels die rond het huis bij de Nikitski-poort hadden gefloten, waren hun laatste kogels.

Daarover hadden wij het terwijl wij daar zo zaten. De late nacht rook naar smeulende puinhopen. De rode vuurgloed doofde. Alleen in de omgeving van het Kijevstation bedekten een troebele paarsrode walm nog de hemel. Dan kwam in het noorden, van de kant van de Godynka, een granaat boven Moskou aangieren die met een donderende klap in de buurt van het Kremlin explodeerde. Als op bevel hield dadelijk het vuren op. Kennelijk legden zowel de rode gardes als de junkers het oor te luister en wachtten ze op de tweede explosie om uit te vissen wat de artillerie onder schot nam.

Eindelijk hoorden we een tweede kil geluid. Weer zagen we de lichtflits van een ontploffing in de buurt van het Kremlin.

'Ze schieten toch niet op het Kremlin?' zei de oude bakker zacht voor zich uit. De architect sprong op.

'Dat kan ik niet geloven!' riep hij uit. 'Dat kan niet! Niemand zou het wagen met een vinger aan het Kremlin te komen!'

'Natuurlijk zou niemand dat wagen,' gaf de bakker zacht toe. 'Dat is alleen maar bangmakerij. Afwachten maar en luisteren.'

We zaten als verstard op volgende schoten te wachten. Er ging een uur voorbij, maar er gebeurde niets. Een tweede uur verstreek. Alles bleef stil rondom. In het oosten begon een grijs licht door te sijpelen, het kleumende licht van de vroege morgen. Het was ongewoon stil in Moskou, zo stil dat we de vlammen van de gasfakkels op de boulevards hoorden bruisen.

'Je zou haast zeggen dat het voorbij is,' merkte de bakker met gedempte stem op. 'We zouden eens een kijkje moeten gaan nemen.'

Voorzichtig gingen we de Tverskoje-boulevard op.

Grijsberijpt verhieven de linden hun gehavende takken in de nevelige morgen. Langs de boulevard tot aan het Poesjkin-monument toe flakkerden de treurfakkels van de kapotgeschoten gaslantaarns. Een wirwar van gebroken leidingen hing over de boulevard. In hun schommelende beweging maakten zij een klagelijk rinkelend geluid en streken over de stenen van het wegdek. Op de tramrails lag een dood paard met ontblote gele tanden.

Over een grote afstand liep langs de stenen voor onze poort een ver uitgevloeide bevroren bloedplas. Uit de ramen van door mitrailleurs doorzeefde huizen vielen scherpe glasscherven zodat het rondom voortdurend rinkelde en tinkelde.

Over de volle breedte van de boulevard liepen uitgeput en zwijgend rode gardes in de richting van de Nikitski-poort.

De meesten rookten en het alsmaar opgloeien van de sigaretten in het duister deed aan geluidloos vurende geweren denken.

De rode banden om hun mouwen waren helemaal in elkaar gekronkeld.

Bij de bioscoop 'Union' was een witte vlag met de stok aan een lantaarnpaal vastgemaakt.

Vlak er naast stonden de junkers met verfomfaaide militaire petten op en uniforms aan grijs van de kalk in een lange rij tegen de voorpui. Velen leunden halfslapend op hun geweer.

Een ongewapende man in een leren jack liep op hen toe. Een aantal rode gardes stelde zich achter hem op.

De man in het leren jack hief zijn hand op en zei met gedempte stem iets tegen de junkers.

Een lange officier maakte zich uit de gelederen los. Hij nam zijn sabel en revolver af, gooide deze aan de voeten van de man met het leren jack, salueerde, maakte rechtsomkeert en liep langzaam met slingerende tred de kant van het Arbatskaja-plein op.

Daarop liepen de junkers één voor één naar de man met de jekker toe en legden hun geweren en patronen voor hem neer. Met dezelfde langzame en vermoeide pas als de officier liepen ze vervolgens langs de Nikitski-boulevard naar het Arbatskaja-plein. Enkelen rukten onder het lopen de epauletten van hun schouders af.

Zwijgend stonden de rode gardes met barse gespannen gezichten toe te kijken. Er weerklonk geen kreet, er viel geen woord.

Alles was afgelopen. Vanaf de Tverskaja-straat drong door de kille nevel het juichend gedreun van cimbalen tot ons door. Het moesten wel een paar orkesten zijn die daar speelden:

Geen hoger Wezen kan ons bevrijden
Geen god, geen tsaar en geen held
We kunnen slechts voor de vrijheid strijden
Vertrouwend op ons eigen geweld.

III/HET JOURNALISTENCAFÉ

Het jaar negentienhonderdachttien begon met dooiweer, grauwe sneeuw en onder zo'n nevelige hemel dat de rook uit de fabrieksschoorstenen zich onder het wolkendek samenpakte en daar in dikke kluwen uiteenwarrelde.

In de straten van Moskou rook het nog steeds naar drukinkt. Aan de muren hingen flarden kranten en plakkaten.

De op grauw papier gedrukte verordeningen van de Sowjetregering werden er gewoon overheen geplakt.

Dag na dag volgden de scherpe onverbiddelijke verordeningen elkaar met een niet te stuiten regelmaat op en roeiden consequent diep ingewortelde zeden en gewoonten geleidelijk aan met wortel en tak uit, ruimden hen op en verkondigden de grondslagen van een nieuw leven.

Tot nu toe was het moeilijk zich dit nieuwe leven voor te stellen. De oude begrippen werden zo snel door nieuwe opvattingen vervangen dat ons eenvoudig bestaan bij tijden zijn realiteit verloor en een deinende luchtspiegeling leek. Een kille angst bekroop ons. De minder sterken van geest raakten gewoon het roer kwijt alsof ze dronken waren.

Mijn kamer aan de Nikitski-poort was door de beschietingen verwoest. Ik verhuisde naar de Granatni-steeg, waar ik een kamer in een saaie bakstenen zijvleugel huurde bij een sombere weduwe. Zij verhuurde alleen aan studenten.

De bewoonster van de kamer naast mij, een sproetig studentje, heette Lipotsyjka. Het was de dochter van een dorpsonderwijzer en haar bloedverwanten en kennissen van het platteland rond

Rjazan kwamen haar dikwijls opzoeken. Zij brachten de geur van vorst, appelen en boerenkielen mee.

Ik vroeg hun honderduit over het dorpsleven. Zij zuchtten stilletjes en zeiden met gedempte stem dat men er in het dorp het fijne niet van begreep. Het was net als met een rivier die aan het kruien raakte. Niemand wist wat het worden zou. De buiten zijn oevers tredende rivier zou óf de aarde met een vruchtbare laag bedekken, óf het zaaisel volkomen wegspoelen. Zo heerste er ook nu in het dorp een stemming van vrees en vreugdevol verwachten. De hoofdzaak was dat de grond nu in handen van de boer was. Niemand kon hem deze weer afhandig maken.

De geur van de appelen was overweldigend, van de boerenkielen ging iets vredigs en warms uit, en op de een of andere manier oefende dat alles een kalmerende werking op ons uit.

Meteen in september, na mijn terugkeer uit Kopan, was ik als reporter bij de krant 'Macht van het volk' in dienst getreden. Veel van zulke bladen met een kortstondig bestaan zagen in die tijd het licht waarna ze al gauw weer werden opgeheven.

De krant werd uitgegeven door de partij van Volkssocialisten. Zelfs een paar medewerkers van het blad hadden een onduidelijke voorstelling van het verwarde programma van deze partij. Wij wisten alleen dat er uitgesproken intelligente mensen aan het hoofd stonden die overliepen van liberale gevoelens die zij toch niet waar zouden kunnen maken.

Hoofdredactrice was de heerszuchtige en mooie Jekaterina Koeskova, een al niet meer zo jonge volkssocialiste. Zij sprak met een diepe zigeunerstem, rookte veel en keek misprijzend op ons, reporters, neer, vooral sinds de dag waarop op de deur van haar werkkamer met blauw potlood het volgende opschrift was aangebracht:

Koekoek, koekoek, lief vogeltje,
Houd op met je zinloos getater!
Madame Koeskova, lief vrouwtje,
Bewaar je traantjes maar voor later.

De redactie van de 'Macht van het volk' verlangde van mij, evenmin als van de reporters een politieke tendens – dat was een zaak van de hoofdartikelenschrijvers en 'kroniekschrijvers'. Ik stortte mij blindelings in de grote en kleine gebeurtenissen van het journalistenleven met zijn tekort aan slaap: sensatienieuwtjes, disputen, revolutionaire en massale bewegingen op de stadspleinen, manifestaties en straatgevechten.

Het hoofd duizelde ons in de snijdende lucht van deze revolutiewinter. In onze harten bruiste nevelige romantiek, waartegen ik mij niet kon en niet wilde verzetten. Het geloof in het geluk van het hele volk vlamde als niet te doven morgenrood boven ons overhoop gehaalde bestaan. Het moest en zou komen, dit geluk voor het hele volk. Dat we er de bouwers en de getuigen van wilden zijn, leek ons in onze naïviteit al een waarborg.

In poëzie en in proza zochten we naar universalisme. In vele verschijnselen trachtten wij de echo van voorbije tijden te zien. De verre weerschijn van de Franse Revolutie, de Decabristenopstand, de Parijse Commune en de Revolutie van 1905 viel op het actuele gebeuren waardoor dit nog aan schilderachtigheid won.

Zelfs in de tegenstrijdige verzen van Verhaeren waarmee ik in die tijd dweepte, brandde een oude revolutionaire vlam:

Waanzinnige droombeelden voerden mij ver weg,
Naar een stad waar boven het plein de valbijl blinkt,
Waar wild door de straten de alarmklok klinkt...

Al mijn verwarde en koortsachtige gedachten van toen vielen te verklaren door mijn jeugd en mijn hevig verlangen om zo snel mogelijk kennis te maken met het nieuwe. Mijn levensopvattingen die voortkwamen uit een onrustige jeugd en vooral uit de oorlog verloren aan duidelijkheid. De gebeurtenissen voerden mij als het ware met een ruk tien jaar terug, naar de tijd van mijn onrijpe, kinderlijke passies en ik kwam mij zelf dom voor. De vaste bodem brokkelde onder mijn voeten weg en mijn onvermogen om een stabiele instelling te vinden tegenover hetgeen er rondom mij gebeurde, bracht mij in verwarring en soms zelfs tot blinde woede.

Immers, deze gebeurtenissen wekten nu eens geestdriftige vreugde, dan weer deden ze bedrieglijk aan, daarop verschenen ze in al hun grootsheid om vervolgens plaats te maken voor een gevoel van vergeefse wreedheid. De ene keer tekenden ze zich stralend af, de andere keer nevelig en dreigend als een hemel waartegen paarsrode wolken zich samenpakken.

Een ding was echter duidelijk: het leven rekende af met het verleden en delfde naar nieuwe grondvesten die uiteraard verankerd moesten liggen in vrijheid en gerechtigheid, waardoor het de mens mogelijk moest zijn zich tot ongekende hoogten te verheffen en waarop hij tot volle ontplooiing van zijn mogelijkheden kon komen. De revolutie moest naar mijn mening bestaansrecht verschaffen aan al datgene wat de mens innerlijk verrijkt.

De voornaamste betekenis van de revolutie lag voor mij daar, waar deze onversaagd uit het grote aantal levensverschijnselen en cultuur-elementen al datgene wat voor de ontwikkeling van onze geest waardevol is, afzonderde. Men zei mij dat dit een gevolg van de revolutie was en niet het doel er van. Maar ik vond dat het doel bestaat met het oog op de gevolgen. Dit lijkt mij iets waaraan niet valt te tornen.

Van alle volkssocialisten die op de redactie werkten, sloten wij jonge krantenmannen alleen vriendschap met de schrijver Michail Ossorgin. Uit de emigratie teruggekeerd, voelde hij zich wat verloren en raakte moeilijk wijs uit de gebeurtenissen, hetgeen zich ook duidelijk weerspiegelde in zijn zielige helle ogen.

Hij was inschikkelijk en beminnelijk voor allen en geloofde alles en iedereen. Uit zijn gehele gestalte sprak een nauw verholen weemoed die zelfs in zijn moede stem doorklonk. Hij verlangde naar Italië waar hij vele jaren had doorgebracht. In Rusland leefde hij als iemand in een droomwereld. Wij dachten soms hem ertoe over te halen naar Italië terug te keren, zeiden dat hij hier toch niets te doen had, dat hij daar tenminste zijn ongekunstelde verhalen kon schrijven. Ossorgin placht daarop schuldbewust te antwoorden:

'Begrijpen jullie toch dat ik Rus ben en zielsveel van Rusland houd. Maar ik ken mijn vaderland op het ogenblik niet terug. Soms denk ik, nou is het genoeg, is dat Rusland nog wel? Zelfs de tonaliteit van de Russische taal is veranderd. Nu brand ik van verlangen om naar Italië terug te gaan, maar eenmaal daar zal ik vreselijk naar Rusland terug verlangen. Ik ben gewoon uitgerangeerd.'

Bijzonder van zijn stuk raakte Ossorgin wanneer de alom tegenwoordige oude Giljarovski, 'de koning van de reporters', de redactie binnen kwam stormen terwijl hij met zijn dreunende, wat hese, door rokershoest geteisterde stem boven allen uit schreeuwde.

'Melkmuilen,' schreeuwde hij tegen ons jonge journalisten. 'Volkssocialisten! Voze Liberalen! Van het Russische volk weten jullie niet meer af dan die stomme Madam Koerdjoekova[1]. Jé né veux pas, jé né sais pas, jé né mange pas qué lia répa[2]. Uit de bladzijden van een krant moet zoveel vuur stralen dat je hem nauwelijks vast kunt houden. In een krant moeten zulke stukken staan dat de lezer zijn adem in zijn keel blijft stokken. En wat doen jullie? Jullie zitten maar wat te femelen! Jullie zouden romans moeten schrijven voor juffertjes met bloedarmoede. Ik ken het Russische volk. Het leert jullie nog wel eens mores!'

Ossorgin glimlachte schuldig terwijl Koeskova witheet de deur van haar werkkamer dichtsmeet. Giljarovski knipoogde in de richting van de deur en fluisterde duidelijk hoorbaar:

'Natuurlijk kan je ook politiek bedrijven achter een damesschrijftafel met spinnebenen en tranen plengen wanneer men zijn eigen artikels over de Russische boeren leest. Maar één boerenuitdrukking bezorgt jullie allemaal bij elkaar een rolberoerte! Dat noemt zich nou Volkssocialisten! Nou tot ziens! Ik kom wel weer eens langs. Ik heb nu niet veel zin om met jullie te kletsen.'

Hij ging weg, maar nog lang kon men in de redactie een speld horen vallen: men was bang dat de oude baas terug zou komen!

1. Madame Koerdjoekova – de heldin van het humoristische gedicht van de Russische dichter Ivan Petrovitsj Mjatlev (1796–1844). In dit werk wordt de naäperij van buitenlandse gewoonten en het slechte Frans van de Russische adel belachelijk gemaakt.

2. Jé né veux pas, jé né sais pas, jé né mange pas qué lia répa! – Frans koeterwaals. Het laatste woord is dubbelzinnig: Le repas (fr.) – de maaltijd; repa (russ.) – de raap en geeft dus de woordspeling: Ik wil niet, ik weet niet, ik eet alleen rapen. (Noot v. d. vert.)

Wij jonge journalisten hielden van Giljarovski vanwege zijn luidruchtige talent, zijn onuitputtelijke vindingrijkheid en omdat hij ondanks zijn leeftijd zo'n heethoofd was. Ofschoon hij een beetje de draak met ons stak, mocht hij ons op zijn manier ook graag.

Van de 'Macht van het volk' begaf hij zich naar een andere redactie in de buurt. Al naar gelang de omstandigheden stak hij daar het volgend donderend betoog af, of vergaarde nieuwtjes, of wierp zich op het schrijven van herinneringen aan Tsjechov, Koeprin Sjaljapin en generaal Skobelev.

Wanneer hij mij tegenkwam, zei hij, mij met zijn ronde toornige ogen aankijkend:

'Het zou tijd zijn jonge man, om eens van een acht punts letter op een tien punts en vervolgens op een twaalf punts over te gaan. Acht punts, dat is de krant, tien punts de poëzie, en de twaalf punts, dat is het proza. Bind je met riemen aan je stoel vast en werk.'

Deze oude man met zijn grijze snor die een korte kozakkenjas en een astrakan muts droeg, was de personificatie van de Russische breedheid van denken, bevattelijkheid, sluwheid en goedheid. Hij was niet alleen journalist maar ook dichter, kenner op het gebied van de schilderkunst en een bekend Moskous gastheer. Hij liep over van invallen, improvisaties, poetsen en streken. Het waren dingen waar hij beslist niet buiten gekund zou hebben. Deze man met zijn donderende stem was een echt kind. Hij hield er bijvoorbeeld van om brieven naar verzonnen adressen in allerlei aanlokkelijke landen te sturen: naar Australië, naar Costa-Rica. Daar de brieven natuurlijk nooit besteld werden, kwamen ze naar Moskou terug met een bonte menigte etiketten en stempels in verschillende talen erop.

De oude baas onderzocht deze brieven zorgvuldig en rook er zelfs aan net alsof zij naar tropische vruchten konden geuren. Maar zij roken alleen naar zegellak en leer.

Wie weet vormden misschien deze brieven een zielig surrogaat voor zijn droom: de wereld rond te trekken en daarbij gekscherend de aapjeskoetsier in Parijs en de negerkoningen aan de oevers van de Zambesi op de schouder te kloppen en hen op snuiftabak te onthalen en met zo'n schat aan indrukken thuis te komen dat grootmoedertje Moskou verbaasde kreten zou slaken en scheel van nijd zou kijken.

In de Revolutie zag de oude Giljarovski zowel sensationeel krantennieuws als een ontplooiing van de eeuwenoude Russische zucht naar rebellie. Hij zocht de oorsprong er van in de muiterijen van Stenka Razin en Poegatsjov, in de boerenopstanden waarbij de boeren vaak de 'rode haan' lieten kraaien en ook bij de roversbenden van de Wolga met hun beroemde kreet: 'Alle hens aan dek! Slaat los op de vijand.'

Hij kende de stad op zijn duimpje, vooral de verborgen hoeken die zich zoveel mogelijk aan de Sowjetmacht trachtten te onttrekken: de zigeunerhuizen in Pokrovskoje-Stresjnevo, de bedehuizen van de sectariërs bij de Rogosjskajapoort, de speelholen in de Breststraat, de klaagreden van de estheten in het huis van Persov bij de Verlosserskerk. Daar voerde een brouwende dichter met lange pony het hoogste woord. Hij droeg een smoking, een monocle en gaf zo'n broze indruk dat je hem geen hand durfde geven: je was dan altijd bang dat zijn tere doorzichtige hand als een relikwie in je hand achter zou blijven.

De tijd woelde nog altijd en de meest vreemdsoortige en tegenstrijdige mensen kliekten er in samen. Zij vielen nu veel meer op dan vroeger. De revolutie had hen uit verborgen hoeken en gaten opgejaagd en had hen in woelige beweging gebracht, net als het water op de bodem van een vat waaraan men schudt. Zand, blaadjes, afgebroken takjes, kevers en verborgen larven warrelen dan plotseling van de bodem op. Dat alles krioelt en wervelt woelig dooreen, botst tegen elkaar op, tot het weer naar de bodem zakt.

In die eerste tijd van de Revolutie kwamen veel interessante mensen bijeen in het journalistencafé in de Stolesjnikov-steeg. Om een leegstaande woning op de derde verdieping te kunnen huren en deze in te richten als café hadden de journalisten botje bij botje bijeen gelegd. Hele nachten lang hielden ze daar rond heel kleine tafeltjes vrolijke bijeenkomsten waarbij men de rook wel kon snijden.

Men kon er Andrej Bely ontmoeten en de mensjewiek Martov, de dichters Brjoessov en Balmont, de schrijver Sjmeljev, Tsjerny, de blinde leider van de Moskouse anarchisten, de toneelspeelster Roksanova (de eerste Tsjechovse 'Meeuw'), Maximiliaan Volosjin, Potapenko, de dichter Agnivtsev en vele journalisten en literatoren van allerlei leeftijden, opvattingen en geaardheid.

De goedmoedige Agnivtsev zong er zijn simpele liedjes. Om zijn lange hals zat een enorme gele das geknoopt en in zijn wijde geruite broek zaten altijd brandgaatjes van sigaretten.

Koffie, bitter als kinine dampte in de kroezen; zelfs de sacharine kon niets aan de smaak er van bijdoen. Nu eens hier, dan weer daar vlamden verwoede debatten op en soms klonk een dreunende oorvijg door het lawaai heen.

Meestal bleek deze dan bestemd te zijn voor een keurige journalist met een geverfde baard en een giftig gelaat. Hij siste als een slang en spoot over alles en iedereen zonder onderscheid zijn kwaadaardig gif uit.

De oorvijgen hielden een gevaar voor brand in, want de journalist met de geverfde baard had altijd een brandende pijp in zijn mond. Bij iedere oorvijg nu vloog deze als een stuk vuurwerk boven de hoofden van de bezoekers buitelend een eind in het rond terwijl de brandende tabak er uit viel. Dadelijk verspreidde zich een geur van schroeiende wol door het lokaal. Allen doofden haastig het vuur op colbertjes, broeken en tafellakens, dat reeds op verschillende plaatsen inbrandde. De eigenaar van de pijp echter zocht hem doodgemoedereerd op, stopte hem opnieuw, stak hem weer aan en ging weg waarbij hij luid verkondigde dat hij dit schandelijke voorval aan de ereraad zou voorleggen.

'Loop naar de duivel!' riepen de cafébezoekers, 'ik zou gelijk maar naar het Revolutietribunaal gaan! Eruit! We zijn het zat! Provocateur!'

Op een keer kwam de dichter Maximiliaan Volosjin in het café, een bijziende, robuuste man met een rode baard. Hij nodigde ons allen uit voor zijn lezing over poëzie in het theater van de Ermitagetuin. Slechts een paar gingen op zijn uitnodiging in. De overigen zagen geen kans zich los te rukken van de stormachtige politieke schermutselingen rond de wankele tafeltjes.

Ik ging er wel heen. Het was eind maart. In de tuin was het donker en stil. Van de bomen viel dooiende sneeuw.

De geur van rottende bladeren die flauw deed denken aan het bouquet van wijn, vermengd met die van bittere planten en ontdooiende bloemen van het vorige jaar steeg uit de vochtige aarde op die er eenzaam en verlaten, reeds lang door geen spade meer beroerd, bijlag.

De mens had in die tijd de natuur vergeten. Woorden schalden over het land, met klem tot de strijd nodend, woorden van verontwaardiging, van vreugde, van aanklacht, vol dreiging voor iedere vijand, woorden waar miljoenen als gemagnetiseerd door werden aangetrokken en die tot vernietigen en tegelijkertijd tot opbouwen opriepen.

Het was een tijd van plotselinge besluiten en algemene onrust. Voor de natuur hadden wij geen aandacht. Maar toch ruisten de verlaten bossen net als vroeger, en op de rivieren werd het ijs blauwig broos en zoog zich vol water. Als tevoren lag er 's morgens bij druilerig weer een ruig laagje grauwe rijp over de linden van de Moskouse boulevards. Gedwee als altijd doofde het late avondrood en pinkelden vreesachtig de sterren in de nacht alsof ze begrepen dat de mensen – zelfs de astronomen en dichters – nu wel wat anders te doen hadden dan naar hen te kijken.

De storm die in alle harten woedde, onthutste en verdoofde de mensen. Voor de natuur hadden zij geen oog meer. Als zij er toch naar keken, dan was het met starre nietsziende blik.

Andere vreugden en hartstochten hadden zich van de mensen meester gemaakt. Zelfs de liefde, natuurlijk als de lucht die wij inademen en volkomen als het zonlicht, moest soms voor de stroom der gebeurtenissen wijken en werd ondervonden als een sentimentele ziekte.

Het plichtsbesef eiste dat men opwellingen waar nu geen plaats voor was en die soms zelfs gevaarlijk konden zijn, onderdrukte. Daar zou in een verre toekomst weer ruimte voor zijn. Alle krachten werden in beslag genomen door de geweldige omwentelingen en reorganisaties. Er mocht geen snippertje energie worden verspild. Verspild? De liefde verloochenen is toch wel een ontzaglijk en heroïsch offer, vooral wanneer de mens beseft wat hij opoffert.

Waar mijn gedachten zich in die tijd ook mee bezighielden – met de liefde, de poëzie, de diepere betekenis van de gebeurtenissen – altijd betrapte ik mij zelf erop dat ik niet zuiver wist te oordelen. Ik streefde ernaar een zo helder mogelijk inzicht te verkrijgen, iets waar ik net als ieder ander moeilijk buiten kon. Maar ik zag al gauw in dat mijn tijd blijkbaar nog niet gekomen was. Nog was het leven te chaotisch, er moest geduld worden beoefend tot een nieuw bestel uit deze chaos zou opdoemen.

Volosjins voordracht droeg nog tot mijn verwarring bij.

Het theater was bijna leeg. In de vochtige kou verkrimpten je handen. Aan het plafond verspreidden een paar stoffige gloeilampen een wazig licht dat nu en dan volkomen uitviel. In de zaal hing een bruinig waas.

Volosjin scheen zijn toehoorders vergeten te hebben en een soort alleenspraak te houden. Hij sprak over de oorlog, over de ijzeren tijd die nu van de wereld bezit had genomen en vroeg met doffe tragische stem, terwijl hij met zijn blik de meest verborgen hoeken van de lege zaal aftastte, of deze zware tijd eigenlijk nog wel dichters en kunstenaars behoefde.

In Engeland had men de beste Ierse dichters opgehangen. In Frankrijk waren in de eerste dagen van de oorlog al driehonderd dichters om het leven gekomen. Een Franse generaal die zich zelf voor een liefhebber en kenner van de poëzie hield, had gezegd: 'Stel deze enthousiaste jongelui bij de aanval in de voorste rijen op. Laten zij de soldaten aanvuren en meeslepen.'

Verhaeren werd tegen zijn diepste levensovertuiging in tot haten gedwongen. Jules Lemaître, hevig geschokt door de absurditeit van de oorlog, kwijnde weg en verleerde het lezen. Hij wist de verschillende letters niet meer uit elkaar te houden en moest weer opnieuw leren spellen.

De vreselijke lijst van gruweldaden die de oorlog tegenover de kunst had begaan, groeide alsmaar aan terwijl de stem van Volosjin steeds doffer werd.

Het was allemaal wel waar wat hij zei, maar wat bood er dan uitkomst?

Daarover sprak hij met geen woord.

Onder de stamgasten van het café ontmoette men veel vreemdsoortige mensen. Zij waren stuk voor stuk een slag apart en allen bij elkaar vormden zij het spotzieke en niets en niemand ontziende volkje dat krantenmensen heet.

Alleen de jonge schrijver Alexander Jakovlev uit Volsk, een voormalige Wolga-schipper, hield zich iets afzijdig.

Jakovlev was een kenner van het boerenleven en schreef daarover prachtige schetsen. Iedereen behandelde deze verlegen en zwijgzame man met ingehouden eerbied, niet alleen wegens het feit dat hij uitstekende schetsen wist te schrijven maar ook omdat hij het wist klaar te spelen om in een tijd van volkomen ineenstorting van het spoorwegverkeer door te dringen tot in de verste uithoeken van Rusland en ongedeerd weer terug te keren. Daar waren uithoudingsvermogen en moed voor nodig, want bijna iedere reis ging met levensgevaar gepaard.

Een leger van gedemobiliseerden zwierf in horden langs de spoorbanen en sloeg alles wat op hun weg kwam kort en klein. In de treinen werd alles wat zich daar maar enigszins voor leende, stukgeslagen en losgerukt. Zelfs verroeste ijzeren dakplaten werden gesloopt. Op de Soecharevka bloeide een handel in wasbakken en spiegels die uit treinrijtuigen afkomstig waren en ook rood versleten pluche dat uit de zittingen was gesneden, vond er gretig aftrek.

Een menigte bandieten, als soldaten verkleed, zette de gedemobiliseerden tot uitspattingen aan. Op de stations werden vensters stukgeslagen en omheiningen, soms zelfs hele huizen van spoorweglieden, gesloopt en in de locomotieven verstookt, om maar te zwijgen over de in de buurt van de spoordijk gelegen kerkhoven waarvan de grafkruisen als eerste de stookgaten invlogen. Verroeste grafkransen van blikken lelies en rozen prijkten, met ijzerdraad door de soldaten eraan vastgemaakt op de wagons. Wanneer de trein reed, floot de wind luguber door de rozen.

Reeds lang voordat zo'n trein met gedemobiliseerden als rovers onder gefluit, accordeon gejammer, grammofoon geschetter en mitrailleur geratel bij het seinhuisje over doorbuigende rails het station kwam binnenstormen was het dienstdoend personeel er gewoonlijk tussenuit geknepen. Het minste of geringste oponthoud eindigde met een hardhandige afstraffing voor de stationschef. Wanneer uit vele kelen de kreet klonk: 'Vooruit, zet hem op Gravrila!' dan werd de machinist wit om zijn neus.

Wanneer door een of ander wonder burgers dat wil zeggen 'civielen', 'niet militairen', 'bange schijters', de trein in waren gekomen, dan werden zij meestal onder het rijden de spoordijk afgegooid.

Jakovlev was er al driemaal uitgesmeten, maar hij was er heelhuids afgekomen.

Het allerverwonderlijkste daarbij was dat Jakovlev opgefleurd en geanimeerd uit deze dodende omzwervingen terugkeerde, de onwaarschijnlijkste dingen gehoord en gezien had en zei dat zulk onschatbaar materiaal nooit te duur betaald kon zijn voor een schrijver.

Jakovlev wist door te dringen tot in bemoste, hermetisch van Moskou afgesloten stadjes zoals Chvalynsk, Sarapoel en Serdobsk, plaatsen die bijna mythisch aandeden en aan het bestaan waarvan men maar met moeite kon geloven.

Rusland was als het ware opnieuw uiteen gevallen in kleine geisoleerde kroondomeinen omdat de verbindingen over de weg en via de post en de telegraaf verbroken waren en daarbij de bossen, de moerassen en afgebroken bruggen de afstanden tussen de afzonderlijke gebieden opeens nog groter deden schijnen.

In deze verlaten uithoeken werden republieken van eigen makelij uitgeroepen, in de districtsdrukkerijen werden eigen bankbiljetten gedrukt (meestal waren echter postzegels als betalingsmiddel in omloop).

Dat alles vormde een allegaartje met de resten van het verleden: met de balseminen op de vensterbank, het gebeier van de klokken, smeekgebeden en bruiloften onder dronken saluutschoten uit buksen, met grote vlakten met armzalig graan, overwoekerd door giftig geel koolzaad en met gesprekken over het einde van de wereld wanneer er van Rusland alleen nog 'zwarte nacht en drie rookzuilen' over zou blijven.

Dit alles werd met smaak door Jakovlev opgedist, op de bedaarde wijze waarmee een zadelmaker met vaardige hand een ruwe gekleurde pekdraad door een zadelriem prikt.

Sinds die tijd ben ik Jakovlev zo nu en dan nog eens tegen gekomen, vaak met een tussentijd van jaren. Steeds weer werd ik getroffen door zijn buitengewone goedhartigheid en zijn zelfopofferende liefde voor het Rusland van de gewone mensen. Niet voor niets gaf hij toen hij al op sterven lag als zijn laatste wens te kennen niet in Moskou te worden begraven maar op een helling van de Wolga in zijn geboortestad Volsk.

Zo nu en dan kwam er in het café een onogelijke man opdagen die nogal klein van stuk was en een hoed met slappe rand droeg. Hij was geloof ik een tijdlang verbonden geweest aan een dagblad in Toela, maar het kan ook in Orel geweest zijn.

Met deze onopvallende man had Prisjvin[1] een amusant voorval beleefd dat hij graag afschilderde als een volkomen fantastische gebeurtenis.

Toen Prisjvin van Jelets naar Moskou verhuisde, waren juist alle spoorwegknooppunten afgezet door speciale afdelingen Oostzeematrozen die er de wet voorschreven.

De schrijver had al zijn spullen, manuscripten en boeken in balen genaaid en in een wagon gehesen. Op een hoofdstation in de buurt van Orel namen de matrozen hem ondanks al zijn bidden en smeken zijn hele boeltje af.

Prisjvin stormde daarop het station op en vloog het kantoortje van de afdelingscommandant binnen, een matroos met vooruitstekende jukbeenderen die een mauser op zijn heup en een tinnen ring in zijn oor droeg en juist bezig was gezouten ansjovis met een lepel naar binnen te werken alsof het pap was. Hij wenste niet met Prisjvin in discussie te treden.

'Natuurlijk een intellectueel,' zei hij. 'Als je nog meer commentaar hebt, dan arresteer ik je wegens sabotage. En dan valt het nog te bezien op grond van welk artikel het Revolutietribunaal je bij je lurven pakt. Daarom zou ik 'm maar smeren, nu je nog intact bent, vriendje.'

1. M. M. Prisjvin (1873-1959) – bekend Russisch schrijver. (Noot v. d. vert.)

Achter Prisjvin was toen de kleine gestalte opgedoken van de man met de slappe hoed. Hij bleef in de deuropening staan en zei zacht doch duidelijk hoorbaar: 'Geeft u onmiddellijk deze burger zijn spullen terug.'

'Wat is dat nou nog voor proppie met een hoed op?' vroeg de matroos. 'Wie ben jij wel, dat je denkt mij te kunnen bevelen?'

'Ik ben Magalif,' antwoordde het mannetje weer op dezelfde zachte en duidelijke toon zonder zijn stekende oogjes van de matroos af te wenden.

Deze verslikte zich in zijn ansjovis en stond op. 'Ik bied mijn verontschuldiging aan,' zei hij op flemende toon. 'Mijn jongens hebben zo te zien een vergissing begaan. 't Is ook beulen voor ze. Lobov!' riep hij donderend. 'Deze burger zijn spullen teruggeven! De gevolmachtigde van Magalif zelf heeft het bevolen. Begrepen? Naar de wagon terugbrengen. En vlug wat! Geef die boel aan elkaar door, anders krijgen jullie een lier voor jullie kakement!'

Op het perron haastte Prisjvin zich het onbeduidende mannetje te bedanken, maar als antwoord raadde deze hem slechts aan om met blauw potlood op alle balen het woord 'folklore' te schrijven.

'De Rus', verklaarde hij, 'staat eerbiedig tegenover onbegrijpelijke woorden, vooral wanneer die uit het buitenland komen. Niemand zal daarna nog aan uw bagage komen. Daar sta ik voor in.'

'Neemt u mijn onwetendheid niet kwalijk,' zei Prisjvin, 'maar wat is dat voor machtige instelling, deze Magalif welke u vertegenwoordigt? Waarom heeft alleen het noemen van de naam ervan al zo'n verbluffende uitwerking op het bewakingscorps?'

De tengere man glimlachte schuldig.

'Het is geen instelling,' antwoordde hij. 'Het is mijn achternaam. Hij komt mij soms van pas.'

Prisjvin barstte in schaterlachen uit.

Hij volgde Magalifs raad op en schreef op al zijn balen het raadselachtige woord 'folklore'. Vanaf dat ogenblik waagde geen bewaker het meer eraan te komen.

In die tijd begonnen ook voor het eerst de bespottelijke afkortingen voor officiële namen in zwang te komen. Een paar jaar later had hun aantal reeds de omvang van een ramp aangenomen en de

Russische taal dreigde in een soort stotterende '*Volapuk*' te veranderen.

Iedere avond kwam de journalist Sjtsjelkoenov, een bekend Moskous bibliofiel, het café in terwijl hij onder het lopen zijn dikke beslagen brilleglazen schoonwreef en als een blinde tegen de tafeltjes stootte. Hij sjouwde zware stoffige pakken boeken mee die hij met stukken telefoondraad bijeengebonden had.

Hij trok zijn ouderwetse overjas met de versleten fluwelen kraag uit, hing deze voorzichtig aan een spijker op en dadelijk weerklonk in het café wanhopig gemiauw.

Sjtsjelkoenov had de gewoonte om zwerfkatjes van de straat te zoeken. Hij stopte deze dan in de zakken van zijn jas. Sleepte er de hele dag mee door de stad tot hij er eindelijk 's avonds laat mee thuis kwam en hen aan zijn vrouw toevertrouwde.

Hij leek op een plattelandsdokter. Zijn altijd vochtige baardje zat in de war en zijn colbert hing als een zak om hem heen, uitpuilend van de boeken en de manuscripten.

Er bestonden in die tijd nog geen vulpennen en zo had Sjtsjelkoenov dan ook altijd een tuimelinktpotje en een paar ganzeveren in zijn binnenzak, want met potlood schrijven kon hij niet. Ik was geloof ik de enige onder zijn collega's die hem begreep en die zich niet vrolijk maakte over deze eigenschap en over zijn ganzeveren, want ook op mij heeft alles wat met potlood geschreven is altijd een slordige en onafgemaakte indruk gemaakt. Ik vond dat een precieze gedachte met precisie vastgelegd moest kunnen worden. Zo mogelijk zou ik alleen met Chinese inkt op stevig papier schrijven.

Sjtsjelkoenov ging aan een tafeltje zitten, sleep met een scheermesje zorgvuldig een ganzeveer en begon snuivend aantekeningen te maken, in een handschrift dat op de ligatuur uit de tijd van voor Peter de Grote leek.

Het waren artikelen over kostbare boeken, ontdekkingen van beroemde schilderijen, tentoonstellingen, bibliofiele nieuwtjes en over alle mogelijke rariteiten.

In de vroege morgen al ging hij op jacht naar boeken en nieuwtjes, en men kon hem op de meest onverwachte plaatsen tegen het lijf lopen.

In zijn agenda stonden een heleboel adressen van vrouwtjes uit oude vrouwenhuizen, voormalige boekverkopers, boekbinders, helers en colporteurs. Dat waren zijn leveranciers. Zij woonden hoofdzakelijk in de voorsteden: in Izmajlovo, Tsjerkisovo, Kotly en achter de Presnja. Waar dit mogelijk was nam Sjtsjelkoenov de tram, maar het grootste deel van zijn ronde legde hij te voet af.

Hij had een soort zesde zintuig voor boeken. Als een jachthond achter wild volgde hij lang en behoedzaam het kronkelende spoor van een zeldzaam boek. Hij was niet de enige bibliofiel in Moskou. Andere snuffelaars naar en handelaars in oude boeken die zijn eigenschap feilloos zeldzame uitgaven op te speuren kenden, hielden hem scherp in het oog en probeerden meermaals de buit onder zijn neus weg te kapen. Daarom moest Sjtsjelkoenov voortdurend trachten zijn achtervolgers op een dwaalspoor te brengen en om de tuin te leiden. Deze hachelijke bezigheid had hem de gelaatstrekken van een samenzweerder bezorgd.

Misschien sprak hij daarom ook altijd met een gesmoorde stem waarbij zijn Tartaarse spleetogen achterdochtig fonkelden.

'Het ziet ernaar uit,' zei hij met gedempte stem aan de andere kant van het tafeltje zodat zijn toehoorder zijn stoel dicht tegen de tafel aan moest schuiven om hem te kunnen verstaan, 'dat ik een dezer dagen de geheime bergplaats ontdek waar de bibliotheek van Iwan de Verschrikkelijke verborgen ligt. Laat alleen in godsnaam Loenatsjarski[1] er geen lucht van krijgen. Mondje dicht dus!'

Wanneer iemand met een boek bij Sjtsjelkoenov kwam om het te laten taxeren, bladerde hij het door, scheen zelfs de geur ervan op te snuiven en zei vervolgens met een gedwonge glimlach:

'Een algemeen bekende uitgave. Die kunt u wanneer u maar wilt op de rommelmarkt bij de Kitajgorodskaja-muur kopen. U hebt u gewoon laten beduvelen. Het spijt mij voor u. Maar overigens kan ik dit boekje ruilen tegen de 'Bonte Vertellingen' van Tsjechonte[2]. Vindt u dat goed? Wat, u wilt niet? Daar hebt u over een jaar spijt

1. Volkscommissaris van Schone Kunsten in die tijd.; 2. Tsjechonte – pseudoniem van de Russ. schrijver Anton Pavlovits Tsjechov (1860–1904).

van. Nou, vooruit! Dan geef ik u maar een Italiaanse uitgave van Marco Polo. Morgen krijgt u die.'

Zonder de toestemming van de naïve bezitter af te wachten borg Sjtsjelkoenov dan het zeldzame boekwerkje in zijn uitpuilende aktentas, liet het slot dichtklikken en keek om zich heen met de kennelijke bedoeling er zo gauw mogelijk tussenuit te knijpen. Voor zover ik weet is het niet voorgekomen dat zo'n onnozele hals een boek dat eenmaal in Sjtsjelkoenovs tas beland was, weer wist los te troggelen. Zelfs een scène maken, haalde niets uit. Bij de eerste tekenen al trok Sjtsjelkoenov zwijgend zijn jas aan en verliet met zware tred en het hoofd gebogen als een stier het café. Niets ter wereld zou hem hebben kunnen tegenhouden. Daarbij bewaarde hij een hardnekkig stilzwijgen, snuifde zwaar en bleef zelfs voor de vreselijkste beledigingen doof.

Op een keer stelde Sjtsjelkoenov mij voor om met hem mee te gaan naar een tehuis voor daklozen aan het station van Vindava. Daar woonde een aan lager wal geraakte dichter uit Toela, een autodidact. Sjtsjelkoenov hoopte bij hem waardevolle boeken en manuscripten op de kop te tikken.

We gingen er met de tram heen, maar voor alle zekerheid stapten we een halte ervoor uit. Naar zijn gevoel wezen bepaalde dingen erop dat juist vandaag zijn eeuwige vijanden, de boekhandelaren op hem loerden en de dichter uit Toela voor zijn neus wilden wegkapen. Plotseling greep Sjtsjelkoenov mijn arm vast en trok mij achter een reclamezuil. Wij verborgen ons erachter en hij zei buiten adem:

'Daar heb je hem, de scharrelaar! Kijk daar op het trottoir tegenover het tehuis. Die oude man met die kapotte panamahoed op en dat sikje. Ik heb u meegenomen om me te helpen.'

'Maar waarmee kan ik u dan helpen?'

'Ik ga die apotheek binnen, van daaruit heeft men een goed zicht op het tehuis. In die tussentijd loodst u hem uit de buurt. Ik zal in de apotheek wachten. Wanneer hij mij het tehuis ziet binnengaan ben ik de klos! Ik ben twee maanden lang naar deze dekselse dichter op sjouw geweest.'

Maar hoe moet ik hem hier vandaan krijgen?'

'U doet net of u een stille bent. Dan gaat hij wel door de knieën.

Hij heeft trouwens geen zuiver geweten. Ik zelf heb boeken bij hem gekocht die uit het Historisch Museum waren gestolen.'

Voordat ik goed en wel wist wat er aan de hand was, was Sjtsjelkoenov al in de apotheek verdwenen. Er bleef mij niets anders over dan voor politieman te spelen. Maar hoe?

Ik trok mijn pet in mijn ogen, stopte mijn handen in mijn zakken en liep met zwaaiende passen op het tehuis af. Op een paar pas afstand van de oude baas met de hoed gekomen, hield ik halt, leunde tegen het hekwerk en begon met overdreven aandacht het huis te bekijken: een oud gebouw van vier verdiepingen met in de muur een scheur die van het dak tot de kelder liep. Op de deur hing een bordje waarop met blauw en rood potlood geschreven stond:

Een ieder die dit gebouw betreedt,
verzoeken wij met klem
op alle verdiepingen stilte te betrachten!

De oude man keek schuin mijn kant uit. Ik stond daar met een onverschillig en naar mij voorkwam zelfs wat brutaal gezicht. Vervolgens begon ik aandachtig, net alsof ik wat te verbergen had, mijn licht gebogen handpalm te bekijken om de indruk te wekken dat ik er een pasfoto in geklemd hield.

De man keerde zich snel om, ging wat verstaan en trachtte vervolgens er onopvallend tussenuit te knijpen. Maar op hetzelfde moment beging hij een kapitale fout: hij haalde zijn koker voor de dag en stak een sigaret op.

Ik ging hem achterna. Ik hield hem in de gaten en zag aan de gespannenheid van zijn slappe rug hoezeer hij zich in moest houden om het niet op een lopen te zetten. Ik haalde hem in en sprak hem hoffelijk aan:

'Kunt u me vuur geven, burger?'

Daarop volgde een onverklaarbare reactie, waarvan ik zelf schrok. De oude man met de panamahoed slaakte een kreet, maakte een geweldige zijsprong, rende weg met knikkende knieën als een krab en verdween spoorloos onder de eerstvolgende poort.

Sjtsjelkoenov wreef vergenoegd zijn mollige handen.

Het lukte hem de beroeps-bibliofielen voor te zijn en van de dichter uit Toela een brief van Tolstoj te kopen. Ik was echter woedend op Sjtsjelkoenov en witheet om heel deze stomme geschiedenis en zwoer bij me zelf me niet meer met Sjtsjelkoenov in te laten.

Ik dacht dat Sjtsjelkoenov zoals de meeste boekenverzamelaars zelf niet aan lezen toekwam en dat hij alleen van boeken hield als een verzamelingsvoorwerp, zonder dat de inhoud er daarbij iets toe doet. Maar al gauw kon ik me van het tegendeel overtuigen.

Sjtsjelkoenov hield in het journalistencafé een lezing over de geschiedenis van het boek. Deze lezing zou men als een gedicht, een enthousiaste lofrede ter ere van het boek kunnen bestempelen. Naar zijn zeggen, hoedt en bewaart alleen het boek het menselijk denken en geeft dit van eeuw tot eeuw, van geslacht tot geslacht door. Het draagt de gedachten, als waren deze pas geboren, door alle tijden heen in zijn oorspronkelijke zuiverheid en met al zijn rijk geschakeerde nuances. Het door mensenhanden geschapen boek is net zo'n soort eeuwigheid geworden als de ruimte en de tijd. De sterfelijke mens heeft aldus een onsterfelijke waarde geschapen. Maar in het tumult van ons bestaan vergeten wij dit steeds.

Wij gaan op in de langzame cadans van de verzen van Homerus en voor onze ogen geschiedt een wonder: aan de duizenden jaren oude, versteende staf van de dichter ontluikt de bloesem van levende poëzie.

Ons eerste contact met de gedachte die uit ondenkbare verten tot ons komt, is altijd fris en vertoont geen spoor van aftakeling. Zij werkt op ons mensen van de twintigste eeuw even nieuw en rechtstreeks in als eens op onze voorvaderen.

Eeuwen zijn opgegaan in een ondoordringbare nevel. Alleen het menselijke denken fonkelt helder als Vega, die blauwe ster waarvan het is alsof al het licht van het heelal er in opgehoopt is.

Niet één van de 'zwarte kolenzakken' in het heelal zou het licht van deze volmaakt zuivere ster kunnen verduisteren. Precies zo is geen enkele leemte in de geschiedenis, noch een aan de vergetelheid prijs gegeven ruimte in staat om het menselijk denken te vernietigen dat in honderden, duizenden en in miljoenen handschriften en boeken is vastgelegd.

Sjtsjelkoenov was ervan overtuigd dat er op aarde, vooral in de oude bijbelse landen, nog onopgespoorde manuscripten waren. Hun ontdekking zou de mensheid met ongekende filosofische systemen en paarlen van de dichtkunst verrijken. Men had toch nog pas in het Sinaïgebergte een oude door de Ptolemeërs gebouwde stad gevonden, die in hete verlaten bergpassen verborgen lag. Elk bouwwerk in deze dode stad was een architectonisch meesterwerk. En als zulke oude steden ontdekt worden, dan bestaat er toch ook kans op dat er oude papyrusrollen en boeken gevonden worden.

Na de lezing van Sjtsjelkoenov waarin hij het over onbekende Arabische steden had, begon ik door het Oosten geboeid te raken. Ik zette mij aan de studie van de Oosterse dichtkunst. Sjtsjelkoenov verschafte mij met genoegen boeken van Saadi, Omar Chajam en van Hafiz.

Een buitenstaander zal het misschien verwonderlijk vinden dat bepaalde mensen, in deze revolutionaire tijd waarin alle gangbare begrippen en gewoonten aan stukken lagen, gelijktijdig de revolutie kunnen beleven en warm konden lopen voor het Oosten, de dichtkunst en nog een heleboel andere dingen. Maar feitelijk was dat helemaal niet verwonderlijk. Het bewees alleen maar dat de menselijke geest veel meer naar kennis dorstte dan men wel vermoedde.

De voor de eerste jaren van de Revolutie kenmerkende sfeer van strenge frisheid was zo duidelijk en verwarrend voelbaar dat er een stempel door werd achtergelaten op heel het menselijk denken. Aan het idee dat de mens van onze tijd, kind van de Revolutie, niet alleen moest beschikken over de uitstekende eigenschappen waarmee voorheen slechts heel weinig personen waren begiftigd maar ook over de geestelijke schatten van alle voorafgaande tijden en uit alle landen, viel volgens mij niet te tornen. Ik zocht dus in alles deze innerlijke verrijking, ook in de dichtkunst van het Oosten.

Een van mijn collega's, een zekere Rozovski, een al wat oudere, trage man met een golvende blonde baard sterkte mij in mijn voorliefde voor het Oosten. Hij liep de hele winter in een tot op zijn hielen afhangende pelsmantel van een hogepriester die vroeger vast zeer weelderig was geweest maar nu helemaal kaal was. In weerwil van zijn joodse afkomst leek hij trouwens helemaal op een orthodoxe geestelijke.

Al zijn vrije tijd bracht hij door in zijn kamer met het lezen van boeken over het Oosten, zittend op een doorgezeten ottomane die met een Toerkmeens tapijt bedekt was.

Hij was een goed kenner van de islam, vooral van de verschillende mohammedaanse sekten waaronder hij er een onderscheidde die naar zijn zeggen revolutionair was: de 'Babiden' genaamd naar hun leider, de Pers El-Baba. Volgens hem zou deze sekte de islam vernietigen en een geestelijke renaissance verwekken in de ingeslapen landen van Klein-Azië.

Vóór de Revolutie had Rozovski reizen ondernomen naar Turkije en Perzië, om het Oosten ter plaatse te kunnen bestuderen; als alleenstaand man was hij daartoe in staat geweest.

Bijna een jaar lang had hij in Klein-Azië in de patriarchale stad Broessa geleefd. Hij vertelde veel over Turkije en deed dat op een eigen ongebruikelijke wijze.

Hij begon nooit bij de hoofdzaak maar altijd bij details, bijkomstigheden zelfs. Maar geleidelijk aan vormden deze details een meeslepend verhaal dat men zo had kunnen opschrijven en uitgeven.

Wegens zijn ontzaglijke luiheid had Rozovski nog nooit ook maar een aantekening gemaakt. Zodra hij aan tafel ging zitten, bekroop hem een dodelijke verveling, hij wierp zijn pen neer en ging naar de redactie of het journalistencafé op zoek naar iemand om mee te praten.

Ik herinner mij nog de beschrijving die hij mij gaf van het oude houten huis waarin hij in Broessa had gewoond. Hij was daarbij niet begonnen met het huis zelf, maar had een volledige verhandeling gehouden over de geur van Turkse houten huizen in het algemeen.

Deze huizen roken, zei hij, naar honing en warm vermolmd hout, vooral op hete en kalme dagen wanneer je de leuning van het balkon niet kon aanraken zonder gevaar te lopen je handen te branden.

Deze houtlucht was altijd vermengd met de zachte geur van dorre rozen. En naar honing roken ook deze huizen omdat er rondom in de olijfbossen met de rozenstruiken veel bijen waren. Zij hadden hun nesten op de vlieringen gebouwd, vandaar de zoete honinggeur.

Voor de eerste maal had Rozovski in Constantinopel deze bedwelmend zoete geur van verdorde rozen en honing ingeademd toen men hem het met ruw geslepen edelstenen ingelegde kistje liet zien waarin het groene vaandel van de Profeet werd bewaard. Dit was in een zijden doek gewikkeld die helemaal vergaan was en bezaaid met rozenblaadjes.

Rozovski onthulde mij de betekenis van vele onduidelijke Arabische beelden en van de Oosterse gedichten van Boenin. Sindsdien kan ik de gedachte maar niet van mij afzetten dat de islam de religie van de sluimering, het geduld en de traagheid is, vooral wanneer ik denk aan de verzen van Boenin die bij het lezen van de Koran in hem opkwamen.

Als in een luchtspiegeling boven de aarde,
De wereld zengt in grenzeloze glans,
Dan drijft als in een droom mijn ziel naar *Dzjinnats gaarde,*
Gans bevrijd van de droeve aardse rondedans.

De Kovser stroomt daar, de rivier der rivieren
Azuurblauw voort, in nevelen gehuld.
Heel de mensheid op aard is zij goedertieren,
Dus bidt en gelooft en oefent geduld.

Ik heb het eens met Rozovski over de passiviteit en de traagheid van de islam gehad. Hij bestempelde deze gedachte als je reinste onzin. De islam, zei hij, is integendeel de meest strijdzuchtige en fanatieke religie die er bestaat. De Heilige Oorlog hoefde maar verklaard te worden, de groene banier van de Profeet opgeheven te worden, of de islam zou zich als een zwarte razende samoen op de wereld storten. Deze dicht langs de grond jagende zandwolk waaruit het gehuil opklonk van ruiters met getrokken kromzwaarden die als honderden kleine bliksemstralen schitterden, zag ik aanschouwelijk voor mij.

Ik kan natuurlijk niet alle bezoekers van het journalistencafé beschrijven, ook al zouden zij dit verdienen.

Maar een overblijfsel van het oude Moskou, de reporter Saveljev, voorzitter van de maatschappij 'De Vereniging van Liefhebbers van Kanariegezang' mag toch echt niet overgeslagen worden.

Deze eeuwig giechelende oude baas was de hoofdleverancier van politieke roddelarijtjes en van verzinsels. Dat hij daar nooit mee in moeilijkheden raakte, had hij enkel en alleen te danken aan het feit dat hij door zijn neus sprak en alles er zo onduidelijk uitflapte, dat men alleen met heel veel moeite kon raden waarover hij het had.

Alle zakken van zijn smoezelige jekker zaten vol kleverige zuurtjes die hij hardnekkig aan alle rokers aanbood. Hij dwong hen gewoon deze snoepjes waar stof uit zijn vieze zakken aankleefde, op te sabbelen. Zo gauw Saveljev dan ook de redactie binnenkwam, doofde iedereen met een zenuwachtig gebaar zijn sigaret.

Saveljev had de bijnaam 'mortus' omdat zijn enige taak bij de krant het schrijven van necrologieën was. Deze begonnen altijd met dezelfde aanhef: 'De dood rukte uit ons midden weg' of 'Onze samenleving heeft een zwaar verlies geleden'.

Iedereen had zo genoeg van deze necrologieën dat de corrector op een keer besloot om in de necrologie van die dag wat leven te brengen en zo meteen Saveljev een goede poets te bakken. Hij voegde daarom aan de gebruikelijke zin 'de dood heeft uit ons midden weggerukt...' nog het woordje 'eindelijk' toe.

Dat veroorzaakte de volgende dag op de redactie een geweldig schandaal. De corrector werd ontslagen. Het voorval stuitte een ieder tegen de borst, ook al had de necrologie betrekking gehad op de een of andere onaangename pedagoog. Saveljev zat de hele dag op de redactie achter zijn tafel te snotteren.

'Ik heb honderden mensen naar het hiernamaals begeleid,' mompelde hij, 'maar nog nooit heb ik hun nagedachtenis bevlekt. Ik ben hun rechter niet. En over schoften heb ik nog nooit ook maar een regel geschreven.'

Toen hij uitgehuild was, ging hij naar de hoofdredacteur en zei hem stotterend dat op een krant waar zulke lage streken mogelijk waren, hij niet kon werken. Er hielp geen lieve moeder meer aan. Saveljev verliet de redactie en toen pas voelden plotseling alle medewerkers dat zij zijn geratel en gegiechel, ja zelfs de vieze zuurtjes waar pluisjes aankleefden, misten. Saveljev overleed niet lang daarna. Zijn necrologie verschilde in niets van alle andere; dezelfde saaie onverschillige stijl: 'De dood heeft een bescheiden harde werker van het krantenleven uit ons midden weggerukt,' enz. enz....

Saveljev was een alleenstaand man. In zijn benauwde kamer bleef alleen een oude papegaai achter. Met zijn kop naar beneden hing hij aan zijn stang, giechelde net als zijn baas en krijste afgrijselijk: 'Vopka, wil je 'n zuurtje.'

De concierge ontfermde zich over de papegaai en daarmede had Saveljev volkomen met het leven afgerekend.

Als laatste van allen kwam gewoonlijk een hoffelijke luidruchtige man met meedogenloze ogen het journalistencafé binnenstormen: Oleg Leonidov, de 'koning van de sensatienieuwtjes'. Hij kwam expres later dan de anderen en wel precies op het moment waarop de kranten nog nat van de drukinkt reeds uit de persen vlogen.

Op dat moment immers kon hij met een gerust hart aan de collega's van concurrerende bladen alle sensatienieuwtjes vertellen die hij die dag bijeengescharreld had zonder er bang voor te moeten zijn dat zij deze nog snel in hun eigen blad wisten te plaatsen. De collega's werden wit van nijd maar konden er ook niets meer aan veranderen.

Leonidov achterna zitten, haalde niets uit. Hij was ongrijpbaar. Niemand wist hoe en wanneer hij tot diep in de nieuwe Sowjetinstanties doordrong en daar vriendelijk en met een minzame glimlach onthutsend nieuws aan de weet kwam.

Leonidov misleiden en bij de neus nemen, was ondenkbaar. Op dit punt ging hij zelf voor een onovertroffen meester door.

Slechts een keer, dat was nog in de oorlog geweest, had een onvoorzichtige journalist uit Kijev hem er tussen kunnen nemen en hem een onjuist sensationeel nieuwtje in de schoenen geschoven. Leonidov was er bijna bij de krant uitgevlogen, maar hij wreekte zich zo op de Kijev journalist dat sinds die tijd niemand het meer waagde om hem in de maling te nemen of ook maar de draak met hem te steken.

Zo op het eerste oog zag Leonidovs wraak er heel onschuldig uit. Hij zond de Kijev journalist het volgende telegram: 'Minsk, Archangel, Leningrad, laat eerst graan eten kalkoen.'

Het was oorlogstijd. Het telegram belandde bij de militaire censuur die het voor gecodeerd hield. De journalist werd gearresteerd. De zaak rook naar spionage.

Wie weet hoe lang de journalist in de gevangenis zou hebben gezeten als de Officier van Justitie niet toevallig op het idee was gekomen de eerste letters van alle woorden van het telegram achter elkaar te zetten. Ze vormden een scheldwoord. De journalist werd vrijgelaten en kwam er met de schrik vanaf, terwijl Oleg Leonidev zich met het aureool van scherpzinnig wreker voortaan ongestoord in Moskou kon bewegen.

Het journalistencafé werd aan het einde van de zomer van 1918 bij gebrek aan geld gesloten. Niet alleen de journalisten van de meest verscheidene bladen, ook de schrijvers en schilders, al diegenen waarvoor dit verblijf met het lage plafond en het nogal uit de toon vallende roze behang, een vrije en aantrekkelijke plaats van samenkomst was geweest, betreurden dit oprecht.

Bijzonder fijn was het in het café geweest in het schemeruurtje wanneer de ramen openstonden en achter de uitkijktoren van de brandweer en het lege voetstuk van het beeld van Skobelev het warme licht van de ondergaande zon in het vergulde stof doofde. Het lawaai van de stad of beter gezegd de stemmen van de stad (in die tijd waren er nog heel weinig auto's en er reden zelden trams) verstomden en alleen de gevleugelde klanken van de Varsjavjanka, een revolutionair lied, kwamen van verre aandragen.

In deze uren voelden wij steeds vaker in ons hart een knagende pijn bij de gedachte dat daar, achter het station van Brest, waar het laatste avondrood langzaam wegzonk, reeds dauw op de berkenbosjes lag en in een helder riviertje het water murmelend langs knoestige boomstronken stroomde terwijl een frisse koelte en de lucht van slijk en verrotte palen er boven opsteeg. In de verlaten zomerhuisjes was het duister en de pioenrozen die er reeds lang geleden geplant waren, bloeiden er in al hun eenzaamheid. De dauw druppelde van de dakkapel op de luifel boven de met planken dichtgespijkerde veranda en behalve het regelmatige getik van de druppels was in het steeds dichter wordende avondduister niets hoorbaar.

De voor een tijdje met rust gelaten parken, velden en bossen lagen vlakbij het opgewonden Moskou en luisterden in hun slaap naar het intense rumoer van de hoofdstad.

IV/DE ZAAL MET DE FONTEIN

De regering was van Petrograd naar Moskou verhuisd.

Niet lang daarna werd ik door de redactie van de 'Macht van het Volk' naar de kazernes van Lefortovo gestuurd. Daar zou Lenin het woord nemen voor de gedemobiliseerde soldaten.

Het was een druilerige avond. De reusachtige kazernezaal baadde in de rook van boerentabak. Tegen de vensters waar een dikke laag stof op zat, striemde de regen. Het rook er zurig naar natte regenjassen en carbol. De soldaten met hun geweren, smerige beenwindsels om en van het water opgezwollen kistjes aan hun voeten, zaten zo op de natte vloer.

Het waren grotendeels frontsoldaten die na de vrede van Brest-Litovsk in Moskou waren blijven hangen. Ze hadden overal lak aan. Zij geloofden in niets en niemand. Nu eens verlangden zij met veel misbaar dat men hen dadelijk naar huis zou sturen, dan weigerden zij vierkant Moskou te verlaten en schreeuwden dat men hen beduvelde en hen onder het mom van hen op transport naar huis te zetten, opnieuw tegen de Duitsers wilde laten knokken. Deserteurs en gluiperds jutten de soldaten op. Een ieder weet dat in Rusland de man van het volk wanneer hij opgestookt en van de wijs gebracht wordt, plotseling razend kan worden en begint te rebelleren. Daarbij krijgen dan meestal uiteindelijk de koks en de foeriers het 't zwaarst te verduren.

In die tijd deed in Moskou het hardnekkige gerucht de ronde dat de soldaten in Lefortovo van de ene op de andere dag aan het muiten konden slaan.

Met veel moeite had ik me de zaal in weten te werken, maar was achterin blijven steken. Met vijandige blikken monsterden de soldaten de indringer in burger.

Ik verzocht hen wat opzij te gaan zodat ik dichter bij de triplex tribune kon komen. Maar niemand verroerde ook maar een vin. Het was riskant nog langer aan te dringen. Hier en daar ontgrendelden soldaten als voor de grap hun geweren.

Een soldaat geeuwde uitgebreid.

'Wat een slap gedoe!' zei hij en krabde onder zijn bontmuts op zijn hoofd. 'Het wordt toch maar kletsen om niks. Die mooie praatjes van hun zitten ons tot hier.'

'Wat moet jij nu eigenlijk nog! Je hebt te roken, je krijgt te bikken, wat wil je nog meer!'

'Ga in Moskou eens lekker met de meiden op stap,' voegde een magere soldaat met een baard er grinnikend aan toe. 'Als je dan wat oploopt, heb je tenminste voor je leven een aandenken aan de hoofdstad. In plaats van een Georgius-medaille.'

'Waar wachten ze nou nog op!' werd er achter in de zaal geschreeuwd en men begon met de geweerkolven op de vloer te stampen. 'Vooruit, beginnen! Nou ze het zootje toch bij elkaar getrommeld hebben, laten ze dan de boel niet langer ophouden!'

'Dadelijk gaat ie spreken!'

'Wie?'

'Lenin of zo.'

'Le-nin! Dat geloof je toch zelf niet! Dan komt hij zeker voor jouw smoelwerk.'

'Die heeft wel wat anders te doen dan met jou van woorden te wisselen, vuurvreter.'

'Verdomd waar, hij is het!'

'Het zal wel weer het oude liedje zijn.'

'Het zal wel weer de hele nacht staan zijn net als met de middernachtmis.'

'We hebben onze buik al vol van slagzinnen. Ik heb er schoon genoeg van.'

'Hoor eens jongens, als ze het over naar huis sturen hebben, trap er dan niet in!'

'We komen zelf wel thuis en daarmee basta!'

Plotseling nam het geroezemoes van stemmen nog toe, de soldaten kwamen in beweging en stonden op. De tabaksrook golfde heen en weer. Zonder dat ik in het halfduister en de rookslierten iets kon zien, hoorde ik een iets brouwende buitengewoon rustige hoge stem zeggen:

'Laat mij door kameraden.'

De achterste rijen begonnen om beter te kunnen zien op de voorste in te dringen die met hun geweren terugdreigden. Het schelden was niet van de lucht en dreigde te ontaarden in een schietpartij.

'Kameraden,' zei Lenin.

Het was alsof het lawaai opeens werd afgesneden, alleen de reutelende ademhaling van de ingespannen luisterende mannen was nog hoorbaar.

Lenin begon te spreken. Ik kon het niet goed verstaan. Ik stond tussen de menigte geperst. Een geweerkolf drukte in mijn zij. Een soldaat die achter mij stond had zijn zware hand op mijn schouder gelegd en van tijd tot tijd voelde ik zijn vingers krampachtig samentrekken.

De zelfgedraaide sigaretten kleefden tussen de lippen en brandden langzaam op. In dunne blauwe slierten steeg de rook recht omhoog. Niemand trok meer aan zijn sigaret. Men dacht eenvoudig daar niet meer aan.

Buiten ruiste de regen, maar geleidelijk aan kon ik toch de eenvoudige rustige woorden van Lenin opvangen. Zij maanden nergens toe aan. Lenin verklaarde deze vertoornde maar trouwhartige mensen alleen maar datgene waar ze dof naar verlangden. Misschien hadden ze daar al meer over horen spreken maar waarschijnlijk nooit met de woorden waaraan ze behoefte hadden. Hij sprak op bedaarde toon over de betekenis van de vrede van Brest-Litovsk, over het verraad van de linkse sociaal-revolutionairen, over het verbond van de arbeiders met de boeren en over het dagelijks brood; hij zei dat ze niet op meetings moesten rondhangen en herrie schoppen in Moskou maar zo snel mogelijk aan de slag moesten gaan op hun eigen stuk land en vertrouwen stellen in de Regering en de Partij.

Slechts flarden van wat hij zei drongen tot mij door. Maar uit de ademhaling van de menigte, uit de wijze waarop de pelsmutsen naar achteren werden geschoven, uit de halfgeopende monden van de soldaten en de onwillekeurige diepe zuchten die eerder op die van vrouwen dan van mannen leken, kon ik afleiden waarover Lenin sprak.

De zware hand op mijn schouder lag nu stil net alsof hij uitrustte. De zware druk ervan onderging ik als een soort vriendschappelijke liefkozing. Met diezelfde hand zou de soldaat op een dag, wanneer hij in zijn dorp terugkeerde, zijn kinderen door hun kort geknipte haren strijken. Opgelucht zuchtend zou hij bij zich zelf zeggen, kijk, eindelijk hebben we grond, eindelijk kunnen we ploegen en eggen en deze kleine duiveltjes een betere toekomst geven.

De lust bekroop mij om naar de soldaat te kijken en ik draaide mij om. Het was een landweerman met een breed en heel bleek bloedloos gezicht en een blonde stoppelbaard. Hij glimlachte wat verlegen tegen mij en zei:

'De voorzitter!'

'Wat is er met de voorzitter?' vroeg ik niet begrijpend.

'De Voorzitter van de Volkscommissarissen zelf, hij belooft vrede en land. Heb je het gehoord?'

'Ja.'

'Zie je! Mijn handen verlangen naar de grond. En een gezin ben ik gewoon ontgroeid.'

'Hee, stil 's, mijn oren tuiten!' snauwde de man naast ons, een kleine tengere soldaat met een pet op waarin hij verdronk.

'Best, hou jij ook je snuit!' beet hij op fluisterende toon terug en hij begon haastig zijn verschoten uniform los te knopen.

'Wacht 'ns, wacht 'ns, ik wil je 's wat laten zien...' mompelde hij en voelde net zo lang tussen zijn hemd totdat hij eindelijk aan een touwtje een linnen zakje, donker van het zweet, te voorschijn trok waar hij een gehavende foto uithaalde.

Hij blies erop en gaf hem mij. Bij het wispelturig schijnsel van de gloeilamp in een stalen korfje hoog aan het plafond zag ik geen steek.

Daarop stak de man in de holte van zijn hand een lucifer aan die hij pas uitblies toen hij er zijn vingers aan verbrandde.

Enkel en alleen om de man niet te krenken, bekeek ik de foto. Ik was ervan overtuigd dat het de gebruikelijke familiefoto was zoals ik zo vaak gezien had in boerenwoningen naast de heiligenbeelden. Moeder zat dan altijd voorop: meestal een magere oude vrouw met een rimpelig gezicht en knokige vingers. Hoe zij in levende lijve ook mochten zijn, goed en berustend of schreeuwerig en kijverig, op de foto stond zij altijd met versteend gelaat en op elkaar geknepen lippen. Even maar, net wanneer het fototoestel klikte, werd zij de onverbiddelijke moeder, de strenge verpersoonlijking van de voortzetting van het geslacht; om haar heen zaten of stonden stijf en houterig haar kinderen en kleinkinderen met wijd opengespalkte ogen.

Zulke foto's moest je lang en aandachtig bekijken om in deze starre wezens nog goede bekenden terug te zien: de schoonzoon van de oude moeder, een teringachtige en zwijgzame dorpsschoenlapper, diens vrouw, een twistziek mens met een omvangrijke boezem, een bolerootje aan en rijglaarsjes aan haar gladde naakte kuiten, de jongen met de kuif en met zo'n vreselijke lege blik van een dagdief en nietsnut, die andere jongen met zwart haar en spotziek uiterlijk waarin je een wijd en zijd beroemde smid herkende. En dan nog de kleinkinderen, schuwe meisjes en jochies met de blik van kleine martelaren, kinderen die er niet naar uit zagen dat zij vaak geknuffeld of aangehaald werden. Misschien was de schoenmaker wel de enige die in stilte medelijden met hen had en hun oude schoenleesten gaf om mee te spelen.

Op zo'n familiepanopticum leek de foto die de reservist mij liet zien helemaal niet. Er stond een met twee zwarte paarden bespannen koets op. Op de bok zat mijn landweerman met een fluwelen vest aan. Hij stond er jong en knap op. In een onnatuurlijke pose hield hij met gestrekte armen de brede teugels vast; dwars in de koets zat een jonge boerin van een buitengewone bekoorlijkheid.

'Steek nog eens een lucifer aan,' zei ik tegen de soldaat.

Haastig stak hij een tweede lucifer aan en ik zag dat hij de foto net als ik opmerkzaam en verrast bekeek. ...In de koets zat een jonge boerenvrouw met een lange katoenen jurk aan en een wit hoofddoekje op dat als bij een non haar voorhoofd tot aan de wenkbrauwen bedekte. Zij glimlachte met nauw-geopende mond. In haar glimlach school zoveel tederheid dat er een schok door mij heen voer. De vrouw had grote smachtende ogen die kennelijk grijs van kleur waren.

'Ik heb twee jaar als koetsier bij de landheer Veljaminov gediend,' fluisterde de man haastig. 'Ze hebben mij stiekem in de koets van mijnheer op de foto genomen. Met mijn bruid. Voor het huwelijk.'

Hij zweeg even. 'Nou waarom zeg je niks?' vroeg hij mij plotseling uitdagend en grof. 'Of ben jij soms zulke schoonheden al bij bosjes tegengekomen?'

'Nee,' antwoordde ik. 'Zo eentje heb ik er nog nooit gezien.'

''t Was een lijstertje,' zei de soldaat terwijl hij weer kalm werd. 'Vlak voor de oorlog is zij gestorven. In het kraambed. Maar mijn dochtertje lijkt sprekend op haar. Je moet me maar eens komen opzoeken beste kameraad, in het gouvernement Orjol...'

De menigte begon opeens op te dringen en scheidde ons. Bontmutsen en petten vlogen door de lucht. Een bezeten hoerageroep barstte vlak bij de tribune los, werd door de hele zaal overgenomen en sloeg over op de mensen buiten. Dan zag ik Lenin omringd door soldaten met vlugge passen aan komen lopen. Hij hield een hand beschermend voor zijn oor tegen het oorverdovende hoerageroep, lachte en zei iets tegen de kleine tengere soldaat met de pet die alsmaar in zijn ogen zakte.

Ik zocht even in de kokende mensenmassa naar de reservist, vond hem niet en werkte mij naar buiten. Nu was een straat verder het hoerageroep niet van de lucht. Men schreeuwde blijkbaar de auto na waarin Lenin wegreed.

Langs lange donkere straten liep ik de stad weer in. Het had opgehouden met regenen. Tussen de wolken door gluurde de maan in een regenfloers.

Ik dacht aan Lenin en aan de geweldige volksbeweging aan het hoofd waarvan deze buitengewoon eenvoudige man stond die zojuist tussen de ziedende menigte enthousiaste soldaten was doorgelopen. Ik dacht ook aan de reservist, en aan de jonge boerenvrouw waarop ik nu al een beetje verliefd was ook al had ik haar nooit gekend. Deze drie ontmoetingen hadden iets met elkaar gemeen, wat dat precies was, kon ik niet zeggen, een soort blijde ontroering die mij bekroop zonder eigenlijk te weten waarom. Misschien wel doordat ik mij bewust werd in een weergaloos tijdperk te leven, misschien ook door het gevoel een gelukkige toekomst tegemoet te gaan: ik weet het niet. En zoals zo vaak kwam weer de blijde gedachte in mij op dat Rusland een buitengewoon en uniek land was.

In hotel 'Metropool' had het Centrale Uitvoerende Comité zitting, het toenmalige parlement. Op de voorgevel was in tegeltjes het tafereel 'De Droomprinses' aangebracht naar een ontwerp van de kunstenaar Vroebel, waar schampschoten en voltreffers zware schade aan hadden toegebracht.

De zittingen werden in het voormalige restaurant gehouden, waar als een grote grijze vlek midden in de zaal het cementen bekken van een niet meer werkende fontein stond. Links ervan en in het midden, vanuit de tribune gezien, zaten de bolsjewieken en de linkse sociaal-revolutionairen en rechts er van de niet zo talrijke maar wel luidruchtige mensjeviken, de sociaal-revolutionairen en de internationalisten.

Ik woonde de zittingen van het Comité dikwijls bij. Ik was er graag lang voor het begin van de zitting en zocht een plekje in een nis niet ver van de tribune waar ik ging zitten lezen. Ik hield van de schemering van de zaal, van zijn galmende leegte, van de paar gloeilampjes in de kristallen kelkjes die eenzaam brandden in de verschillende hoeken en zelfs van de voor hotels zo kenmerkende geur van stoffige tapijten die nooit uit het Metropool hotel te verdrijven zou zijn.

Maar het meest van al hield ik van dit wachten op het uur waarop deze nu nog lege zaal getuige zou zijn van verbitterde woordentwisten en schitterende redevoeringen en de arena van stormachtige historische gebeurtenissen zou worden.

Van de journalisten die ik kende waren Rozovski en Sjtsjelkoenov het die de zittingen bijwoonden. Rozovski kon op een prikje voorspellen hoe heet het op de komende zitting zou toegaan. 'Hou je vast vandaag!' waarschuwde hij. 'Vandaag krijg je de poppen aan het dansen.' Ofwel zei hij verveeld: 'Laten we maar thee gaan drinken in de kantine. Ze gaan nu uren zitten zemelen over wetten.'

Sjtsjelkoenov daarentegen was om de een of andere reden doodsbang voor Sverdlov, de voorzitter van het Comité, vooral wegens zijn doordringende en onbewogen blik. Wanneer Sverdlov toevallig de kant van de journalisten opkeek, dan wendde Sjtsjelkoenov dadelijk zijn blik af of verborg zich achter de rug van degene die voor hem zat.

In elk woord en gebaar van Sverdlov, vooral echter in zijn machtige basstem die helemaal niet paste bij het ziekelijke uiterlijk van deze kleine bleke man in het versleten leren jack, bespeurde men een onbuigzame wil. Voor de stem van Sverdlov gingen zelfs de meest vermetele en onverschrokken tegenstanders door de knieën zoals bijvoorbeeld de mensjeviken Martov en Dan.

Van alle sprekers zat Martov het dichtst bij de journalisten en wij hadden volop gelegenheid hem te bestuderen. Het was een lange broodmagere en grimmige man met een gespierde nek waar altijd een haveloze sjaal om zat. Hij sprong dikwijls op, viel de spreker in de rede en schreeuwde met hese gebroken stem woorden van verontwaardiging. Martov was altijd degene die stormen ontketende en hij bedaarde niet voordat men hem het woord had ontnomen of voor enige tijd van de zittingen had uitgesloten.

Maar het kwam toch ook wel voor dat hij vreedzaam gestemd was. Dan kwam hij bij ons zitten, leende bij iemand een boek en verdiepte zich zo in zijn lectuur dat hij tijd en plaats vergeten scheen en ook niet in het minst meer reageerde op hetgeen er zich in de zaal met de fontein afspeelde.

Op een keer vroeg hij Rozovski om het boek de 'Geschiedenis van de Islam' en verdiepte zich in zijn lectuur. Onder het lezen zakte hij geleidelijk verder weg in zijn fauteuil en strekte zijn magere benen ver voor zich uit.

Op het debat stond een decreet betreffende het zenden van afdelingen arbeiders naar het platteland als hulp bij de landbouw. Iedereen verwachtte dat het er stormachtig bij zou toegaan. Maar het gedrag van Martov en Dan voorspelde geen verrassingen en de gehele zaal kwam langzamerhand tot rust. Er werd met kranten geritseld, potloden krasten. Sverdlov nam zijn hand van de bel en luisterde met een glimlach naar zijn buurman. Dat kalmeerde de gedeputeerden wel het meest van al want Sverdlov glimlachte zelden.

Bijna alle sprekers hadden reeds het woord genomen toen Martov tot bezinning kwam en met moede stem het woord vroeg. De zaal spitste de oren. Een verontrust geroezemoes ging door de rijen.

Martov beklom met gebogen rug en met langzame wankele tred het spreekgestoelte, wierp een lege blik in de zaal en begon zonder stemverheffing en met tegenzin te spreken. Het ontwerp van het decreet betreffende het zenden van afdelingen arbeiders naar het platteland als hulp bij de landbouw, vroeg, zo zei hij, om een nauwkeurigere juridische en stylistische formulering. Zo zou bijvoorbeeld paragraaf zo en zoveel van het decreet veel eenvoudiger moeten worden opgesteld onder weglating van veel overbodige woorden zoals 'met het oog op' en vervanging door het woordje 'voor' terwijl paragraaf zus en zo een herhaling inhield van hetgeen reeds in de voorgaande paragraaf gezegd was.

Martov wroette lange tijd in zijn aantekeningen, vond niet wat hij zocht en haalde geërgerd zijn schouders op. De zaal was er nu vast van overtuigd dat er die dag helemaal geen uitbarsting op til was. Weer ritselden de kranten. Rozovski die een stormachtig verloop had voorspeld, stond perplex. 'Zijn temperament is gewoon vervlogen als geest van salmiak,' fluisterde hij mij toe. 'Laten we maar naar de kantine gaan.'

Plotseling ging er een schok door de hele zaal heen. Ik begreep niet dadelijk wat er aan de hand was. Vanaf het spreekgestoelte donderde de stem van Martov dat de muren er van trilden. Hij kookte van woede. De aan stukken gescheurde blaadjes met de melige aantekeningen smeet hij naar de voorste rijen waar zij als sneeuw naar beneden dwarrelden.

Martov strekte zijn gebalde vuist voor zich uit, schudde hem en riep hijgend:

'Verraad! Jullie hebben dit decreet uitgedacht om alle ontevreden arbeiders – de bloem van het proletariaat – uit Moskou en Petrograd weg te halen. Jullie denken zo het gezonde protest van de arbeidersklasse in de kiem te smoren!'

Na een korte stilte sprongen allen van hun stoelen. Een storm van kreten stak in de zaal op. Uitroepen als 'weg van het spreekgestoelte', 'verrader', 'bravo! Martov', 'hoe durft hij!', 'jullie kunnen niet tegen de waarheid', klonken duidelijk boven alles uit.

Sverdlov ging als een gek met de bel tekeer om Martov tot de orde te roepen. Maar deze raakte steeds meer in vuur en vlam.

Hij had de zaal eerst met zijn gespeelde onverschilligheid in doen slapen en nam nu revanche.

De voorzitter ontnam Martov het woord maar deze sprak rustig door. Sverdlov sloot hem van de drie komende zittingen uit maar Martov maakte slechts een afwerende handbeweging en ging voort zijn beschuldigingen de zaal in te slingeren, de ene nog scherper dan de andere.

Sverdlov riep de zaalwachters te hulp. Toen pas kwam Martov van het spreekgestoelte af en liep onder gefluit, gestampvoet, applaus en geschreeuw opzettelijk langzaam de zaal uit.

Op bijna alle zittingen van het Comité schudden de muren van het 'Metropool Hotel' van dergelijke woordgevechten. Vaak veroorzaakten mensjeviken en sociaal-revolutionairen opzettelijk een storm in een glas water of brachten de poppen aan het dansen door te vitten op een ongelukkige uitlating van de spreker. Soms ook gaven zij niet door verontwaardigde kreten maar met hoongelach hun ergernis prijs of stonden ze bij de eerste woorden van de spreker als op bevel op en verlieten de zaal terwijl zij over en weer naar elkaar riepen en in luidruchtige gesprekken gewikkeld waren.

In dit gedrag lagen zowel hulpeloosheid als jongensachtige bravour verborgen. Hun protest ontaardde in gebakkelei.

Het leven van het land stond te schudden op zijn duizenden jaren oude grondvesten, de tijden waren dreigend, vervuld van vage vooruitzichten, verwachtingen, ruwe hartstochten en tegenstellingen. Dat maakte deze schijngevechten, dit vruchteloze en luidruchtige gedoe des te onbegrijpelijker.

Blijkbaar gingen deze lieden partijdogma's meer ter harte dan het lot van het volk, dan het geluk van de gewone mensen. Op rokerige vergaderingen, ver van Rusland, ver van het leven van het volk ontstaan, hadden deze dogma's iets van een speculatief brouwseltje. Zij wilden het nieuwe leven in kunstmatige banen leiden die door emigranten uitgestippeld waren. Daaruit bleek duidelijke minachting voor de ware ziel van de mens en een slechte kennis van het eigen land.

Op een van de zittingen van het Comité heerste echter de diepste stilte. Dat was toen de Duitse gezant graaf Mirbach was vermoord. De Duitse regering had een ultimatum gesteld waarin geëist werd dat Duitse legereenheden zogenaamd ter bescherming van de ambassade naar Moskou zouden worden geroepen en dat de hele wijk rond de Denezjny-steeg waar de ambassade gelegen was onder bestuur zou komen te staan van de Duitse autoriteiten.

Een brutaler en cynischer ultimatum komt hoogst waarschijnlijk in de geschiedenis niet voor.

Dadelijk na de overhandiging van het ultimatum werd het Comité in buitengewone zitting bijeengeroepen. Ik herinner mij nog duidelijk deze zwoele zomerdag. De zon neigde reeds ter kimme. Overal in de stad blonk de zon matbleek in de ruiten en alles baadde in een gelig namiddaglicht.

Toen ik de zaal met de fontein binnenkwam, werd ik dadelijk getroffen door de stilte in de toch stampvolle zaal. Zelfs het zwakke zoemen dat ontstaat wanneer een heleboel mensen fluisteren, hoorde je er niet.

Met een regelmatige beweging tikte de slinger van een wandklok de tijd weg. Maar het was duidelijk dat net als ik iedereen het gevoel had dat de tijd stil stond en er alleen nog dit zwakke stokkende getik was.

Sverdlov kwam binnen, luidde de bel en zei met doffe stem dat voor een buitengewone mededeling het woord werd verleend aan de voorzitter van de Raad van Volkscommissarissen, Vladimir Iljitsj Lenin.

Er ging een huivering door de zaal. Allen wisten dat Lenin ziek was en eigenlijk niet mocht spreken.

Hij betrad snel het spreekgestoelte. Hij was bleek en mager, aan zijn hals schemerde een witgazen verband. Hij greep zich met beide handen stevig aan de rand van het spreekgestoelte vast en liet lange tijd zijn blik door de zaal rondwaren. Men kon zijn hortende ademhaling horen.

Langzaam en op zachte toon en nu en dan een hand tegen zijn zieke keel leggend, zei hij dat de Raad van Volkscommissarissen het onbeschofte ultimatum van Duitsland categorisch afgewezen had en besloten had om alle strijdkrachten dadelijk in alarmtoestand te brengen.

In volkomen stilzwijgen gingen de handen omhoog en weer omlaag, zij stemden voor het besluit van de regering.

Wij kwamen het Teatralnaja-plein op, geschokt door hetgeen wij zojuist vernomen hadden. De schemering was reeds over Moskou gevallen. Een regiment van het rode leger trok langs het Metropool-hotel terwijl de omhooggepriemde bajonetten in cadans heen en weer schommelden.

V/EEN OASE VAN RUST

Het kwam zo nu en dan voor dat ik een dag vrij had. Ik ging dan al vroeg van huis en liep de hele stad door naar de Nojevski-tuin of slenterde door de voorsteden van Moskou.

Schraalhans was keukenmeester toentertijd. Er werd een rantsoen van slechts vijftig gram bruinbrood per dag verstrekt. Ik nam dit mee voor onderweg met een boek en nog een paar appels waarvan mijn buurmeisje Lipotsjka mij voorzag en ik kwam niet voor het donker worden terug.

De buitenwijken van Moskou waren toenmaals welhaast het sprekend evenbeeld van kleine onbeduidende plattelandsstadjes. In een ring lagen deze doodse wijken rond de reusachtige opgeschrikte hoofdstad. Maar het lawaai van Moskou drong niet tot hier door. Alleen een fris briesje woei soms, tesamen met stil opwervelend stof, de verre klanken van de 'Internationale' of de echo van geweerschoten over. Korte schietpartijen kwamen toen in de stad nog al eens voor maar vrijwel niemand lette er op. Ze hielden net zo onverwacht weer op als ze ontstaan waren.

De buitenwijken van de stad lagen er vreselijk verlaten bij. Wellicht trok dat mij het meest van al aan. Was het een verlangen even uit te blazen van deze dagen vol spanning of misschien een zoeken naar stilte waarin je de nodige verademing vindt, een terugblik kan werpen en de gebeurtenissen van een afstandje kan bekijken waardoor je er gemakkelijker wegwijs in raakt?

Nog een ander gevoel kwam altijd in mij op zodra ik buiten de stad was, de vaste overtuiging namelijk dat mij een bont afwisselend bestaan te wachten stond, misschien zelfs wel bewogener en boeiender dan mij lief zou zijn. Waarom dit gevoel mij juist buiten Moskou bekroop, heb ik tot op de dag van vandaag niet begrepen.

Wanneer ik een met kwijnend gras begroeid steegje zag waar het wasgoed aan de lijn hing te drogen, beeldde ik mij zelf zowaar in dat ik er jaren later zou terug keren om vast te kunnen stellen hoe ik veranderd was, terwijl hier intussen alles bij het oude was gebleven en er nog even verwaarloosd bijlag als voorheen.

De koepels van de afgebladderde kerk zouden nog even mat blinken en het door de wind gedroogde wasgoed zou nog precies zo ritselen terwijl ik intussen misschien reeds grote zwerftochten had gemaakt, boeken had geschreven en wie weet wat voor buitengewoon mooie liefde had beleefd.

Ik nam als het ware deze plaats tot getuige van mijn bestaan. Ik zou aan de hand van dit onooglijke plekje in Moskou gaan bepalen hoe ik mij in de loop der tijd ontwikkeld had.

Maar ik kwam natuurlijk bedrogen uit. Toen ik vijf jaar later in Moskou terugkeerde en weer in een van deze steegjes kwam, zag ik een wit huis met jonge linden er omheen geplant en er hing een uithangbord waarop stond: 'Muziekschool van wijk...'

De buitenwijken van Moskou met hun scheve, met donkere balken gestutte houten huizen, hun reeds lang stil gelegde fabriekjes waar rood verroeste ketels tussen het onkruid lagen, met hun naar berkenschors geurende houtopslagplaatsen, hadden een geheel eigen bekoring; deze werd nog verhoogd door de in de loop der tijd geheel glad gesleten banken op de hofjes waar de bodem door in de grond gelopen doppen van zonnepitten zo hard als asfalt was geworden, verhoogd ook door het met een weke laag ganzerik begroeide plaveisel en door de roerloos omhoogstekende slagbomen op al reeds lang stil gelegde spoorweglijnen. Zwarte, voor altijd uitgedoofde locomotieven die vast nog uit de tijd van Stephenson stamden, stonden daar met langhalzige schoorstenen. Zwaluwen bouwden hun nest op de plaats waar vroeger de machinist had gestaan.

Er ging ook een grote bekoring uit van de sombere olmen, zo oud en uitgeput dat slechts de helft van de takken er tegen het einde van de zomer met moeite in slaagden aan een bladertooi te komen, van de met paardebloemen bedekte hopen sintels, van de lijsternestjes en van de heiningen uit kapotte ijzeren ledikanten en kerkhekken, door bitterzoet geurend warkruid overwoekerd. Op de vensterbanken vlamden in oude conservenblikjes geraniums als exotische vuurbloemen.

Op een keer zag ik zelfs op een binnenplaats een waar sprookjesbeeld: een hondehok met in plaats van een hond een karmijnrode haan met een zwarte staart erin die met een poot aan de ketting vastzat, zeker ter lering van zijn drieste en vechtlustige temperament.

Een zelfde bekoorlijke pracht ging er uit van het peppeldons dat in lichte zilvergrijze sliertjes over straat buitelde, de kale jonge katten die krijsend achter op de binnenplaats speelden, de oude vrouwtjes die uit donkerbruin gekerfd hout gesneden schenen te zijn, de Oostindische kers die met zijn ronde sappige blaadjes en rode bloemkelkjes welig tierde en zelfs van de mussen die water dronken uit de nooit opdrogende plassen bij de fonteintjes, de door vliegen bevuilde oleografie 'De ceremonie van de kus' door een open raam achter in een kamer zichtbaar, het kooitje met een van verveling piepende kanarie, de ficussen en een gebroken, scheef weer aan elkaar gelijmde setter van rood porselein, een opgezette wielewaal waar de mot in zat, en ook nog van een samovar die midden op een binnenplaats stond te pruttelen terwijl de rook, ook al was het ding scheef, er loodrecht uit opkringelde, iets wat zoals men weet bestendig warm weer voorspelt.

Op reusachtige cementen buizen die op een onbebouwd stuk land lagen, hadden kinderhanden met houtskool 'Paradijs', 'Hel', 'Schateiland', 'Winterpaleis' geschreven. Verse rode krassen van er op gespatte stukjes baksteen maakten het woord 'Winterpaleis' bijna onleesbaar. Ook hier was kennelijk kortgeleden nog gevochten.

Soms droeg de wind een geur van rottend water en de bladeren van tomatenplanten in de straat aan. Achter de huizen strekten zich weelderige moestuinen uit. Tussen de groentebedden draaiden bij wijze van vogelverschrikkers bontgekleurde sitspapieren windmolentjes op hun stokjes.

In de verte boven het stof en boven een zinderend waas van opstijgende warme lucht blonk het zwartig uitgeslagen goud van de koepels van Moskou en van de Herculesachtige helm van de Verlosserskerk. Over de kathedralen dreven wolken die op krachtig opgeklopt eiwit leken en waar de zon een teer zachtrose waas over gelegd had.

Deze afgodstempel met de uit bruin leem geknede of de in gietijzer gegoten heiligenbeelden, de tonnen zware door kettingen overeind gehouden kruisen en de ronde Kremlintorens omkranst door vluchten alsmaar af en aanvliegende duiven deed Aziatisch aan.

Wat mij vooral aantrok in de buitenwijken van de stad, waren de slijkerige vijvers. In het olijfgroene water ervan blonken gezonken blikjes. Verrotte palen staken er boven uit, waaraan fijne bosjes wier hingen die een drogisterijlucht verspreidden. Op de oevers stonden wilgen met door de bliksem verschroeid hart eendrachtig over het water gebogen. Zij gaven schaduw.

Ik zat in hun schaduw op de warme grond te lezen en keek er nu en dan naar hoe moerasgas in belletjes die elkaar nooit inhaalden van de bodem opborrelde. Over het wateroppervlak holden op lange poten een bepaald soort torretjes. De jochies uit de buurt noemden hen 'waterlopers'. Men hoefde maar een lucifer in het water te werpen of de waterlopers stoven er van alle kanten op af, verdrongen zich er om heen en holden holderdebolder door elkaar weer weg zo gauw ze merkten dat het niet iets eetbaars was.

In zo'n vijver mondde altijd wel een verroeste buis uit waar schuimend water uitliep. Op die plaats wemelde het dan van katvis.

Kleine jongens lieten er platte plankjes over het water varen die stoomboten moesten voorstellen. Half volwassen meisjes, hun katoenen jurken opgestroopt, spoelden er wasgoed en slaakten gilletjes wanneer onzichtbare waterbewoners tussen hun benen doorliepen. Zij beweerden bij hoog en bij laag dat het bloedzuigers waren.

Aan een van deze vijvers trof ik dikwijls een somber uitziende tuinder aan in een kapotte kiel. Hij was er aan het vissen met wel vijf, zes hengels die hij in de oever had vastgezet. Van tijd tot tijd verschalkte hij eens wat kleine steenkarpertjes, niet groter dan een vijfkopekenstuk. De oude man kon er uren lang zitten terwijl hij net als ik op bruinbrood kauwde.

We waren met elkaar in gesprek geraakt en hij liet mij zijn moestuin zien die ik mooier vond dan de weelderigste rozengaard. Het vochtige groen rook verfrissend naar venkel en munt.

'Ziet u, beste vriend,' zei de bezitter van de tuin tegen mij, 'zo kan je ook leven. Je kunt op zo veel manieren leven: voor de vrijheid strijden, de mensen willen veranderen of tomaten kweken, het heeft allemaal zijn eer, zijn waarde en zijn roem.'

'Waarom zegt u dat?' vroeg ik.

'Omdat het mij vooral gaat om verdraagzaamheid en begrip. Daarin ligt voor zover ik het zie de ware vrijheid besloten. Ieder mens moet vrij zijn het werk te verrichten wat hij het liefste doet. En niemand mag hem daarbij iets in de weg kunnen leggen. Dan zullen we voor niets meer terugdeinzen en geen vijand zal ons meer weten te beteugelen.'

Soms ook liep ik door de tuinen en onbebouwde terreinen waar glasscherven verblindend in de zon fonkelden, naar de lage oevers van de Moskwa. Weelderig begroeide heuvels liepen vanaf de Nojevski-tuin tot aan de rand van het water. Aan de oppervlakte van de rivier vloeiden fijne olievliesjes ineen en weer uiteen met regenboogachtige kleurschakeringen als op een zigeunersjaal.

Een veerjongen zette mij naar de overkant waar de Nojevski-tuin was. De hoge linden met hun groen schemerende schaduw deden majestueus aan.

De linden stonden in bloei. Het was alsof hun sterke geur uit een verre zuidelijke lente overgewaaid was. Ik stelde mij graag zo'n lente voor, mijn liefde voor de wereld werd er nog sterker door. Ik kon niemand deelgenoot maken van mijn mijmeringen, alleen het papier, waar ik dan ook het een en ander op vastlegde. Maar gewoonlijk raakte dit al heel gauw zoek, hetgeen mij niets speet want ik schaamde mij voor deze ontboezemingen die zo helemaal buiten deze harde tijd stonden.

De Nojevski-tuin stond van oudsher bekend om zijn bloemkwekerijen. Geleidelijk aan waren deze echter achteruitgegaan, verwilderd en in het begin van de Revolutie was er slechts nog een kleine orangerie over. Er werkten wel nog altijd een paar al wat oudere vrouwen en een bejaarde tuinman. Zij raakten al gauw aan mij gewend en begonnen zelfs met mij over hun werk te praten.

De tuinman klaagde erover dat bloemen nu alleen nog voor begrafenissen en plechtige vergaderingen nodig waren. Iedere keer wanneer hij daarover begon verontschuldigde een van de arbeidsters, een magere vrouw met bleke helle ogen zich verlegen en zei tegen me dat ze vast ook wel weer gauw bloemen zouden kweken voor de stadsplantsoenen en voor de particuliere verkoop.

'U kunt zeggen wat u wilt,' zei de vrouw mij met veel overtuigingskracht ofschoon ik haar geenszins tegensprak, 'maar een mens kan niet buiten bloemen. Laten we nou bijvoorbeeld eens de verliefden nemen. Die waren er, zijn er en zullen er altijd zijn. En hoe kan men beter zijn liefde tot uitdrukking brengen dan met bloemen? Ons vak zal nooit uitsterven.'

Soms sneed de tuinman wat violieren of dubbele anjers voor mij af. Het geneerde mij om ermee door het honger lijdende en kommervolle Moskou te moeten en daarom wikkelde ik ze altijd heel zorgvuldig en handig in papier opdat niemand kon raden dat er in mijn pakket bloemen zaten.

Op een keer raakte in de tram het pakket stuk. Ik merkte het pas toen een al niet meer zo jonge vrouw met een wit hoofddoekje mij vroeg:

'Waar heeft u in deze tijd nog zo iets moois kunnen krijgen?'

'Houdt u ze wat voorzichtiger vast,' waarschuwde de conductrice mij, 'anders worden in het gedrang al uw bloemen platgedrukt. U weet toch hoe de mensen hier zijn.'

'Wie dringt er?' vroeg uitdagend een matroos met een patroontas aan zijn gordel en hij stoof dadelijk op een scharensliep af die zich met zijn gereedschap een weg baande door de dicht opeen gepakte passagiers. 'Waar wil je heen? Zie je die bloemen niet. Doordouwer!'

'Kijk 's aan, wat een fijngevoelig mens!' beet de slijper terug, maar het was duidelijk dat hij daarmee alleen zijn gezicht wilde redden. 'En dan nog wel een marineman!'

'Kom niet aan de marine! Anders krijg je gelijk een dreun op je ogen!'

'Here me tijd, zelfs om bloemen moeten ze elkaar afblaffen!'

zuchtte een jonge vrouw met een zuigeling. 'Mijn man, zo ernstig en degelijk als hij ook is, is toen ik deze hier, mijn eerste kind kreeg, met bloeiende vogelkers naar de kraamkliniek gekomen.'

Vlak achter mij hoorde ik iemand snel ademhalen en een zo zacht gefluister dat ik niet meteen begreep waar het vandaan kwam. Ik keek om. Achter mij stond een bleek meisje van een jaar of tien in een verschoten roze jurk, dat met een smekende blik in haar grijze ogen, net tinnen schoteltjes, naar mij keek.

'Oompje,' zei ze met hese en geheimzinnige stem, 'mag ik een bloempje, toe alstublieft geeft u er een!'

Ik gaf haar een dubbele anjer. Onder jaloers en opgewonden gemompel van de passagiers begon het meisje zich verbeten een weg te banen naar het achterbalkon, sprong uit de rijdende tram en verdween.

'Helemaal daas!' zei de conductrice, 'dan moet je toch wel niet goed wijs zijn! Zo zou iedereen wel om een bloem kunnen vragen, je moet maar brutaal zijn.'

Ik trok een tweede anjer uit het boeket en gaf deze aan de conductrice. De al niet meer zo jonge vrouw werd rood tot over haar oren, tranen kwamen in haar ogen en met stralende blik keek ze naar de bloem.

Dadelijk strekten een aantal handen zich naar mij uit. Ik verdeelde de hele bos en plotseling zag ik in deze oude vervallen tram zoveel blijglanzende ogen, zoveel vriendelijk glimlachende gezichten, zoveel verrukte mensen, als ik voor zover ik weet van mijn leven niet meer bij elkaar heb gezien. Het was alsof in deze smerige wagon verblindend zonnelicht was binnengedrongen waardoor al die vermoeide en bezorgde mensen jonger leken. Iedereen wenste mij geluk, gezondheid, de mooiste bruid ter wereld en weet ik wat allemaal nog meer.

Een oude schonkige man in een afgedragen zwarte jekker boog diep zijn kortgeknipt hoofd, opende zijn zeildoeken aktentas, borg er zorgvuldig zijn bloem in en ik dacht dat ik een traan op de vettige tas zag vallen.

Ik kon dit niet langer aanzien en sprong van de rijdende tram. Onder het lopen moest ik er maar steeds aan denken welke bittere of misschien ook wel gelukkige herinneringen deze bloem bij de magere man wakker gemaakt had en hoe lang of hij wel het smartelijk gevoel verkropt moest hebben dat hij nog jong van hart maar al stram van lijf en leden was, om zich zo te kunnen laten gaan en te huilen waar iedereen bij was.

In ieders hart wordt als de fijne geur van de linden in de Nojevski-tuin de herinnering aan een kortstondig geluk bewaard dat verborgen ligt onder een dikke laag opgehoopt alledaags vuil.

Mijn zwerftochten door de voorsteden van Moskou en de Nojevski-tuin waren een vlucht naar een oase van rust die zo onwaarschijnlijk dicht bij de stad lag. Temidden van de verbijsterende gebeurtenissen in Moskou viel het te begrijpen dat ik er tussenuit wilde. Die gebeurtenissen volgden elkaar snel op terwijl het logische verband er steeds minder in viel te ontdekken.

Op slechts enkele passen afstand van de plaats waar op grootse wijze geschiedenis werd gemaakt, ging het leven zijn gewone gangetje. Dat zal ook wel zijn eigen bestaansrecht hebben.

VI / HET OPROER

Op het lege toneel van het Bolsjoj-theater zag men de feestzaal van het Moskouse tsarenpaleis, een dekor uit 'Boris Godoenov'.

Een vrouw met een zwarte jurk aan en een vuurrode anjer op haar borst gespeld snelde met klepperende hakjes voor het voetlicht.

Van een afstand had zij er jong uitgezien maar in het voetlicht zag men dat over haar hele gezicht een netwerk van fijne vouwtjes lag en dat in haar ogen een vochtige kwijnende glans schemerde.

In haar hand hield zij een kleine browning geklemd. Zij hief deze hoog boven haar hoofd, stampte met haar hakken en gilde:
'Leve de opstand.'

De zaal antwoordde met dezelfde kreet: 'Leve de opstand!'

Deze vrouw was de bekende sociaal-revolutionaire Maroesja Spiridonova.

Zo vernamen wij journalisten het begin van het oproer van de linkse sociaal-revolutionairen in Moskou. Daar was echter nog heel wat aan vooraf gegaan.

Toen het Congres van de Sowjets werd gehouden, bevond zich daar waarschijnlijk niemand in een betere positie dan wij journalisten want men had ons in de orkestbak geïnstalleerd van waaruit wij alles uitstekend konden horen en zien.

Van alle sprekers kan ik mij alleen Lenin nog goed herinneren, niet zozeer de inhoud van zijn redevoering als wel zijn bewegingen en spreektrant.

Hij zat met diepgebogen hoofd aan het uiterste eind van de tafel, schreef haastig en scheen helemaal niet naar de sprekers te luisteren.

Men zag alleen zijn gewelfde voorhoofd en van tijd tot tijd de spottende glans in zijn ogen wanneer zijn blik naar de spreker dwaalde. Maar nu en dan keek hij van zijn aantekeningen op en haakte met een paar vrolijke of bijtende opmerkingen op de redevoering in. De zaal barstte in gelach en applaus uit. Lenin leunde dan in zijn stoel achterover en lachte hartelijk mee.

Hij 'hield' geen 'toespraak' maar praatte voor de vuist weg, net alsof hij zich met een van zijn vrienden onderhield en niet voor een gehoor stond te spreken. Hij sprak zonder pathos, zonder bijzondere klem, met een eenvoudige alledaagse toonval en licht rollende 'r', hetgeen zijn woorden iets intiems gaf. Maar soms hield hij zich een kort ogenblik in alvorens de volgende zin de zaal in te slingeren met een metalen stemval die alle twijfel uitsloot.

Onder het spreken liep hij over het toneel heen-en-weer en stak nu eens zijn handen in zijn broekzakken, schoof dan weer zijn duimen in de armsgaten van zijn zwarte vest.

Er was niets stijfs en monumentaals aan hem, geen eigenwaan of hoogdravendheid en ook niet het verlangen om heilige waarheden te verkondigen.

In zijn woorden zowel als in zijn bewegingen was hij eenvoudig en natuurlijk. Men kon in zijn ogen lezen dat hij er in een verloren ogenblik niets op tegen had om behalve over staatsaangelegenheden ook over alle mogelijke interessante dingen en bezigheden van het dagelijkse leven te spreken – misschien over het goede paddestoelenjaar of over vissen of over de noodzaak om het weer op wetenschappelijke wijze te voorspellen.

Op dit congres sprak Lenin er over dat ons land vrede en een adempauze nodig had, verder over de voedselvoorziening en over het brood. Het woord 'brood' dat bij andere sprekers de klank had van een abstract zuiver economisch en statistisch begrip, kreeg bij hem door een nauwelijks merkbare intonatie iets aanschouwelijks, het werd zwart roggebrood, dat dagelijks brood waarnaar Rusland in die tijd zo hevig verlangde. Deze indruk deed in niets afbreuk aan de draagwijdte van zijn woorden en zijn nationale betekenis.

In een zijloge zat de Duitse ambassadeur, graaf Mirbach – een grote, bijna kale, arrogante man met een monocle.

De Duitsers hielden de Oekraïne bezet en in de verschillende gedeelten ervan braken boerenopstanden uit die oplaaiden en weer luwden.

Dadelijk op de eerste dag van het Congres nam de linkse sociaalrevolutionair Kamkov het woord. Hij ging geweldig tekeer tegen de Duitsers en eiste een breuk met Duitsland, onmiddellijk oorlog en ondersteuning van de opstandelingen. De zaal raakte in rep en roer.

Kamkov ging bijna vlak op de loge staan waarin Mirbach zat en schreeuwde hem midden in zijn gezicht:

'Leve de opstand in de Oekraïne! Weg met de Duitse bezetters! Weg met Mirbach!'

De linkse sociaal-revolutionairen sprongen van hun zetels op. Ze schreeuwden en schudden de vuist, Kamkov ook. Onder zijn wijdopenhangende colbert kon men een revolver aan zijn riem zien hangen.

Mirbach zat er gelaten bij, hij haalde zelfs zijn monocle niet van zijn oog en las de krant.

Het geschreeuw, gefluit en getrappel nam ongehoorde afmetingen aan en men had de indruk dat zo dadelijk de geweldige kroonluchter naar beneden zou storten en de pleisterornamenten van de muren van de theaterzaal zouden afbrokkelen.

Zelfs Sverdlov kon met zijn machtige stem de zaal niet in toom houden. Hij schudde ononderbroken de bel maar alleen wij journalisten in de orkestbak hoorden het. Tot de zaal drong dit geluid, verzwolgen door de golf van kreten niet door.

Daarop sloot Sverdlov de zitting. Mirbach stond op en verliet met langzame tred de loge terwijl hij zijn krant op de ballustrade liet liggen.

Het was onmogelijk zich een weg te banen door de theatergangen. Ofschoon de wacht alle deuren wijd open had gezet liep het theater heel langzaam leeg.

De spanning had een dergelijk hoogtepunt bereikt dat men ieder moment botsingen en een uitbarsting vrezen kon. Maar tegen alle verwachtingen in verliep de rest van deze dag in Moskou rustig. Ofschoon ik de volgende dag, zes juli, al vroeg in het Bolsjoj-theater kwam, trof ik er in de orkestbak alle journalisten reeds aan. Ze waren allemaal vroeg gekomen in de verwachting dat er iets op til was. Er werd naar aanleiding van de demonstratie die de linkse sociaal-revolutionairen de dag te voren hadden gehouden op een korte regeringsverklaring gerekend.

De zaal was vol. De zitting zou om twee uur 's middags beginnen. Maar om twee uur was er nog niemand aan de tafel van het praesidium te zien. Er ging nog een half uur voorbij zonder dat de zitting begon. In de zaal was een verbaasd geroezemoes hoorbaar.

Ten slotte kwam Smidovitsj, de secretaris van de Raad van Volkscommissarissen het toneel op, gaf te kennen dat de zitting iets later zou beginnen en nodigde de bolsjewieken uit om naar een partijbijeenkomst te gaan in een van de huizen in de buurt van het theater.

De bolsjewieken verlieten de zaal. De zaal was leeggelopen. Alleen de sociaal-revolutionairen bleven over. Iedereen begreep dat alleen ongewone omstandigheden de opening van de zitting hadden kunnen uitstellen. De journalisten stortten zich op de telefoons om hun redactie te bellen en aan de weet te komen wat er aan de hand was. Maar naast elk telefoontoestel stonden gewapende soldaten van het rode leger die niemand naderbij lieten. Alle uitgangen waren afgesloten. Ook daar stonden gewapende wachtposten die opdracht hadden niemand er uit te laten.

Al gauw deed in het theater het gerucht de ronde – waar het vandaan kwam wist niemand – dat graaf Mirbach drie uur geleden in zijn villa bij de ambassade was vermoord. Hevige verwarring maakte zich van de journalisten meester. De linkse sociaal-revolutionairen veranderden van plaats en gingen in de buurt van de deuren zitten.

Eigenaardige geluiden begonnen van buiten in het theater door te dringen – gedempt gekraak en doffe slagen alsof in de buurt van het theater houten palen in de grond werden geheid.

Een grijze zaalwachter wenkte mij met zijn vinger en zei: 'Als u weten wilt wat er in de stad gebeurt, dan moet u eens langs dat ijzeren laddertje daar naar de bovenste galerij klimmen. Past u alleen op dat niemand het merkt. Aan uw linkerhand ziet u daar een smal raampje. Kijk daar maar eens door naar buiten. Ik kan het u warm aanbevelen. Grote genade, wat zich daar afspeelt!'

Ik klauterde langs de loodrechte ijzeren ladder omhoog tot het stoffige smalle venster of liever gezegd een diepe in de muur uitgespaarde nis vanwaar uit ik een gedeelte van het Teatralnaja-plein en een zijmuur van het Metropool-hotel kon overzien.

Uit de richting van de Stadsdoema renden soldaten van het rode leger gebukt op het Metropool-hotel af, gingen als de weerlicht plat op straat liggen waarbij ze zich bijna lieten vallen en uit hun geweren begonnen kleine vuurtongetjes te lekken. Daarop begon ergens links in de richting van het Loewjanskaja-plein een mitrailleur te ratelen en er kraakte een kanonschot.

Het was duidelijk dat er, terwijl wij met de linkse sociaal-revolutionairen in het theater opgesloten zaten, een opstand was uitgebroken in Moskou.

Ik slaagde er in ongezien in de orkestbak terug te keren. Precies op dat moment kwam Spiridonova voor het voetlicht gesneld en speelde zich de scène af die ik in het begin van dit hoofdstuk heb beschreven. Nu werd alles volkomen duidelijk: Het waren de linkse sociaal-revolutionairen die deze opstand hadden ontketend.

In antwoord op de kreet van Spiridona haalden alle linkse sociaal-revolutionairen revolvers onder hun colberts vandaan of uit hun zakken. Maar op hetzelfde moment weerklonk vanuit de engelenbak de rustige en barse stem van de commandant van het Kremlin:

'Heren links sociaal-revolutionairen! Bij de eerste poging om het theater te verlaten wordt vanaf de bovenste galerijen het vuur op de zaal geopend. Ik raad u aan rustig te blijven zitten en uw lot af te wachten.'

Geen van de aanwezige journalisten had zin om er zijn leven bij in te schieten, alleen maar omdat de wacht zeker uit nalatigheid, verzuimd had ons er op tijd uit te laten.

Wij zonden daarom een afvaardiging met aan het hoofd Oleg Leonidov naar de commandant. Hoffelijk doch vastbesloten antwoordde deze dat hij tot zijn spijt aangaande de journalisten geen instructies had ontvangen. Maar ten slotte liet hij zich toch overreden en beval ons op onopvallende wijze te verzamelen in de hal van het theater. Daar gooide de wacht snel de deuren wijd open en duwde ons het Teatralnaja-plein op. Gewend als ik was aan het halfduister van de theaterzaal, stond ik eerst wat te knipperen tegen het licht van de ondergaande zon. Dadelijk daarop sloeg een kogel vlak naast mij tegen een theaterzuil, maakte een gierend geluid en ik had de indruk dat hij in omgekeerde richting weer terugvloog. Als op bevel begonnen de kogels methodisch tegen de muur te kletteren, maar gelukkig boven onze hoofden.

'Naar de Kopjevski-steeg!' riep Oleg Leonidov en voorovergebogen holde hij de hoek van het theater om. De anderen stormden hem achterna.

Aan die kant was het rustig. De kogels die er vlak langs vlogen konden ons niet deren. Het enige wat we ervan merkten was een zwak gefluit en ook dat in het huis tegenover het theater de ramen aan splinters sloegen en de kalk in witte fonteintjes van de muren spoot.

Een stukgelezen boek was tijdens het voorthollen uit Sjtselkoenovs tas gevallen. Een paar maal had hij aanstalten gemaakt om de hoek te duiken om het op te zoeken maar wij hadden hem bij zijn armen gegrepen en tegengehouden. Ten slotte speelde hij het toch klaar zich los te rukken, kroop op zijn buik naar het boek toe en keerde roodaangelopen en stoffig maar gelukkig terug.

'U bent een gevaarlijke maniak met uw boeken,' ging Oleg Leonidov tegen hem te keer. 'U bent waanzinnig.'

'Dat is ook wat!' wond Sjtsjelkoenov zich op. 'Het is toch zeker de eerste uitgave van de "Confessions" van Jean Jacques Rousseau. Niet ik maar u bent waanzinnig.'

Het vuren verwijderde zich snel in de richting van het Ljoebljanskaja-plein. De linkse sociaal-revolutionairen weken terug.

Op de redactie vernam ik dat graaf Mirbach inderdaad 's morgens door de linkse sociaal-revolutionair Bljoemkin was vermoord. Dat was het signaal geweest tot de opstand. Het was de muiters gelukt om de Pokrovskije-kazernes en het telegraafkantoor in de Mjasnitskaja-straat in handen te krijgen en bijna tot aan het Ljoebljanskaja-plein door te dringen. Diegenen die in het theater waren achtergebleven werden al gauw na ons vertrek gearresteerd.

Tegen de avond waren de rebellen uit de stad verdreven; ze weken terug tot een goederenstation op de spoorlijn naar Kazan en de weg naar Rjazan en verspreidden zich.

De opstand eindigde net zo bliksemsnel als hij begonnen was.

VII / STUDIEMATERIAAL TER BESTUDERING VAN DE GESCHIEDENIS VAN DE MOSKOUSE HERENHUIZEN

De geschiedenis van huizen is soms boeiender dan het leven van de mensen. Huizen leven langer dan mensen en zijn soms getuigen van verschillende generaties.

Op een paar lokale geschiedschrijvers na geeft niemand zich de moeite om de geschiedenis van een oud huis na te pluizen en er wordt gewoonlijk wat neergekeken op diegenen die dat wel doen. Men beschouwt hen als ongevaarlijke zonderlingen terwijl zij toch stukje bij beetje onze geschiedenis en tradities bijeengaren en liefde voor ons land opwekken. Ik ben er van overtuigd dat, wanneer men de geschiedenis van een huis in zijn geheel zou reconstrueren, het leven van alle bewoners zou nagaan, hun karakters zou trachten te doorgronden, en de gebeurtenissen zou beschrijven die in dit huis hadden plaats gevonden, er een sociale roman zou ontstaan die misschien belangrijker was dan de romans van Balzac.

Bovendien komen er in het leven van ieder huis veel bestaansvoorwerpen voor die ook een respectabele leeftijd hebben bereikt, grote reizen hebben gemaakt en heel wat hebben gezien. Helaas is het onmogelijk om hun geschiedenis te schrijven. Dingen spreken niet, en de mensen zijn vergeetachtig, niet erg nieuwsgierig en behandelen de dingen – hun trouwe helpers – met een ergerlijke nonchalance.

Dingen zijn gemaakt door onze handen zoals Pinocchio met de lange neus door de oude timmerman Carlo uit een knoestig houtblok werd gesneden. Pinocchio kwam tot leven en schopte dadelijk alles dusdanig in de war dat er beslist een fee met een toverstokje aan te pas moest komen.

Als de dingen tot leven konden komen, wat zouden ze ons gewone leventje dan onderste boven halen en wat zou de geschiedenis dan meer inhoud krijgen. Zij zouden nog eens iets te vertellen hebben!

Hoeveel herenhuizen er tijdens de Oktoberrevolutie nog in Moskou waren, kon natuurlijk niemand precies zeggen. Er werd beweerd dat het er minstens tweehonderd waren. Deze behoorden voornamelijk aan kooplui toe. Die van de adel waren zo goed als verdwenen, de meeste waren in 1812 afgebrand.

Na de staatsgreep in oktober hadden de anarchisten beslag gelegd op een groot deel van deze koopmanshuizen. Temidden van de ouderwetse pronkmeubels, kroonluchters en tapijten leidden zij een zorgeloos en vrolijk bestaantje en het kwam nog al eens voor dat zij wat eigenaardig met dit meubilair omsprongen. De schilderijen dienden als doelwit tijdens het oefenen met hun mausers. De kostbare tapijten deden dienst als dekzeil voor de kisten met patronen die op de binnenplaats stonden opgestapeld. De vensters werden voor alle zekerheid gebarricadeerd met zeldzame folianten. De zalen met ingelegde parketvloeren veranderden in nachtasiels, waarin anarchisten en allerlei onguur volk overnachtten.

Moskou was vol geruchten over het losbandige leven van de anarchisten in hun buitgemaakte herenhuizen. Preutse oude juffers fluisterden ontzet over ongelooflijke orgiën. Maar er was helemaal geen sprake van orgiën, wel van doodgewone zuippartijen waarbij men in plaats van champagne Chinese korenbrandewijn dronk en keiharde gerookte vis at.

Het schuim van de maatschappij was er bijeen in gezelschap van ontspoorde jongelui en geëxalteerde meiden – een soort toekomstbeeld van een roofnest van de Oekraïnse bendeleider Machno in hartje Moskou.

De anarchisten hadden zelfs hun eigen theater dat 'Izid' heette. Op de aanplakbiljetten ervan stond te lezen dat dit het theater van de mystiek, erotiek en de geestelijke anarchie was en dat het 'het tot fanatisme verheven idee' nastreefde.

Wat voor idee daarmee bedoeld werd viel uit de affiche niet op te maken. Iedere keer wanneer ik tegen zo'n affiche opliep, leek het mij dat het niet anders kon of mijn oude kameraad Ratsjinski had iets met het Izidtheater te maken.

Ik bleef vaak tot diep in de nacht op de redactie, soms wel tot de vroege morgen en schreef mijn eerste roman. Ik overnachtte dan op een doorgezeten divan met kapotte veren. Het gebeurde wel dat midden in de nacht een van de veren met volle kracht en met een geluid vol leedvermaak in mijn zij schoot.

Ik schreef liever op de redactie, dan thuis in mijn slaperige muffe kamer waar de kraan in de badkamer lekte en mijn verhuurster zo nu en dan op haar nachtmuiltjes langs de deur voorbijslofte. Het brandende licht in mijn kamer zat haar dwars en een paar maal in de nacht controleerde zij de elektriciteitsmeter.

Op de redactie nam ik bezit van de ruime met een vast tapijt bedekte werkkamer van mevrouw Koeskova en haar schrijftafel. Soms viel ik achter deze tafel in slaap en werd een minuut of tien later weer fris en uitgerust wakker.

Op de tafel tegenover mij lag de redactiekat met opgetrokken voorpoten te slapen. Van tijd tot tijd zag ik zijn kleine spleetogen op mij gericht en keek hij mij goedig aan alsof hij wilde zeggen: 'Werk je nog? Nou toemaar, werk maar! Ik ga nog een uurtje maffen.'

Maar op een nacht gingen de oren van de kat van voor naar achteren en opzij. Hij keek met ogen groen als klapbessen naar mij en miauwde hees.

Ik luisterde scherp. Verre schoten galmden door de nachtelijke stad en kwamen de kant van de redactie op. Uit de hardnekkigheid van het vuren kon ik opmaken dat het geen toevallige schietpartij op straat was.

Dadelijk daarop begon de telefoon dan ook doordringend te rinkelen. Ik kreeg mijn chef aan de lijn.

'De anarchisten worden ontwapend!' schreeuwde hij in de hoorn. 'Men bestormt de herenhuizen. Het komt mooi uit dat u op de redactie bent. Ik kom meteen en weest u zo vriendelijk om ondertussen eens naar villa Morozova aan de Wozdvizjenka te gaan om te kijken wat daar aan de hand is. Maar pas goed op.'

Ik ging de donkere uitgestorven straat op. In de richting van de Malaja Dmitrovka waar de anarchisten zich in de voormalige Koopmanssociëteit verschanst hadden en in de ingang zelfs twee stukken geschut opgesteld hadden, waren verspreide schoten te horen.

Langs kleine steegjes bereikte ik villa Morozova aan de Wozdvizjenka. Iedere Moskouer kent dit vreemdsoortige, op een kasteel lijkend bouwsel met de met zeeschelpen ingelegde grauwe muren. Daar had kort tevoren nog de oude miljonairsvrouw Morozova gewoond.

Nu was de villa helemaal duister en deed onheilspellend aan.

Ik liep langs de granieten stoep naar de hoofdingang waarvan de zware, uit brons gegoten deuren op die van een middeleeuwse kathedraal leken en luisterde scherp. Geen geluid drong van binnen door. Ik kwam tot de conclusie dat de anarchisten het huis verlaten hadden maar klopte toch voorzichtig aan.

Opeens veerde de deur wijd open. Iemand greep me bij mijn arm, trok mij naar binnen en dadelijk sloeg de deur weer dicht. Rondom was het aardeduister. Vele handen hielden mij stevig beet.

'Wat is er aan de hand?' vroeg ik op nonchalante toon. Alleen deze vraag al kwam mij dom voor. Aan de hand was er niets maar ik was in een onzinnige situatie beland en ik snapte best dat het er wel eens heel onprettig voor mij uit zou kunnen zien.

'Het is vast een spion,' zei een jonge vrouwestem naast mij. 'We moeten kameraad Ognev op de hoogte stellen.'

'Hoort u eens,' antwoordde ik, vastbesloten om mij er met een grapje uit te redden, 'de tijd van graaf Monte-Christo is voorbij. Steekt u het licht aan en ik zal u alles uitleggen. En laat u mij alstublieft weer gaan.'

Het rijkgeschakeerde antwoord dat nu volgde deed mij even verbluft staan.

'Dat is me een mooie jongen zeg!' zei dezelfde vrouwestem. 'Die beeldt zich warempel in dat we hem eruit laten. Je bent een bolsjewistische verklikker, lekkere snoes en je blijft hier. Ik beloof je dat je geen haar op je hoofd gekrenkt zal worden als je niet zult tegenspartelen en je snuitwerk houdt.'

Ik werd woedend.

'Prinses van de anarchie,' zei ik tegen de onzichtbare vrouw, 'hou op met deze zotte vertoning. U hebt gewoon te veel goedkope romans gelezen. Op uw prille leeftijd is dat gevaarlijk.'

'Fouilleer hem en sluit hem op in de linkerhoeksalon,' zei de vrouw met ijzige stem alsof zij mijn woorden niet had gehoord, 'ik breng kameraad Ognev wel op de hoogte.'

'Gaat uw gang!' antwoordde ik op uitdagende toon. 'Stelt u Ognev de Vurige maar op de hoogte. Het kan mij geen barst schelen.'

'O wee, wat zal jou je onbeschoftheid nog berouwen, lekkere snoes,' zei de vrouw met een zangerige stem.

Twee mannen sleurden mij door de duisternis over de gang. Een van de twee had een leren jekker aan die kil aanvoelde.

Ze sleepten mij zwijgend een paar korte trappen op en af, duwden me dan een kamer in, draaiden deze van buiten op slot, haalden de sleutel eruit en zeiden dat ze zonder meer door de deur op mij zouden schieten zogauw ik lawaai maakte; daarop gingen ze weg, echter niet voordat een van beiden op vrij vredelievende toon nog had gezegd:

'Zo werkt een verkenner toch niet, smerige bolsjewiek! Als je bij ons zou hebben gehoord, dan zou ik je wel het een en ander hebben bijgebracht.'

Ik had lucifers bij mij. Maar ik waagde het niet om er ook maar een aan te steken om eens polshoogte te kunnen nemen in het duister. Wie weet op wat voor gedachten dat de anarchisten zou brengen. Misschien hielden ze het schijnsel wel voor een signaal en het kon best zijn dat ze inderdaad door de deur zouden schieten.

Ik tastte het deurpaneel af. Het was met grillig houtsnijwerk versierd. Vervolgens voelde ik op de tast naar de muur maar kromp gelijk helemaal samen – ik was met mijn nagel aan het zijden behang blijven haken. Ten slotte stuitte ik op een zachte armfauteuil, vlijde mij er in neer en wachtte af wat er ging komen.

Aanvankelijk nam ik de hele geschiedenis van de vrolijke kant op. De anarchisten hadden mij klaarblijkelijk voor een vooruitgezonden verkenningspost gehouden. Naar mijn mening was dat heel dom van hun kant maar daar kon ik verder ook niets aan veranderen. En wat was dat voor meisje? Haar stem was mij bekend voorgekomen. Ik begon in mijn geheugen te wroeten en herinnerde mij dat er op een keer tijdens een meeting bij het Gogol-monument een anarchiste met net zo'n stem een toespraak had gehouden. Zij had zwart haar met lange pony en ogen die begerig fonkelden als bij iemand die aan cocaïne verslaafd is terwijl aan haar oren enorme turqoise hangers bungelden. Men had haar niet uit laten spreken. Ze had toen een sigaret genomen, hem opgestoken en was heupwiegend en minachtend lachend door de menigte gelopen. Ik was er zeker van dat zij het was.

Het beviel mij daar zo in een zachte fauteuil te zitten wachten op wat er komen ging. Ik was ervan overtuigd dat men mij vrij zou laten zodra ik mijn perskaart van de 'Macht van het Volk' zou laten zien.

Meer dan een uur verliep. Ver weg klonken geweerschoten. Een keer hoorde ik een doffe ontploffing.

Ik had vreselijke trek in een sigaret. Uiteindelijk hield ik het niet langer uit, nam een sigaret, ging op mijn hurken achter de rugleuning van mijn fauteuil zitten en stak een lucifer aan. Deze vlamde helder als magnesium op en verlichtte even een halfronde kamer. Het vlammetje blonk in spiegels en kristallen vazen. Haastig stak ik mijn sigaret aan, blies de lucifer uit en begreep dan pas waarom deze zo fel opgevlamd was – het was een mislukte lucifer geweest met een dikke dubbele kop.

Meteen daarop stond ik voor een tweede verrassing: vanaf de straat werden onverhoeds geweerschoten gelost op de ramen van de villa. Het regende kalk. Ik besloot maar op de grond te blijven zitten.

Het vuren nam snel in hevigheid toe. Ik begreep dat de rode gardisten de villa stiekem hadden omsingeld en dat zij het schijnsel van het vlammetje voor een signaal hadden gehouden.

Ze namen vooral de kamer onder vuur waarin ik op de vloer zat. De kogels raakten de kroonluchter, waarvan ik de wegspattende stukjes kristal met een klagelijk gerinkel op de vloer hoorde vallen.

Ongewild had ik de rol van verkenner gespeeld die de anarchisten mij ten onrechte hadden toebedacht. Ik zag in dat ik in een lastig parket zat. Als de anarchisten het schijnsel van mijn lucifer ook gezien hadden, zouden zij de kamer binnenstormen en mij ter plaatse fusilleren.

Maar klaarblijkelijk hadden zij niets gezien en in ieder geval hadden zij wel iets anders aan hun hoofd. Zij beantwoordden het vuren. Ik hoorde hoe een voorwerp met veel geraas in alle haast over de gang werd gesleept, hoogstwaarschijnlijk een mitrailleur. Iemand schreeuwde een bevel, met kortafgebeten vloeken doorspekt. 'Vier man naar de eerste verdieping! Niemand in de buurt van de ramen laten komen!'

Er stortte iets met razend lawaai in elkaar. Dan vlogen mensen met stampende laarzen langs mijn kamer. Een vensterlijst werd met dof gekraak uit zijn sponningen geslagen, de bekende vrouwestem schreeuwde: 'Hierheen, kameraden! Door de bres in de muur!' en na nog wat lawaai werd het stil. Alleen vuurden de rode gardes met korte tussenpozen op de vensters, alsof ze zich ervan wilden vergewissen dat het huis niet in een hinderlaag lag.

Dan trad er volledige stilte in. De anarchisten waren er blijkbaar vandoor.

Maar het duurde niet lang, of ik hoorde weer zware stappen, gekletter en stemmen die zeiden: 'Het hele huis doorzoeken! Maak eens licht! Toe!' 'Zo te zien leefden zij er goed van, dat tuig!' 'Wel goed uitkijken dat er nog niet eentje verstopt zit en een handgranaat gooit.'

De zware stappen hielden halt voor mijn deur. Iemand rammelde er aan maar de deur gaf geen krimp.

'Hij heeft zich opgesloten, de smeerlap,' zei een hese stem nadenkend.

De deur kraakte nu in zijn voegen. Ik zweeg. Wat kon ik anders doen. Ik kon achter de gesloten deur toch geen lang en verward verhaal gaan staan afsteken om uit te leggen dat ik door de anarchisten was gegrepen en opgesloten. Wie zou mij geloofd hebben?

'Maak open, baardaap!' brulden wel een paar stemmen achter de deur. Daarop schoot iemand op de deur en deze spleet open. Zware geweerkolven beukten erop in. De deur begon te wankelen.

'Die zat goed in elkaar,' zei dezelfde hese stem bewonderend.

De halve deur vloog eruit en het licht van een zaklantaarn priemde in mijn ogen.

'Er is er een achtergebleven!' schreeuwde een jonge rode garde verheugd en hij richtte zijn geweer op mij. 'Nou vooruit sta eens op, anarchist, voorwaarts mars, naar het hoofdkwartier! Het is nu uit met je herenleventje!'

Ik deed niets liever dan naar het hoofdkwartier gaan. Dit was gevestigd in een klein herenhuis aan de Povarskaja-straat. Daar zat aan een tafel in de voorkamer, gekleed in een veldjas, een buitengewoon magere man die een puntig blond baartje had en spottende ogen.

Hij monsterde mij bedaard en begon plotseling te glimlachen. Ik glimlachte terug.

'Nou, vertelt u 't eens,' zei de magere man en stak zijn pijp aan. 'Maar kort graag. Ik heb geen zin mijn tijd met u te verknoeien.'

Openhartig vertelde ik alles en toonde mijn papieren. Hij wierp er een vluchtige blik op.

'Eigenlijk zou je een week of twee achter slot en grendel moeten voor overmatige nieuwsgierigheid. Maar helaas voorziet de wet zoiets niet. U kunt gaan! Ik raad u aan dat blad van u 'De Macht van het Volk' het heilige kruis achterna te geven. Wat hebt u er aan? Bent u dan ontevreden over het Sowjet-regime?'

Ik antwoordde dat ik integendeel al mijn hoop op een gelukkig lot voor het Russische volk in dit regiem had gesteld. 'Kijk 'r 's aan,' antwoordde de magere man terwijl hij zijn ogen samenkneep tegen de rook. 'Wij zullen natuurlijk trachten uw vertrouwen niet te beschamen, jonge man. Gelooft u mij, wij voelen ons buitengewoon gevleid. Buitengewoon gevleid. En nu eruit.'

Ik liep de straat op. Ergens hoorde men nog schoten. Ik voelde mijn gezicht van schaamte branden. De magere man had de spot met mij gedreven, maar diep in mijn hart wist ik dat hij gelijk had en dat ik niets in te brengen had tegen zijn minachtende woorden, zelfs al kon ik achteraf nog zoveel scherpzinnige en bijtende antwoorden verzinnen.

Tegen de middag waren de anarchisten uit alle herenhuizen verdreven. Een gedeelte ervan vluchtte uit Moskou, een ander deel van deze heethoofden verspreidde zich over de stad en koelde daar af.

De bewoners van Moskou die gedurende dit voorval rustig hadden liggen slapen, namen de volgende dag met stomme verbazing de herenhuizen die bezaaid waren met kogelgaten, de conciërges die de glasscherven bijeen veegden en het gat dat het enige kanonschot van die nacht in de muur van de Koopmanssociëteit aan de kleine Dimitrovka had geslagen, in ogenschouw.

In die tijd had alles nog zo'n onverwacht verloop dat het heel goed voor kon komen dat de gebeurtenissen in je slaap aan je neus voorbij gingen.

VIII / ENIGE OPHELDERINGEN

Midden in de zomer werd de 'Macht van het Volk' evenals alle andere kranten die zich 'onafhankelijk' noemden, opgeheven.

Spoedig daarna kreeg ik een brief van mijn zusje Galja uit Kopan. Een conducteur uit Brjansk had mij deze thuisbezorgd tijdens mijn afwezigheid en was spoorloos weer verdwenen. Op de brief zaten olievlekken en de randen waren kapot gesleten. Hij had er meer dan een maand over gedaan om op de plaats van bestemming aan te komen.

Galja schreef:

'Je hebt mamma op je woord beloofd dat je in de lente terug zou komen maar je bent er nog altijd niet en we hebben de hoop bijna opgegeven je terug te zien. Mamma is plotseling vreselijk oud geworden, je zult haar niet meer terugkennen. Hele dagen zwijgt ze en 's nachts wanneer ze denkt dat ik slaap, huilt ze zo luid dat ik het zelfs hoor, ook al ben ik dit jaar bijna helemaal doof geworden.

Kan je ons dan echt niet dit laatste grote plezier doen? Voortdurend hebben we het over jou en we weten niet eens hoe of het met je gaat en of je gezond bent. Het wordt ons angstig te moede bij de gedachte dat jou iedere dag iets kan overkomen. Jij hebt van alles in je leven, maar moeder heeft niemand anders dan jou. Begrijp dat toch, Kostik.

Gistermorgen heeft moeder gezegd dat we, als je tegen half augustus niet hier zou zijn, met z'n tweeën te voet naar Moskou zouden gaan. Mamma is ervan overtuigd dat we er op de een of andere manier wel zullen komen. We laten alles hier in de steek – wat moeten wij er mee! – en trekken er alleen met een rugzak op uit. Veel geld hebben we niet maar mamma zegt dat er nog goede mensen op de wereld zijn en daarom is ze nergens bang voor. We zullen op weg moeten wanneer het nog warm is en de winter nog ver is. Misschien lukt het ons ook wel om een stuk met de trein af te leggen, hoewel men zegt dat er geen treinen rijden.

Lieve Kostik, laat hoe dan ook iets van je horen, laat ons weten hoe het met je gaat en of wij hier op je moeten wachten. We zitten helemaal alleen in dit bos als in een berenhol en begrijpen niet waarom we nog steeds niet vermoord zijn.'

Deze brief sneed als een vlijmscherp mes door mij heen. Ik moest er heen. Maar hoe? Hoe kon ik in de Oekraïne komen?

In die tijd waren de Oekraïne, het Donetzbekken en de Krim reeds door het Duitse leger bezet. In Kijev zetelde Pavlo Skoropadski, een gladde en domme officier met lange benen die de Duitsers tot Hetman gebombardeerd hadden. De Oekraïnse dagbladen zagen als zijn voornaamste verdienste zijn afkeer van gedecolleteerde jurken. Meer opmerkelijke eigenschappen waren er aan hem niet te ontdekken. Zelfs de Duitsers dreven vreselijk de spot met deze namaak-hetman.

Er ging niet minder dan een maand overheen om van het Commissariaat voor Binnenlandse Aangelegenheden toestemming te krijgen om Sowjet-Rusland te verlaten. Juli liep reeds ten einde en ik kon dus uitrekenen dat ik de toestemming pas eind augustus zou krijgen. Het karakter van mijn moeder kende ik goed genoeg om te weten dat zij midden augustus te voet naar Moskou zou gaan, op gevaar af haar leven en dat van Galja er bij in te schieten. Ik had dan ook geen dag te verliezen. Ik moest onmiddellijk vertrekken.

Het bleek dat men om de Oekraïne binnen te kunnen komen ook nog de toestemming van de Oekraïnse consul nodig had.

Ik ging naar het consulaat. Dit was gevestigd op de binnenplaats van een groot huis aan de Tverskaja-straat. Een verschoten geelblauwe vlag hing slap aan een vlaggestok die aan de rand van het balkon vast zat.

Op het balkon hing de was te drogen en de baby van de consul lag er in een kinderwagen te slapen. Een oude kinderjuffrouw die ernaast zat, wiegde de wagen met haar voet en zong slaperig:

Duiven vliegen aan,
Dragen peertjes aan
Voor Petrik, voor Petrik, voor Petrik,
Voor de kleine vaandrig...

Men kon niet eens bij de deur van het consulaat komen. Honderden mensen zaten of lagen zo maar op de stoffige grond te wachten op hun beurt. Sommigen wachtten al langer dan een maand, hoorden het liedje van Petrik het vaandrigje aan, trachtten tevergeefs in een goed blaadje te komen staan bij de kinderjuffrouw en waren helemaal de kluts kwijt door het zich alsmaar afvragen wat er met hen zou gebeuren.

Ik moest me dus zonder de nodige papieren trachten te redden.

Ik was er achter gekomen dat een paar medewerkers van goedkope, zogenaamde boulevardbladen uit Petrograd naar de Oekraïne wilden en dat hun papieren in orde waren.

Een van onze journalisten stelde mij aan hen voor. Zij verklaarden zich bereid, zonder veel enthousiasme weliswaar, mij mee te nemen en over de grens te helpen maar alleen, zoals hun chef, een zwartgallige man met grijze slobkousen en een gouden knijpbrilletje het uitdrukte, 'binnen de grenzen van het mogelijke'. Waar deze 'grenzen van het mogelijke' lagen, verklaarde hij niet. Ik wist trouwens zelf heel goed dat er niemand voor mij op zou komen wanneer ik in de val liep.

Het vertrek zou drie dagen later plaats vinden. Tijdens deze drie dagen gebeurde er niets vermeldenswaardigs, alleen hoorde ik dat Romanin, mijn oude oorlogskameraad, in Moskou aangekomen was. Ik begaf mij dadelijk naar het huis aan de Jakimanka-straat waar hij moest wonen maar een twistzieke vrouw scheepte mij op de drempel af en zei dat Romanin hier slechts twee, drie maal in de maand overnachtte.

Ik liet een brief voor hem achter, en ging weg. Sindsdien ben ik zijn spoor voor altijd bijster gebleven.

Bij de gedachte voor de zoveelste maal iemand te zijn kwijt geraakt nog voordat ik de kans had gehad hem beter te leren kennen, bekroop mij het bekende bittere gevoel.

Een stroom van mensen trok aan mij voorbij en geen van hen bleef mijn metgezel, al was het maar voor een paar jaar. Steeds weer doken er nieuwe gezichten op die even snel weer verdwenen en ik wist bijna zeker dat ik hen niet nog eens zou ontmoeten. Bij wijze van troost, moest ik daarbij aan de woorden van Lermontov denken: '*Mijn vurig gemoed, verspilt in de woestijn, veel van zijn gloed.*'

Voor ik vertrok, zocht ik al mijn lievelingsplekjes in Moskou nog eens op. Vanuit de Nojevski-tuin keek ik op het Kremlin neer waar zich snel een onweer boven samen pakte. De koepels van de kathedralen schenen in een somber vuur te smeulen, de wind die aan onweer voorafgaat deed de rode vlaggen bol staan en bliksemflitsen doorkliefden de wolkenmuur.

Plotseling vond de donderslag ruim baan en denderde over mij heen. Een stortregen begon door de bomen te ruisen.

Ik vond snel een goed onderkomen in de lege orangerie. In de stellages stond een bloeiende pelargonium met rode bloemen eenzaam in een pot te kwijnen. Met mijn vingertoppen raakte ik deze daar opzettelijk vergeten plant vluchtig aan. Hij strekte al zijn blaadjes en bloemkroontjes uit naar de frisse lucht, naar de weldadige regenstraaltjes die neervielen op de andere planten die boften dat ze buiten stonden.

Ik zette de plant buiten in de regen. Hij beefde zacht onder de neerkletterende regendruppels en het scheen mij toe dat hij zienderogen opleefde.

De herinnering die ik heb aan mijn laatste dagen in Moskou staat in nauw verband met deze bloem – een klein stukje van mijn liefde voor Rusland. Ik ging het onbekende tegemoet zonder natuurlijk te vermoeden dat ik pas na vijf jaar terug zou keren en dat het leven dat mij nu wachtte zo onwaarschijnlijk en fantastisch zou zijn dat ik er zelfs met enige schroom in het hart over zou schrijven.

In de voorafgaande hoofdstukken heb ik alleen verteld wat ik zelf gezien en gehoord heb. Daarom ontbreken er vele bekende gebeurtenissen uit die jaren. Maar ik beschrijf alleen datgene waarvan ik zelf getuige ben geweest en het ligt geenszins in mijn bedoeling om in dit boek een omvangrijk beeld te geven van de begintijd van de revolutie; trouwens ik zou dat niet eens kunnen.

Het is al een heel tijdje terug dat ik begonnen ben dit verhaal over mijn leven op papier te zetten. Ik ben al niet zo jong meer en ik ben nog altijd niet verder gekomen met schrijven dan tot mijn jongelingsjaren.

Ik weet niet of ik erin zal slagen het af te maken. Als ik tien jaar jonger was, zou ik tijd hebben om nog een tweede, misschien veel interessanter verhaal te schrijven, een tweede boek over mijn leven. Niet over mijn leven zoals dit werkelijk was maar zoals het had moeten zijn en had kunnen zijn als de loop van mijn bestaan alleen van mij had afgehangen en niet van een serie omstandigheden die buiten mij omgingen en die vaak tegen mij waren.

Dat zou het verhaal zijn geworden over datgene wat niet zo heeft mogen zijn, over al datgene wat mij met hart en ziel beheerste, een leven dat alle kleuren, al het licht en alle opwinding in zich zou bergen.

Vele hoofdstukken van dit ongeschreven boek zie ik zo duidelijk voor mij alsof ik het al een paar maal doorgemaakt heb.

IX / IN EEN VEEWAGON OP DE SPOORLIJN RIGA-ORJOL

Als kind al had ik een zwak voor de spoorwegen. Misschien wel omdat mijn vader er bij werkte.

Natuurlijk uitte deze voorliefde zich op kinderlijke wijze. Wanneer ons gezin de zomer ergens niet ver van een spoorlijn vandaan doorbracht, was ik urenlang zoek en het kon niet missen, of ik was op het dichtstbijgelegen station te vinden waar ik naast de stationschef naar de in- en uitrijdende treinen stond te kijken.

Tot op de dag van vandaag hangt er voor mij over alles wat met het spoor te maken heeft het romantisch waas van het reizen, zelfs de geur van steenkoolrook uit de schoorstenen van de locomotieven doet mij romantisch aan. Verrukt keek ik naar de van olie glimmende, groene locomotief wanneer deze met steeds langzamer bewegende blinkende stalen drijfstangen bij het pompstation tot stilstand kwam en onstuimig sissend regelmatig dampstraaltjes uitstootte alsof hij zwaar stond te hijgen na een vermoeiende rit.

Ik stelde mij voor hoe deze locomotief met zijn ijzeren borst door wind, nacht en dichte bossen stormde, door bloeiende verlaten landstreken en hoorde in gedachten zijn fluitsignalen die misschien wel tot aan een boswachtershuisje door zouden dringen. Daar stelde net zo'n jongetje als ik zich de vurige sneltrein in de nacht voor die door het onbebouwde land daverde terwijl een vos met een poot omhoog uit de verte toekeek en er uit onbegrijpelijke weemoed of misschien ook wel uit verrukking naar jankte.

Wanneer een personentrein weggereden was lag het station er weer stil en slaperig bij. De warme stationsverveling nam weer volkomen de overhand. Uit een groen vat op het perron druppelde lauwwarm water. Tussen de rails scharrelden kippen brutaal rond. De tabaksbloesem in het voortuintje ging pas 's avonds weer open. De blinkende rails, door honderden wielen gladgeschuurd, deden zeer aan je ogen. Op een zijspoor stond een roodbruin paardje voor een kar vastgebonden aan de buffer van een goederenwagon. Het stond te slapen maar van tijd tot tijd liep er een rilling over zijn rug om zo de lastige vliegen te verjagen.

Dan klonk in de verte een verwoed trillend gefluit. Een goederentrein naderde zonder vaart te verminderen. De hoge spoorlijn liep met een grote boog vanuit de sparrenbossen naar het station toe. Het was altijd weer een verrassing de trein eruit op te zien duiken en kronkelend en scheef in de bocht hangend op het station te zien afstormen.

Ik geloofde dat ik nog nooit een mooier schouwspel had gezien. De locomotief stootte dikke stoomwolken uit en gilde lang en angstwekkend. Op volle kracht stoof de trein het station binnen en denderde met een geraas van ijzer, haastig stampende wielen en wild opwervelend stof in duizelingwekkende vaart voorbij. Men had het gevoel dat het niet veel scheelde of de trein zou alle mensen op het perron, het eerst van allen natuurlijk de stationschef met zijn rode pet, als dorre bladeren in de lucht slingeren en meevoeren.

De goederenwagons flitsten voorbij. Het schemerde voor mijn ogen maar ik slaagde er soms toch in de witte letters op de zijkanten te ontcijferen die de verschillende lijnen aangaven: RO (Riga-Orjol), MKV (Moskou-Kijev-Woronezj), SPBW (Sint-Petersburg-Warschau) ROE (Rjazan-Oeralsk), MWR (Moskou-Windava-Rybinsk), SV (Syzran-Vjazma), MCHS (Moskou-Charkov-Sebastopol) en tientallen andere. Soms zeiden ze mij niets zoals bij voorbeeld OESS of PRIM. Thuis hoorde ik van mijn vader dat OESS een afkorting was voor de Oessoeri-lijn in het Verre Oosten en PRIM de korte spoorlijn aanduidde die langs de kust van de Finse golf liep en Sint-Petersburg met Oranienbaum verbond.

Verdraaid waar! Ik benijdde die levenloze goederenwagons omdat zij zelf nooit wisten waar ze heen gestuurd werden – misschien wel naar Wladiwostok en vandaar naar Vjatka, van

Vjatka naar Grodno, van Grodno naar Feodosija en van Feodosija naar het station Navlja, in het hartje van de wijds-ruisende bossen van Brjansk.

Als dat mogelijk zou zijn geweest, was ik in een hoekje van de eerste de beste goederenwagon gaan zitten en met hen mee op zwerftocht gegaan. Wat een heerlijke dagen zou ik op de rangeerlijnen hebben doorgebracht waar de goederentreinen vaak wel een paar uur lang bleven staan. Ik zou onder aan de spoordijk op het warme gras hebben gelegen, thee hebben gedronken met de conducteurs op de goederenperrons, bosbessen hebben gekocht van langbenige meisjes, gebaad hebben in een riviertje in de buurt waar gele waterlelies fris bloeiden. Wanneer de trein eenmaal weer reed zou ik in de deuropening van de wagon gaan zitten met naar buiten bungelende benen, de warmte die uit de zonbeschenen aarde opsteeg woei mij in het gezicht, de lange voortijlende schaduwen van de wagons gleden over de velden terwijl de zon als een gouden schild weg zou zinken in de nevelige verten van de Russische vlakten, in de duizenden wersten verwijderde verten en op de uitdovende hemel een wijngouden spoor achter zou laten.

Deze herinneringen aan mijn kinderjaren kwamen in mij op bij het zoeken naar de veewagon R-O 717802 op het rangeeremplacement van het Kijev-station in Moskou.

Mijn reisgenoten uit Sint-Petersburg trof ik er reeds in aan. Zij hadden het zich gemakkelijk gemaakt, en zaten thee te drinken bij een omgekeerde kist terwijl ze elkaar uitgezochte schuine bakken vertelden.

Aan mij schonken zij geen aandacht, ze zeiden mij maar net goedendag en deden zo goed mogelijk hun best mij te tonen dat ze mij niet wilden kennen. Maar waarom hadden zij het dan goed gevonden dat ik met hen meeging?

Ik pijnigde mij het hoofd af over deze vraag. Hadden zij dat soms alleen gedaan om mij aan de autoriteiten te kunnen uitleveren wanneer er iets mis liep om zo hun eigen huid te redden? Hun papieren waren in orde maar wie weet wat er allemaal zou gebeuren. Wanneer de autoriteiten nu toch onverwachts iets aan te merken hadden, dan was zo iemand als ik – zonder doorlaatpas, zonder uitreispapieren – doodgewoon het je van het. Mijn aanwezigheid bood hun de mogelijkheid de klap op te vangen, volledige toewijding aan de sowjetoverheid voor te wenden en te zeggen: 'Kijk eens, kameraden u maakt ons, eerlijke sowjetburgers, het leven zuur terwijl een verdacht individu zonder papieren stiekem de wagon is binnengedrongen. Het is onze plicht u dat te melden. Controleert u hem maar.'

Ik trachtte deze gedachten van mij af te zetten. Ik schaamde mij ervoor. Vijf jaar terug zou ik nooit zo slecht over vreemden hebben gedacht. Maar ik kon een zeker wantrouwen voor deze journalisten met hun ongegeneerde gedrag niet van mij afzetten. Ik gevoelde een bijzondere afkeer voor een klein ventje met bolle glimmende oogjes. Hij werd Andre Borelli genoemd hetgeen natuurlijk slechts een pseudoniem was dat onder allerlei artikelen prijkte waarvan de haren je te bergen rezen. Onder elkaar noemden de journalisten hem 'Dodja'.

Hij haalde voortdurend zijn te korte kakikleurige broek op en lachte gillerig terwijl het speeksel in het rond sproeide. Zijn gezichtsporiën waren grof, de huid was grauw als rubber. Hij maakte voortdurend domme grapjes en woordspelingen en sprak over alles met een slijmerige spotlach. Sowjetrusland heette bij hem 'Sowdepland'[1], Moskou heette de 'Rode hoofdstedelijke navel', de bolsjewieken noemde hij de 'kameraden boekbinders'.

Zelfs de aanvoerder van deze verlopen bende, een zwartgallige vent met grijze slobkousen, kon zich soms niet langer inhouden en zei met een grimas:

'U bent een geniale vuilprater, Dodja. Hou er nu eens mee op de clown uit te hangen. Het wordt zo langzamerhand vervelend!'

'Voor u is het wit zonder pit maar het rode is bij u in de mode.' improviseerde Dodja zonder zich een seconde te bedenken.

Daarop dreigde de zwartgallige man Dodja op staande voet uit de wagon te smijten en toen pas hield hij weer een ogenblik zijn gemak.

De nacht verliep rustig. De trein reed met een slakkegangetje

1. 'Sowdepland', minachtende omschrijving afgekort uit *Sow*jets van arbeiders- en boerenge*dep*uteerden. (Noot v. d. vert.)

voort. Ik praatte niet met mijn reisgenoten en zon op een middel om van wagon te veranderen. Maar dit was onmogelijk want ze waren allemaal vol gewapende soldaten van het rode leger en matrozen van de Baltische Vloot en enkele dienden voor het vervoer van cavaleriepaarden.

De volgende dag viel mij iets eigenaardigs op. Aan Dodja's koffer was een blauw-geëmailleerde theeketel vastgebonden die vol deuken en blutsen zat.

Het eigenaardige eraan was dat de anderen, wanneer we op een station stilstonden, warm water gingen halen in een grote tinnen kroes. De theeketel gebruikten zij daar niet voor hoewel het duidelijk was dat de kroes niet groot genoeg was voor allemaal.

De tweede dag van mijn reis kwam dit raadsel onverwachts tot een ontknoping. Terwijl de trein helemaal afremmend, aarzelend het station van Brjansk binnenreed, kwam een soldaat van het rode leger uit de wagon naast de onze eens bij ons kijken.

'Jongens,' zei hij, 'moeten jullie eens horen wat een stommiteit ons is overkomen. Wij hebben onze theeketel onderweg laten staan, driedubbelovergehaalde sukkels dat we zijn. De legerketel nog wel. Het is om te huilen! Hebben jullie niet een keteltje over?'

'Nee, nee,' antwoordde Dodja bits. 'We drinken zelf uit een kroes.'

'Maar u hebt daar toch een emaille ketel aan uw koffer hangen,' zei de soldaat goedmoedig, 'geeft u hem ons een dag te leen. U krijgt hem heel terug.'

'Deze ketel kunnen we niet geven,' antwoordde de man met de slobkousen terwijl de glazen van zijn lorgnet kwaadaardig blikkerden.

De soldaat was beledigd.

'Waarom dan niet?' vroeg hij. 'Is ie soms van goud?'

'Hij lekt, begrepen? Hij lekt, het ding deugt nergens voor, hij zit vol gaten.'

De soldaat lachte begrijpend.

'Vreemde lui!' zei hij even goedmoedig als daarvoor. 'Wat een idee om zo'n lor mee te slepen. Als jullie nou armelui waren. Maar dat zijn jullie zeker niet. Jullie drinken thee met echte suiker en niet met sacharine. Neemt u me niet kwalijk dat ik u gestoord heb.'

Hij ging weg. Mijn medereizigers keken elkaar eens aan en een van hen siste Dodja toe: 'Stommeling! Om zo je theeketel voor iedereen uit te stallen.'

Ze bekvechtten nog een tijdje met gedempte stem, legden tenslotte een grote baal op de koffer met de ketel en hingen er een jas over heen.

'In welke wagon?' vroeg plotseling een knorrige stem buiten. 'In deze, he?'

'Ja precies, kameraad commissaris. In die van Riga-Orjol.'

Dodja haalde de theeketel haastig te voorschijn, zette hem op zijn knie en brak er met zo'n krachtsinspanning dat hij rood aanliep en de tranen hem in de ogen sprongen, de tinnen tuit vanaf die hij in zijn zak stopte.

De commissaris, een bejaarde brompot, klom hijgend de wagon in. Hij werd op de voet gevolgd door onze soldaat.

'Wat is dat hier voor een gedoe met die theeketel,' vroeg de commissaris. 'Waar is die ketel. Laat eens zien.'

Dodja haalde het verminkte ding onder de baal vandaan.

'Hee, de tuit is gevlogen!' zei de soldaat en floot veelbetekenend. 'Zo zit ie er nog op en zo kun je ernaar fluiten als naar een vogeltje in de lucht. Hij is verdwenen als een kanariepietje uit z'n kooitje.'

De commissaris bekeek de theeketel, dacht even na en zei daarop tegen de soldaat: 'Vooruit, ga als de weerlicht twee man van de wacht halen.' Hij wendde zich tot de journalisten.

'Uw papieren.'

De journalisten haalden bereidwillig hun papieren voor de dag, maar hun handen trilden. De commissaris wachtte geduldig af. Hij bekeek op zijn gemak alle papieren en stopte ze in de zak van zijn jekker.

'Onze papieren zijn volledig in orde, kameraad commissaris,' zei de man met de slobkousen. 'Waarom neemt u ze ons af?'

'Ik zie dat ze in orde zijn,' antwoordde de commissaris en wendde zich vragend tot mij.

'Kijk eens, kameraad commissaris, het zit zo,' begon de man met de slobkousen haastig. 'Deze burger hier is in onze wagon verzeild geraakt. Hij is ondanks onze bezwaren in Moskou ingestapt. Voor zover wij weten heeft hij noch een doorlaatpas, noch een vergunning tot het overschrijden van de grens. Hij had eerst eens gecontroleerd moeten worden. Als loyale sowjetburgers wilden wij u daarvan op de hoogte brengen, maar wij zijn daar niet meer aan toegekomen.'

'Maar waarom, mijne heren loyale sowjetburgers, geloven jullie dat hij geen doorlaatpas en geen vergunning heeft om de grens over te gaan? Kent u hem?'

'Nee, hij is ons volledig onbekend.'

'Wanneer men iemand zwart wil maken moet men hem kennen,' sprak de commissaris op schoolmeesterachtige toon. 'En wat betreft die mannetjes met briljanten in de tuit van een theeketel, daarvan hebben wij er deze week al vijf stuks van bij hun lurven genomen. Bij zoiets moet je over wat meer fantasie beschikken! Fantasie!'

Daarbij klopte de commissaris met gekromde vingers op de theeketel.

'Komt u dus maar mee, burgers. We hebben het een en ander te bespreken. Laat u uw spulletjes maar zolang hier. Sidorov, Jersjikov,' zei hij tegen de twee gewapende soldaten die bij de deur stonden, 'breng ze maar naar m'n controle. En die daar,' hij wees naar mij, 'laat die voorlopig maar met rust. En kijk uit dat ze onderweg niets uit hun zak gooien. Begrepen?'

'Begrepen,' antwoordden de soldaten bereidwillig. 'Het is niet de eerste keer, kameraad commissaris.'

De journalisten werden weggeleid. De commissaris volgde hen. Ik bleef alleen in de wagon achter. Niet lang daarna keerden de twee soldaten terug en namen zwijgend de bagage van de journalisten mee.

Ik wachtte. Er ging een uur voorbij. Uit de niet ver verwijderde wagon voor politieke propaganda dook een slaperige man op met ontbloot bovenlijf. Hij had een enorme warrelige haardos en een vlokkerige baard. Hij sleepte een plaat triplex, kwasten en verfpotten uit de wagon, zette de triplexplaat er tegen, spuwde in zijn handen, pakte een kwast en schilderde in één haal met zwarte verf het silhouet van een dikke man met een hoge hoed op het hout. Uit de door een bajonet opengereten buik van de dikke stroomde geld.

Vervolgens krabde de harige man achter zijn oor en schreef met rode verf op een zijkant van het bord:

Nooit zou de bourgeois van zijn goudens pens hebben gedacht
Dat deze nog eens zo zou worden verkracht.

De matrozen in de wagon naast mij begonnen te bulderen van het lachen. De baardman lette er in het geheel niet op, ging op de treeplank van de wagon zitten en begon een dikke sigaret te rollen van grove zwarte tabak.

Op dat moment kwam een van de bewakers terug en verzocht mij mee te gaan naar de commissaris. Alles was afgelopen. Ik pakte mijn koffer op en we gingen op weg.

De commissaris had zich geïnstalleerd in een goederenwagon die op een met paardenbloemen overwoekerd zijspoor stond. Uit de deuropening stak een zorgvuldig gepoetste mitrailleur.

De commissaris zat achter een tafel van kale planken te roken. Hij keek mij lange tijd nadenkend aan.

'Vertelt u maar op,' zei hij ten slotte 'waar gaat de reis naar toe en wat is de aanleiding ervan. Tussen twee haakjes, laat u ook uw papieren eens zien.'

Ik begreep dat ik open kaart moest spelen. Ik vertelde hem hoe vreselijk alles had tegengezeten bij mijn poging toestemming te krijgen voor een uitreispapier.

'En wat mijn papieren aangaat, deze brief hier is het belangrijkste stuk dat ik u voor kan leggen,' zei ik en ik legde de brief van mijn zusje Galja voor hem op tafel neer. 'Dat is alles wat ik heb.'

De commissaris fronste zijn voorhoofd en begon langzaam de brief te lezen. Onder het lezen wierp hij een paar maal een blik op mij. Daarop vouwde hij de brief op, stopte hem in de enveloppe en gaf hem terug.

'Het is een document dat gewicht in de schaal legt,' zei hij 'hebt u ook een of ander identiteitsbewijs?'

Ik gaf hem mijn identiteitskaart.

'Gaat u zitten,' zei hij. Hij pakte een gestempeld formulier en begon dit nauwkeurig in te vullen waarbij hij zo nu en dan even op mijn identiteitskaart keek.

'Kijkt u eens aan,' zei hij ten slotte en overhandigde mij het formulier. 'Hier is uw uitreispapier!'

'Dank u wel,' zei ik verward en mijn stem weigerde verder dienst. De commissaris stond op en klopte mij op de schouder.

'Toe, vooruit,' zei hij verlegen, 'het is niet goed zich op te winden. Doet uw moeder de groeten van mij. Zegt u maar van commissaris Anochin Pavel Zacharovitsj. Het moet wel een prachtmens zijn. Moet je nagaan wat het oudje had bedacht: te voet naar Moskou gaan.'

Hij reikte mij de hand. Ik drukte deze stevig, niet in staat een woord uit te brengen. Hij zelf rommelde wat aan zijn leren gordel met de mauser eraan en zei:

'Dat ventje van niks met z'n briljanten in z'n theeketel zullen we moeten opruimen. De anderen hebben we laten gaan. Ik heb bevel gegeven u naar een andere wagon over te brengen. Bij die lui kunt u niet blijven. Nou, het beste er mee en vergeet u vooral niet de groeten aan uw moeder te doen.'

Als verdoofd ging ik weg. Ik had geweldig veel moeite mijn tranen in te houden. De soldaat die met mij meeging naar mijn nieuwe wagon, merkte het.

'Voor zo'n commissaris,' zei hij, 'zou men tweemaal zijn leven over hebben. Hij komt uit Sint-Petersburg, was er arbeider op de Oboechov-fabriek. Prent zijn naam in je geheugen – Anochin Pavel Zacharovitsj. Wie weet komen jullie elkaar nog eens tegen.'

Ik kwam in een veewagon terecht waarin slechts twee mensen zaten – een al niet meer zo jonge zanger en een magere praatzieke puber die Vadik heette, een slungelige goedige en overgevoelige jongen. Ze kwamen allebei uit Sint-Petersburg, de zanger ging naar zijn enige dochter, die dokter in Winnitsa was, Vadik was naar zijn moeder in Odessa op weg. Hij was de kerstvakantie bij zijn grootvader in Sint-Petersburg gaan doorbrengen en had daar anderhalf jaar niet meer weggekund. Hij vatte zijn hele avontuur bijzonder ernstig op. Zonder verdere voorvallen kwamen we in

Zernovo aan, het toenmalige grensstation tussen Rusland en de Oekraïne.

Een stukje voor Zernovo bleef de trein 's nachts staan in een stationnetje aan de rand van een bos. Naar het noorden strekten de bossen van Brjansk zich uit en de vertrouwde plekjes waar ik als kind zo dikwijls kwam, waren hier niet ver vandaan.

Ik kon niet slapen. De zanger en ik sprongen uit de wagon en liepen een eind de landweg af die langs het bos liep en zich in de vaagte van de nachtelijke velden verloor. Het graan ruiste en bliksemschichten flitsten er met bevend roze schijnsel boven en doofden weer weg.

Wij gingen aan de kant van de weg op de stam van een oude olm zitten die heel lang geleden door de storm geveld moest zijn. Dergelijke eenzame verweerde olmen die op weiden en velden liggen, gesneuveld in de storm doen mij altijd aan krachtige oude mannen denken in baai gekleed en met door de wind verwarde baarden.

Na enig stilzwijgen zei de zanger: 'Ieder gelooft op zijn eigen manier in Rusland en ieder heeft zijn eigen manier om dit te bewijzen.'

'En wat is de manier waarop u dat doet?'

'Ik ben zanger. Dus is het logisch hoe ik mijn geloof duidelijk maak.'

Hij zweeg even en begon dan zwaarmoedig en gedragen te zingen:

Ik ga eenzaam op weg in de stille nacht,
En zie het nevelomsluierd kiezelpad zacht blinken.
De woestijn ligt daar, voor god vol aandacht
Terwijl de sterren begrijpend naar elkaar pinken...

Ik had altijd al gevonden dat er in de Russische poëzie niets genialers is dan deze verzen van Lermontov. Ook al zegt de dichter vervolgens dat hij niets van het leven verwacht en het verleden niet betreurt, dan zegt hij dit toch in weerwil van zich zelf, juist omdat hij het verleden betreurt en ogenblikken verwacht die, hoe bedriegelijk dan ook, je hart doen beven en samenkrampen.

De wind streek over het korenveld dat in golvende beweging raakte en ritselend ruiste. Het weerlichten nam in hevigheid toe en de donder begon slaapdronken te rommelen.

We liepen terug naar het stationnetje. In het duister plukte ik een grasssprietje en pas 's morgens merkte ik dat het geurige klaver was, het schuchterste en lieflijkste bloempje van de Russische aarde.

X / NO MAN'S LAND

's Morgens reed de trein Zernovo binnen. De grenscontrole ging alle wagons langs en controleerde de uitreispapieren.

Onze wagon werd tesamen met enkele andere losgehaakt en een oude rangeerlocomotief sleepte ons naar de grens tot aan het zogenaamde no man's land. De deuren van de wagons werden gesloten en gewapende soldaten van het rode leger werden erbij opgesteld.

Eindelijk bleef de trein staan. We stapten uit. De wagons stonden midden in een dorre akker naast een baanwachtershuisje. Het stoof er vreselijk. Een paar boerenkarren waren aan de neergelaten slagboom vastgebonden. De voerlui, oude mannen met zwepen, schreeuwden: 'Wie wil er naar de andere kant, naar de Oekraïne? Komt u maar alstublieft!'

'Is het ver?' vroeg ik aan een oude man met een dun baardje.

'Ver? Ga nou gauw! Drie werst, drie werst en dan krijg je de Duitsers al. Laten we maar vertrekken.'

Wij pakten onze spullen op de kar en gingen op weg. We liepen ernaast. De overige karren kwamen er in een lange sliert achter aan. Helemaal achteraan kreeg ik mijn reisgenoten uit de wagon Riga-Orjol in de gaten. Ook zij liepen achter een kar en voerden opgewonden en blijde gesprekken. Dodja was er niet bij. De man met de grijze slobkousen viel wel bijzonder uit de toon hier, op deze weg temidden van de velden waar de wind het stof deed opwarrelen en het gebladerte van de hazelaren ruiste in de ravijnen.

Na ongeveer een kilometer bleef de man met de slobkousen staan, wendde zich naar het noorden, naar Rusland, schudde dreigend de vuist en slaakte een ruwe vloek. De voerman keek hem geschrokken aan, knikte treurig met zijn hoofd.

Ik heb, geloof ik, al eens gezegd dat mijn moeder in de wet der vergelding geloofde. Geen enkele laaghartige onmenselijke of laffe daad zei zij, blijft ongewraakt. Vroeg of laat komt de vergelding. Ik had altijd moeten lachen om dit moederlijk bijgeloof maar die dag begon ik er bijna aan te geloven. De weg voerde door een klein met hazelaren begroeid ravijn. Onze voerman werd nerveus en begon zijn paardje aan te drijven.

Juist toen we langs de bodem van het ravijn aan de andere helling waren gekomen en de klim begonnen waren, kwam een man met een pelsmuts op en een violette stoffige rijbroek aan het struikgewas uit. Hij hield een mauser in zijn hand. Twee linnen patroongordels liepen gekruist over zijn borst.

Dadelijk na hem doken een paar in soldatenjassen, matrozenkielen en geborduurde Oekraïnse hemden geklede knullen uit de struiken op. Zij hadden allemaal korte buksen en sabels en sommige hadden handgranaten, zogenaamde 'citroenen' aan hun gordel hangen.

De man met de rijbroek hief zijn mauser omhoog en loste een schot in de lucht. De karren kwamen meteen tot stilstand.

'Wie heeft u doorgelaten?' riep hij met schetterende stem.

'De grensafdeling,' antwoordde de man met de slobkousen verward, want de man met de rijbroek was precies op hoogte van de wagen van de journalist de weg opgelopen.

'Om hun eigen zak te spekken hebben ze u doorgelaten,' schreeuwde de man. 'Hebben ze uw spullen nagekeken?'

'Ja.'

'Dat hebben ze gedaan om hun eigen zak te spekken. Hebben ze uw papieren gekontroleerd?'

'Ja.'

'Om hun eigen zak te spekken! Vooruit jongens, aan de gang! En vlug een beetje!'

Zijn handlangers begonnen de koffers van de karren te smijten. De journalist begon te schreeuwen maar de man met de violette rijbroek gaf hem met het handvat van zijn mauser een slag voor zijn kaken en zei: 'Heb je hem verdiend? Hou dan verder je waffel, bourgeoisgebroed, anders zal ik je 's echt een stuk lood door je hersens jagen.'

Terwijl hij een bebloede zakdoek tegen zijn mond drukte, tastte de journalist in het stof rond naar zijn knijpbrilletje dat van zijn neus geslagen was.

De kerels begonnen met hun sabels op de leren koffers in te hakken, die zij met vaardige hand op vakkundige wijze met kruisgewijze houwen openspleten. Klaarblijkelijk hadden ze geen tijd om de koffers open te maken of de sloten open te breken. Zij zetten er spoed achter en wierpen voortdurend blikken naar de sowjetgrens. Onze voerman zette zijn paard voorzichtig aan, liet het ongemerkt een paar passen doen en hield het weer in. Achter ons scheurden de bandieten alle spullen uit de koffers, hielden hemden en lakens tegen het licht en smeten alles wat niet van hun gading was in het stof.

'Ze zijn bezig met zoeken,' zei de voerman zachtjes tegen ons. 'Gaat u vast vooruit, maar stilletjes aan, tot die struik daar. Daarna komt een bocht en dan zullen we wel uit hun gezichtsveld verdwenen zijn. Ik kom er stapje voor stapje achteraan, misschien letten ze niet op ons.

Wij liepen tot voorbij het bosje. De voerman die zijn paard beurtelings aanzette en inhield, kwam korte tijd later ook de bocht om en legde dadelijk de zweep over zijn paard. Wij klauterden langs een steil pad omhoog en eenmaal boven gekomen ging het paard er in galop vandoor. We holden er een minuut of tien achteraan. Dan hield de voerman halt.

Terwijl we een sigaret rookten, vertelde de voerman dat een bende met een zekere Kozjoeba aan het hoofd door het neutrale grensgebied zwierf en alle reizigers plunderde. Zij hadden het hoofdzakelijk op geld en kostbaarheden gemunt. Ze gingen zo vreselijk snel te werk omdat de sowjet-grenswachten, ook al mochten zij eigenlijk het neutrale gebied niet betreden, er toch van tijd tot tijd een razzia hielden en de bandieten die in hun handen vielen onbarmhartig neerschoten.

Wij zwegen bedrukt. Om de een of andere reden stemde het

feit dat wij de bandieten ontlopen waren ons helemaal niet verheugd.

De weg liep door een groot kaal stuk bos met links en rechts stronken van omgehakte bomen. De zon ging onder. Een rozig licht viel op de toppen van de paar sparren die waren blijven staan.

Ik liep in gedachten verzonken. Plotseling, bij het horen van een metalen stem die ons een kort gesnauwd 'Halt' toeriep, voer er een schok door mij heen. Ik keek op.

Midden op de weg stonden twee Duitse soldaten in donkere uniformjassen en met stalen helmen op. Een van hen had ons magere paard bij de teugels gegrepen.

De Duitsers vroegen nu onze doorlaatpas. Die had ik niet.

De ene, een gedrongen man kon het ongetwijfeld van mijn gezicht aflezen, want hij liep op mij af, wees de kant van Rusland uit en schreeuwde: 'Zurück!' 'Geeft u hem vijf karbovanten[1] in tsaristisch geld,' zei de voerman. 'Dan kunnen we doorrijden tot de boerderij van Michailovski. Dat die hond ons toch vooral geen kogel door onze kop jaagt.'

Ik stak de Duitser een biljet van tien roebel toe. Deze begon geërgerd 'Nein, Nein,' te roepen en zijn hoofd te schudden.

'Waarom geeft u hem een biljet van tien,' voer mijn begeleider uit. 'Ik heb u toch gezegd een biljet van vijf te geven. Zij nemen alleen die aan omdat de biljetten van vijf uit de tsarentijd ook bij hen in Duitsland worden gedrukt.'

Ik gaf de Duitser een vijfroebelbiljet. Hij bracht een vinger aan zijn helm en maakte een gebaar met zijn arm. 'Fahr.'

Wij gingen verder. Ik keek nog even om. De Duitsers stonden met gespreide benen in zware laarzen midden op de zanderige weg, en staken lachend een sigaret op. De zon schitterde op hun helmen.

Ik kreeg een pijnlijk brok in mijn keel. Ik had een gevoel alsof Rusland niet meer bestond en ook nooit meer zou bestaan, dat alles verloren was en dat het leven verder geen zin meer had. Alsof hij mijn gedachten had geraden zei de zanger:

'Genadige God, wat is er toch met Rusland gebeurd! Het lijkt wel een kwade droom.'

1. 'Karbovanets' – Roebel in de Oekraïne. (Noot v. d. vert.)

Vadik bleef ook staan, keek naar de Duitsers, hij liet zijn mondhoeken hangen, zijn lippen begonnen te beven en hij barstte in luide kinderlijke snikken uit.

'Stil maar, joch,' mompelde de voerman. 'Het mag misschien nog een poosje duren maar dat neemt niet weg dat zij voor onze tranen zullen boeten.'

Hij rukte aan de teugels en de kar knerpte weer door het diepe rossige zand waarin de met ijzer beslagen Duitse laarzen sporen hadden achtergelaten.

In het noorden, daar waar Rusland lag werd boven de stukken omgehakt bos de zachtroze avondnevel al dichter. In de wegberm bloeiden paarse plekjes weideklaver. Toen ik dat zag werd ik om de een of andere reden rustiger van binnen. 'We zullen nog wel eens zien wie er wint,' dacht ik. 'Dat zullen we nog wel eens zien!'

XI / ONZE HAVELOZE HETMAN

Tot laat in de herfst bleef ik in Kopan, vervolgens reisde ik naar Kijev om daar een onderkomen en werk te vinden en later mijn moeder en zusje er heen te laten komen.

Ik slaagde er niet meteen in werk te vinden. Na lang zoeken vond ik een baantje als corrector bij de enige min of meer fatsoenlijke krant van de stad de 'Kijevskaja mysl' die glorierijker dagen had gekend. Korolenko, Loenatsjarski en vele andere vooruitstrevende figuren waren eraan verbonden geweest. Ook onder de Duitsers en hun Hetman trachtte de 'Kijevskaja mysl' onafhankelijk te zijn maar dit lukte niet altijd. Het regende boetes en er was verscheidene malen met sluiting gedreigd.

Ik huurde twee benauwde kamers in een klein huis in de buurt van de Vladimir-kathedraal bij Amalia Knoster, een buitengewoon gevoelige oude Duitse juffer. Maar ik kreeg de kans niet mijn moeder en Galja naar Kijev te laten overkomen want de stad werd onverwacht omsingeld door de troepen van Petljoera[1] die een regelrechte belegering begonnen.

De ramen van mijn kamer keken uit op de Botanische Tuin. 's Morgens werd ik gewekt door het onophoudelijk vuren van de kanonnen die in een cirkel rond Kijev stonden opgesteld. Ik stond op, porde het kacheltje op, keek naar de Botanische Tuin waar de rijp bij ieder kanonschot van de takken afritselde, ik kroop daarna

1. Petljoera – Hoofd van de Nationaal-Oekraïnse partij. Hij vocht tegen de bolsjewieken en werd in 1919 president van de Oekraïne. Staat vooral bekend om de pogroms en de plunderingen door zijn manschappen uitgevoerd. Hij werd in 1926 in Parijs vermoord. (Noot v. d. vert.)

weer in bed en ging liggen lezen of nadenken. De berijpte wintermorgen, de knetterende houtblokken in het kacheltje en het gedreun van de artillerie, dat alles bewerkstelligde een eigenaardige gemoedsrust die wel wat vreemd en bijzonder bedriegelijk aandeed.

Mijn hoofd was fris, ik had mij met ijskoud kraanwater gewassen. De uit de kamer van juffrouw Knoster opstijgende geur van koffie wekte om de een of andere rede een gedachte bij mij op aan kerstavond.

Ik schreef veel in die tijd. Hoe eigenaardig dat ook mag lijken, was de belegering mij hierbij van nut. De stad lag in een ring gevangen en zo was het ook met mijn gedachten.

Het besef dat Kijev van de buitenwereld was afgesneden, dat men geen kant uitkon, dat de belegering hoogstwaarschijnlijk lang zou duren en dat men niet veel meer kon doen dan maar rustig af te wachten, gaf aan het leven iets luchtigs en zorgeloos.

Zelfs juffrouw Amalia Knoster raakte gewend aan de kanonschoten als aan iets dat tot de dagelijkse gang van zaken behoorde. Wanneer het vuren toevallig eens wegstierf werd zij nerveus. De stilte voorspelde onverhoedse gebeurtenissen en was daarom gevaarlijk.

Maar al gauw lag er weer een ring van lichtrommelende schoten om de stad en iedereen kwam tot rust. Men kon weer lezen, werken, nadenken; opnieuw volgden het wakker worden, het werk, de honger of liever gezegd onvoldoende eten en de verkwikkende slaap elkaar met onverbiddelijke regelmaat op.

Ik was Amalia's enige huurder. Zij verhuurde slechts aan alleenstaande mannen maar dat zonder een enkele bijgedachte, doodgewoon omdat zij geen vrouwen kon uitstaan. Met de vaste regelmaat van een klok raakte zij stilletjes verliefd op al haar huurders, maar behalve aan wat kleine attenties of een plotseling hevig blozen, viel dit niet te merken. Deze blos kwam op haar langgerekte gele gezicht bij ieder woord dat uitgelegd kon worden op het gevaarlijke gebied van liefde of huwelijk.

Ze sprak geestdriftig over al haar vorige huurders en het berouwde haar oprecht dat deze allemaal als bij afspraak met kwaadaardige en gierige vrouwen waren getrouwd en daarop haar woning hadden verlaten.

Amalia was vroeger gouvernante geweest bij rijke familie's in Kijev, ze had wat geld opzij gelegd en daarna deze woning gehuurd. Ze leefde van het verhuren van kamers en het naaien van ondergoed.

Ondanks haar vroegere beroep van gouvernante was Amalia geen preutse juffer maar gewoon een goedige en saaie eenzame vrouw.

Wat mij bij Amalia bijzonder verwonderde, was het feit dat zij als Duitse buitengewoon vijandig stond tegenover de Duitsers die Kijev bezet hielden en hen beschouwde als lomperiken.

Mij behandelde ze met een wat schuchtere sympathie, ongetwijfeld omdat ik mijn nachten met lezen en schrijven doorbracht. Zij zag mij reeds aan voor een schrijver en raakte zo nu en dan zelfs met mij in een gesprek over literatuur en over haar lievelingsschrijver Spielhagen verzeild. Zij deed zelf mijn kamer. Vaak vond ik dan in mijn boeken gedroogde bloemen of een ansichtkaart met de afbeelding van een weelderige dahlia erop. Maar de attenties van Amalia waren nooit opdringerig en onze goede verstandhouding werd geen enkele keer verstoord.

Op grote feestdagen kreeg zij haar vriendinnen op bezoek, bejaarde Duitse en Zwitserse kinderjuffrouwen in pelerines met satijnen linten, reticules en rijglaarsjes.

Amalia haalde dan stapeltjes servetten met geborduurde katjes, mopshondjes, viooltjes en vergeet-mij-nietjes te voorschijn, spreidde heel deze rijkdom op tafel uit en schonk haar befaamde Bazelse koffie. Bazel was haar geboorteplaats.

De gouvernantes aten en dronken buitengewoon voornaam en voerden een gesprek dat uitsluitend uit verraste en ontzette kreetjes bestond. Tot dit selecte gezelschap had slechts een man toegang: de huisbaas en tegelijkertijd boekhouder bij de Zuidwest-spoorbaan, een man met de pompeuze naam van Heer van Sebastian Ktoerenda-Tsikavski.

Het was een mannetje dat bij iedere gelegenheid opstoof; hij had een arrogante blik in zijn kleine stekende oogjes, een zwart geverfd snorretje als van een souteneur en kortgeknipt broshaar. Hij ging gekleed in een krapzittend blauw colbert met tabakskleurige strepen en in het borstzakje zat een lilakleurig zijden stukje goed vastgenaaid dat op een lokkertje moest lijken. Daarbij droeg hij ook nog een roze boord van celluloïd en een vlinderdasje. Deze boord die in die tijd 'vrijgezellengeluk' heette, was altijd wat groezelig. Hij was niet wasbaar. Met behulp van een gewoon schoolgummetje kon je hem schoonmaken.

De Heer van Ktoerenda wasemde een geur uit van snorpommade, nicotine en sterke drank, een troebel brouwsel dat hij in zijn duistere kamer zelf uit gierst distilleerde.

Hij was vrijgezel en woonde bij zijn moeder, een bedeesde oude vrouw. Zij was bang voor haar zoon, vooral voor zijn geleerdheid waarmee hij de bewoners van ons huis graag verblufte en die hij met wat hoogdravende stem ten toon stelde.

'Ik mag u wel zeggen,' zei hij geheimzinnig, 'dat in Weiningers boek "Geslacht en Karakter", het seksuele vraagstuk in zijn beste aspect is gefixeerd.'

Bij Amalia roerde hij geen seksuele onderwerpen aan maar bracht de gouvernantes in opperste vervoering met zijn uiteenzettingen over de goddelijke oorsprong van de macht van 'zijne doorluchtigheid de Hetman Skoropadski.'

Ik was in mijn leven al veel stommelingen tegengekomen maar zo'n onverbeterlijke idioot had ik nog nooit gezien.

Het leven in Kijev in die dagen deed denken aan 'Het Festijn tijdens de Pest'.[1] Een heleboel café's en restaurants waren weer geopend, alleen was de hoeveelheid lekkernijen en dranken die zij aanboden nog niet eens voldoende voor dertig gasten. Maar van buiten wekte alles de indruk van een wat verlopen rijkdom. De bevolking van de stad was bijna verdubbeld door het aantal bewoners van Moskou en Sint-Petersburg dat hierheen gekomen was. In de theaters werden Artsybasjevs 'Jaloezie' en Weense operettes opgevoerd. Door de straten reden Duitse patrouilles met lansen waaraan zwart-rode zwaantjes prijkten.

1. '*Pir wo wremja tsjoemy*' – dramatisch fragment van Poesjkin op Wilsons tragedie *The city of the pleague* geïnspireerd. (Noot v. d. vert.)

De kranten brachten slechts spaarzaam nieuws over de gebeurtenissen in Sowjetrusland. Het was een onderwerp dat iemand niet op zijn gemak stelde en men liet het maar liever rusten. Iedereen kon beter doen, alsof er geen wolkje aan de lucht was.

Op de rolschaatsbaan reden Kijevse schonen met smachtende ogen in gezelschap van officieren van de Hetman. Speelholen en bordelen schoten uit de grond. Op de Bessarabka werd openlijk cocaïne verhandeld en tienjarige prostituées klampten de voorbijgangers aan. Niemand wist wat er aan de hand was op de fabrieken en in de arbeidersnederzettingen. De Duitsers voelden zich onzeker, vooral na de moord op generaal Eichhorn.

Kijev scheen deze blokkade onbezorgd te willen doorstaan. De Oekraïne die door de omsingeling van de Petljoera-troepen afgesneden was van de stad, bestond niet langer.

'S Avonds ging ik wel eens naar een sociëteit voor schrijvers en kunstenaars aan de Nikoljewskaja-straat. Dichters, zangers en dansers die uit het noorden waren gevlucht, traden daar op de estrada van het restaurant op. Dronkemanskreten onderbraken vaak de slepend gescandeerde verzen. In het restaurant was het altijd benauwd en daarom werden de vensters, ondanks de winter, er soms half opengezet. Dan drongen sneeuwvlokken die dadelijk smolten, tegelijk met de ijskoude lucht de verlichte zaal binnen en de nachtelijke kanonnade werd scherper hoorbaar.

Op een keer gaf Vertinski er een recital. Ik had hem nog nooit op het podium horen zingen. Ik had hem nog gekend als gymnasiast, toen hij als jonge dichter al gekunstelde verzen schreef.

Op die avond waaiden bijzonder dikke sneeuwvlokken door de ramen naar binnen en ze zweefden buitelend naar beneden tot bij de piano waarin de kroonluchter zich veelkleurig weerspiegelde. Het artillerievuur was aanzienlijk dichterbij gekomen. De glazen op de tafeltjes stonden ervan te rinkelen. Het verontruste klaaglijke geluid dat zij maakten had de mensen moeten waarschuwen voor naderend gevaar. Maar rond de tafeltjes werd gerookt, gediscussieerd, geklonken en gelachen. Een jonge vrouw in een avondjurk en met smalle ogen als die van een Egyptische had een bijzonder aanstekelijke lach. Zij huiverde iedere keer en keek om wanneer een sneeuwvlok op haar blote rug belandde en daar begon te smelten.

Vertinski kwam in zwart rokkostuum het podium op. Hij was groot, mager en ongewoon bleek. Alle lawaai viel weg. De kellners liepen niet langer af en aan met bladen koffie, wijn en hartige hapjes maar stelden zich in het gelid achterin de zaal op.

Vertinski vlocht zijn fijne vingers ineen, strekte hen met een lijdend gebaar voor zich uit en begon te zingen. Hij zong over de junkers die nog niet zo lang geleden in de buurt van Kijev, in het dorp Worsjtsjagovka gedood waren, over jonge mensen die men tegen een gevaarlijke bende had laten vechten en zo een zekere dood tegemoet waren gegaan.

Ik weet niet waarom en voor wie dat moest.
Wie heeft hen genadeloos de dood ingezonden?

Het vervolg ging over de begrafenis van de junkers. Vertinski eindigde met de woorden:

De omstanders in pelsjassen gehuld, staan zwijgend en loom,
Een vrouw nadert een baar, als achtervolgd in een droom,
Zij kust de lippen van de dode, blauw en versteend,
Werpt haar trouwring naar de priester en weent, weent...

Hetgeen hier gezongen werd had zich bij een begrafenis van de junkers echt afgespeeld.

Het applaus barstte los. Vertinski boog. Een dronken officier die aan een tafeltje achteraan zat, riep stompzinnig:

'Zingen "God bescherme de tsaar"!'

Er ontstond een geweldig kabaal. Een magere oude man met een bevend puntbaardje en knijpbrilletje en een van ouderdom glimmend colbert stortte zich op de officier. De man die er uitzag als een onderwijzer, begon met zijn kleine magere vuisten op het marmeren blad van het tafeltje waaraan de officier zat, te timmeren en schreeuwde terwijl het speeksel rondspetterde:

'Vuile gardeofficier! Hoe haalt u het in uw hoofd de mensen

van het vrije Rusland te beledigen! Uw plaats is aan het front tegen de bolsjewieken en niet hier! Kroegloper!'

Iedereen sprong overeind. De magere oude man stond te popelen van verlangen om zich op de officier te werpen maar hij werd bij zijn arm gegrepen en weggesleurd. De officier stond met bloeddoorlopen gezicht langzaam op, trapte een stoel omver en greep een fles bij de hals beet.

De kellners stormden op hem af. De vrouw in de avondjurk slaakte een kreet en verborg haar gezicht in haar handen.

Vertinski sloeg een prachtig akkoord aan en hief zijn hand omhoog. Dadelijk verstomde al het lawaai.

'Mijne heren,' zei Vertinski luid en uit de hoogte, 'dit is gewoon laag bij de gronds!'

Hij keerde zich om en liep langzaam het toneel af. Men gaf de man met het knijpbrilletje wat water te drinken. De officier ging weer aan zijn tafeltje zitten alsof er niets gebeurd was en zei in het wilde weg:

'Joden heb ik kapotgeschoten en dat zal ik blijven doen totdat ik in mijn kist lig. Ik zal je op je lazer slaan met je vuile gardeofficier, Mozeszoon uit Gomol-Gomol.'

Het tumult begon weer van voren af aan. Een patrouille Serdjoeken, de garde infanterie van de Hetman, met geelblauwe banden om hun mouwen kwam de zaal binnen.

Ik ging naar buiten. Onder het lopen kafferde ik mij zelf uit. Al dat tuig met epauletten van de garde, roze celluloïd boorden of zware Duitse helmen dat in mijn land welig rondtierde. En ik? Trachtte ook ik niet mijn geweten schoon te praten? Ik schreef veel en leidde daarom een dubbel leven. Mijn fantasiewereld zweepte mij op en ik kon er geen weerstand aan bieden.

Wat ik in die tijd schreef, kan het best bestempeld worden als schilderachtige en volkomen overbodige essays. Er zat nog niet voldoende verband in maar zij waren vlot geschreven en getuigden van een speelse geest.

Zo kon ik bij voorbeeld urenlang de glans in al zijn verschijningsvormen beschrijven, onverschillig of dit nu om een scherf van een fles, een koperen railing langs een scheepstrap, brilleglazen, dauw, het parelmoer van een schelp of de menselijke pupil ging. Het smolt in mijn fantasie tot beelden samen die mij verbijsterden.

Maar voor een echt uitbeeldingsvermogen is scherpte en duidelijkheid een eerste vereiste, waaraan ik maar zelden voldeed. Meestal misten mijn beelden contouren. Ik bekommerde mij er toen nog weinig om de realiteit in mijn pennevruchten duidelijk te doen uitkomen en ik vergat hoe ruw het leven kan zijn.

Ten lange leste ging ik voor deze beschrijvingen volgens een vast vooropgesteld plan te werk. Maar ik kwam er al gauw achter dat het een saaie bezigheid was deze zoete koek te lezen. De angst greep mij om het hart. De krachtige en straffe stijl waar het proza niet buiten kan was veranderd in een sorbet, kleffe snoepjes, suikergoed. Deze woordencocktail was bijzonder kleverig en lag zwaar op de maag.

Ik trachtte verbitterd en niet altijd met evenveel succes deze nevelige en bloemrijke stijl te laten varen. Gelukkig ging deze periode snel over en bijna alles wat ik in die tijd op papier heb gezet, heb ik vernietigd. Maar desalniettemin betrap ik mij er zelfs nu soms nog op dat ik een voorliefde heb voor deftige woorden.

Trouwens, weldra kwam er op volkomen onverwachte wijze een spoedig einde aan mijn schrijverij en daarmede aan mijn gepieker.

Toen Petljoera de wurgende greep waarin hij Kijev gevangen hield, steeds aansnoerde, beval Hetman Skoropadski over te gaan tot mobilisatie en keuring van alle mannen tussen achttien en vijfendertig jaar zonder uitzondering. De huisbaas liep persoonlijk gevaar het leven erbij in te schieten als een bewoner die opgeroepen was niet verscheen. In de oproep stond zonder meer dat 'in geval van onderduiken' van mannen van deze leeftijd, de verantwoordelijke persoon voor het huis in kwestie zonder pardon zou worden neergeschoten.

Deze mededeling hing overal in de stad aangeplakt. Ik las hem onverschillig door omdat ik mij zelf beschouwde als een burger van de Russische Federatieve Republiek en zodoende noch verplicht, noch van plan was mij te onderwerpen aan de bevelen van de Hetman.

Op een late winteravond keerde ik uit de drukkerij naar huis terug. Er stond een koude ijzige wind. De populieren op de Bibikovski-boulevard ruisten zwaarmoedig.

In het voortuintje bij ons huis stond een vrouw in een warme omslagdoek gewikkeld. Ze liep snel op mij af en greep mijn arm beet. Ik deinsde achteruit.

'Stil!' zei de vrouw en ik herkende Amalia's stem die van opwinding stokte. 'Laten we hier vandaan gaan.'

We liepen de kant van de Vladimir-kathedraal op, waarvan de zware muren werden gestut door logge steunberen.

Wij bleven achter een daarvan staan in de luwte, en haastig fluisterend, ook al was er geen sterveling in de omtrek te bekennen, zei Amalia:

'God zij dank, dat u de hele dag niet thuis bent gekomen. Hij zit sinds vanmorgen tien uur in de voorkamer en verroert geen vin. Het is ontzettend!'

'Wie?'

'Pavel Ktoerenda. Hij loert op u.'

'Waarom.'

'Ach, lievehemel!' riep Amalia uit en hief smekend haar handen die in een kleine mof zaten naar haar borst. 'Vlucht u! Ik smeek het u. Keert u niet naar huis terug. Ik zal u het adres van een vriendin van mij geven, een lief oud mensje zoals je er op aarde niet veel meer zult tegenkomen. Ik heb al een brief voor haar klaar. Gaat u naar haar toe. Het is een heel stuk hier vandaan, in de Gloewotsjitsa-straat maar daar bent u veiliger. Ze woont alleen in haar kleine huisje en ze zal u verbergen. Ik zal u dan iedere dag wat eten komen brengen tot het gevaar geweken is.'

'Maar wat is er dan gebeurd?' vroeg ik, 'ik begrijp er niets van.'

'Hebt u dan het bevel van de Hetman niet gelezen?'

'Jawel.'

'Ktoerenda is u komen halen, om u aan het leger uit te leveren.'

Nu pas begreep ik alles.

'Hij huilt,' zei Amalia met onbewogen stem. 'Hij is helemaal nat van de tranen en zegt dat, wanneer u vlucht hij morgenochtend om tien uur als de eerste de beste bandiet wordt gefusilleerd.'

Zij pakte de brief uit haar mof en stopte hem in de zak van mijn overjas.

'Gaat u daar maar heen.'

'Dank u, Amalia Karnovna! Er dreigt mij geen enkel gevaar. Ik ben onderdaan van de Russische Federatie. De bevelen van de Hetman kunnen mij geen sodemieter schelen.'

'Goeie God wat een geluk!' zei Amalia luid; de grove uitdrukking die ik had gebruikt was haar ontgaan of had ze mij niet kwalijk genomen. Ze klemde haar mof tegen haar rok en begon luid te lachen. 'Dat wist ik toch niet. Dat betekent dus dat men ook hem nu geen kwaad doet.'

'Wel nee. Morgen ga ik met Ktoerenda naar het aanmeldingsbureau en ze zullen mij dadelijk weer laten gaan.'

'Nou, nou dat is dan prachtig,' stemde Amalia met gerust hart met me in. 'Laten we naar huis gaan. Ik zal eerst naar binnen gaan, komt u dan een minuut of twee drie later, opdat hij niets vermoedt. O, wat ben ik moe!'

Voor de eerste maal nam ik haar bij de arm om haar steun te geven. Ik voelde haar beven.

Ik bleef een paar minuten op de overloop staan wachten alvorens naar binnen te gaan. Op een stoel in de voorkamer zat Ktoerenda. Hij stormde op mij af, klemde zijn vingers die op kippepootjes leken om mijn armen, en mompelde met trillende stem:

'In naam van Jezus Christus, jaagt u mij niet de dood in. Ik zit de hele dag al op u te wachten. Hebt erbarmen, zo niet met mij dan met mijn arme moedertje.'

Ik beloofde hem dat ik morgen met hem naar het meldingsbureau zou gaan waarbij ik hem verzekerde dat men mij als Russisch onderdaan natuurlijk weer zou laten gaan.

De Heer van Ktoerenda snikte onderdrukt, boog zich met een snelle beweging en trachtte mij de hand te kussen. Ik trok deze snel los. Amalia stond op de drempel met half toegeknepen ogen naar Ktoerenda te kijken. In haar ogen lag een uitdrukking die ik nog nooit eerder had opgemerkt. En plotseling drong het tot mij door dat dit zielige mannetje er waarschijnlijk inderdaad zijn huid bij ingeschoten zou hebben als ik de raad van Amalia had opgevolgd.

Ik was stomverbaasd over de onbewogen hardvochtigheid van deze anders zo buitengewoon gevoelige vrouw.

Ktoerenda ging weg, mij bedelvend onder allerlei zegenwensen. Daarbij zei hij er levendig van overtuigd te zijn dat men mij natuurlijk zou laten gaan, omdat 'Zijne Doorluchtigheid de Hetman' er geen enkel belang bij had mannen uit het rode Moskou in zijn leger op te nemen.

Toen ik, na mij onder de kraan in de keuken te hebben gewassen, de gang doorliep naar mijn kamer, hield Amalia mij aan.

'Mondje dicht!' zei ze geheimzinnig, pakte mij bij de hand en bracht mij op haar tenen door de kleine woonkamer naar de donkere voorkamer. Daar wees zij op de deur en gaf mij met een licht drukje aan mijn schouder te verstaan dat ik door het sleutelgat moest kijken.

Dat deed ik. Op de overloop zat de heer van Ktoerenda met een hand voor zijn mond op een lege eierenkist te gapen. Hij had mij natuurlijk niet vertrouwd en had besloten tot 's morgens de wacht te betrekken.

'Het beest!' zei Amalia zacht toen we weer in de woonkamer waren. 'En zo eentje ontving ik nog op bezoek. Ik ben hem nu zo gaan haten dat ik als van ijs ben. Uw ontbijt heb ik in de keukenkast gezet.'

's Morgens klokslag acht belde Ktoerenda aan de deur. Ik deed hem open. Zijn roodomrande ogen traanden. Zijn vlinderdasje liet zijn frommelige vleugeltjes hangen en zag er bijzonder zielig uit. We gingen naar het meldingsbureau aan de Galicië-markt, zogenaamd omdat hij last van duizelingen had hield Ktoerenda mij stevig bij de hand. Hij was er blijkbaar als de dood voor dat ik bij de eerste de beste gelegenheid een steegje in zou schieten.

De huisbazen liepen met dikke registers onder de armen met schuldige gedienstige gezichten tussen de gemobiliseerden heen en weer. Zij boden hun met klem sigaretten aan, ja drongen hun deze gewoon op, zeiden op alles ja en amen maar weken geen haarbreed van de zijde van hun schaapjes. Achterin een vertrek dat naar etensluchtjes stonk zat een officier die geelblauwe epauletten droeg aan een tafel. Onder de tafel wipte zijn voet op en neer.

Voor mij stond een ongeschoren ziekelijk uitziende jongeman met een bril op neerslachtig en zwijgend te wachten. Toen hij aan de beurt was antwoordde hij aan de officier die naar zijn beroep vroeg: 'Ik ben hydrograaf.'

'Graaf?' vroeg de officier nog eens voor alle zekerheid. Hij leunde achterover en keek de jongeman met onverholen genoegen aan. 'Een zeldzame vogel! Ik heb al mensen van adel gehad, baronnen zelfs maar graven nog niet.'

'Ik ben geen graaf, ik ben hydrograaf.'

'Mond houden!' zei de officier bedaard. 'Wij zijn allemaal graven. Dit soort graven en hydro-graven kennen we. Vanwege de domme praatjes die u staat te verkopen komt u bij de veldintendance, dan kunt u uw luie zweet kwijt.'

De jongen haalde alleen zijn schouders op.

'De volgende!'

Dat was ik.

Ik liet de officier mijn papieren zien en zei vastbesloten dat ik als burger van de Russische Sowjet Federatie niet in aanmerking kwam voor de opname in het leger van de Hetman.

'Wat een verrassing!' zei de officier en trok grijnslachend zijn wenkbrauwen op. 'Ik ben gewoon betoverd door uw woorden. Als ik geweten had dat u u zou verwaardigen te komen dan had ik de militaire fanfare laten komen.'

'Uw grapjes hebben niets met de zaak te maken.'

'En wat heeft dat dan wel?' vroeg de officier onheilspellend en stond op. 'Dit dan misschien?'

Hij balde zijn vuist en stak deze onder mijn neus.

'Schijt,' zei hij. 'Ik heb hartstikke schijt aan uw Sowjet-joodse-staatsaangehorigheid. Schijt en nog er 's schijt.'

'U hebt niet het recht zo te praten,' zei ik, trachtend mijn kalmte te bewaren.

'Iedereen hier komt met dat "daar hebt u het recht niet toe" aanzetten,' merkte de officier op en hij ging weer zitten. 'Daar heb ik genoeg van. Uit verering voor dat namaakstaatsburgerschap van u breng ik u bij de infanterie kozakken onder. In de Serdjoekengarde van de Hetman zelf. U mag god wel op uw blote knieën danken. Uw papieren blijven hier. De volgende!'

In de loop van mijn gesprek met de officier was de heer van Ktoerenda verdwenen. De gemobiliseerden, waaronder ik, werden onder escorte naar de kazernes aan de Demjevka-straat gebracht.

Deze hele komedie waaraan de bajonetten van de soldaten gewicht gaven deed aanvankelijk zo onwaarschijnlijk en absurd aan dat er pas in de kille kazerne een gevoel van bitterheid in mij opkwam. Ik ging op een stoffige vensterbank zitten roken en raakte in gedachten verzonken. Ik was bereid wat voor gevaar of last ook te aanvaarden maar niet deze grappenmakerij in het leger van de Hetman. Ik besloot de boel hier te gaan verkennen en zo spoedig mogelijk te vluchten.

Maar deze grappenmakerij kreeg een bloedig verloop. Dezelfde avond nog werden twee jongens uit de voorstad Predmostnaja door de schildwachten neergeschoten omdat zij de poort waren uitgelopen en niet meteen gehoor hadden gegeven aan het bevel te blijven staan.

Het artillerievuur nam van uur tot uur aan kracht toe en dat stelde al diegenen gerust die nog niet verleerd waren zich ergens over op te winden. Er hing verandering in de lucht. De leuze 'het kan verkeren, zelfs ten kwade' was in die dagen wel het populairste in Kijev.

Een groot gedeelte van de gemobiliseerden behoorde tot de 'gladjanussen', de naam die men in de stad gegeven had aan de straatschenders en dieven uit de beruchte voorsteden Solomenka en Sjoeljavka.

Het waren woestelingen, galgengebroed dat niets liever wilde dan in het leger van de Hetman dienen. Het was duidelijk dat de laatste dagen van dit leger geteld waren en de 'gladjanussen' wisten beter dan wie ook dat zij, in de paniekstemming die zou ontstaan, hun wapens achterover konden drukken, op hun gemak aan het plunderen konden gaan en er een mooi slagje uit slaan. Daarom stelden ze alles in het werk om voorlopig niet in de gaten te lopen bij hun superieuren en hingen ze zoveel mogelijk de ijverige soldaten van de Hetman uit.

Het regiment droeg de naam van 'Serdjoekenregiment van Zijne Genadige Doorluchtigheid de Hetman Pavlo Skoropadski.'

Ik kwam in een compagnie terecht die onder leiding stond van een gewezen Russische vliegenier die 'paardestaart'[1] genoemd werd. Hij kende geen woord Oekraïns op een paar bevelen na en ook daarbij aarzelde hij nog. Alvorens 'rechts uit de flank' of 'links uit de flank' te commanderen dacht hij er een paar seconden over na of hij wel het goede woord had, bang zich te vergissen en de zaak in de war te doen lopen. Hij stak zijn vijandigheid voor het leger van de Hetman niet onder stoelen of banken. Soms keek hij ons hoofdschuddend aan en zei:

'Kijk me dat leger van de Sjah van Lanzepoep eens aan. Gespuis, gauwdieven en schijtlaarzen!'

Een paar dagen lang liet hij ons wat exerceren en bracht ons bij hoe we met een geweer en handgranaten om moesten gaan. Vervolgens kregen we tabaksgroene jassen aan, kepies met het Oekrainse embleem erop, oude soldatenkistjes en puttees aan onze benen en met de belofte dat we meteen de volgende dag naar het Petljoera-front zouden worden gestuurd, leidde men ons naar de parade op de Kresjtsjatik-boulevard.

Samen met nog een paar kleine legeronderdelen defileerden we over de Kresjtsjatik aan het stadshuis voorbij waar ik als klein jochie eens in een schietpartij was verzeild geraakt. Nog altijd hield de vergulde aartsengel Michael, aanvoerder der hemelscharen, zich op één been in evenwicht op de spits die het koepelvormig gebouw sierde. Voor het stadshuis stond de Hetman met een straksluitende Tsjerkessen-jas aan en een kleine verfomfaaide pelsmuts op. Hij zat op de rug van een worstkleurige Engelse volbloed. In zijn slap neerhangende hand hield hij een rijzweep.

Achter hem zaten, in een monumentale starre pose Duitse generaals op zwarte als uit gietijzer gegoten paarden. Zij droegen helmen met vergulde uitsteeksels erop en hadden bijna allen een flonkerende monocle voor hun oog. Op de trottoirs schoolden hier en daar wat nieuwsgierige Kijevers samen.

1. Een aan een staak gebonden paardestaart gold als waardigheidsteken voor een Hetman. (Noot v. d. vert.)

De eenheden defileerden langs de Hetman en schreeuwden hem onordelijk 'Slava' toe. Ten teken van antwoord hief deze dan even zijn rijzweepje naar zijn muts en liet zijn paard licht stijgeren.

Ons regiment had besloten de Hetman versteld te doen staan. Zodra het op zijn hoogte was aangekomen, hief het hele regiment het volgende kranige lied aan:

Een mooie vent, een fijne vent
Een haveloze Hetman is ie
Een haveloze Hetman is ie
Onze Pavlo Skoropadski!

De 'gladjanussen' zongen uit volle borst mee en stootten daarbij met de moed der wanhoop bij het begin van elk couplet een kranig 'joehoe' uit.

Joehoe! Een mooie vent, een fijne vent
Een haveloze Hetman is ie
Onze Hetman Skoropadski,
Een haveloze Hetman dat is ie!

De 'gladjanussen' waren namelijk nijdig dat wij al zo gauw naar het front werden gestuurd en begonnen opstandig te worden.

Skoropadski vertrok geen spier. Met hetzelfde bedaarde gebaar hief hij zijn zweepje naar zijn bontmuts, glimlachte alsof hij een goeie mop had gehoord en wierp een blik over zijn schouder naar de Duitse generaals. Hun monocles blonken spottend en alleen daaruit kon men afleiden dat de Duitsers toch wel iets van dit lied hadden begrepen. Een bewonderend geroezemoes klonk gedempt uit de op de trottoirs samengeschoolde inwoners van Kijev op.

Toen we de volgende dag werden gepord was het nog donker. In het oosten gloorde een overbodig morgenrood. Deze onvriendelijke morgenstond, de petroleumwalm in de kazerne, de slappe thee waar een haringlucht aan zat, de door de opgekropte wanhoop uitgebluste ogen van instructeur 'paardestaart' en de natte koude kistjes waar je je met geweld in moest wringen, dat alles veroorzaakte zo'n troosteloze en zinloze leegte, zo'n geweldig deprimerend onbehagen dat ik besloot beslist vandaag nog te ontsnappen uit het regiment van Zijne Genadige Doorluchtigheid de Hetman.

Op het appel bleken reeds twaalf man te ontbreken. De vliegenier maakte een moedeloos gebaar en zei: 'Jullie kunnen voor mijn part allemaal naar de duivel lopen! In het gelid!'

Wij deden zo goed en zo kwaad als het ging wat ons gezegd werd.

'Voorwaarts mars!' commandeerde hij in het Oekraiens en huiverend van de kou marcheerden wij uit de vochtige en twijfelachtige warmte van de kazerne de snijdende lucht van de vroege wintermorgen in.

'Waar is het front eigenlijk?' vroeg een slaperige stem in de achterste gelederen verbaasd. 'Moeten we er soms met de benenwagen heen?'

'Heb je al 's gehoord van het bordeel van Madame Zinkovitsj? In de buurt van de Priorka? Nou, daar is 't, het front. Het hoofdkwartier van de opperbevelhebber.'

'Houwen jullie je mond toch eens dicht,' zei paardestaart. 'Verdomd stelletje ouwe wijven. Trouwens, onder het marcheren wordt niet gesproken.'

'Wij zoeken zelf wel uit wat wel wordt gedaan en wat niet.'

Paardestaart zuchtte alleen en ging een eindje uit de buurt van de kolonnen lopen. Klaarblijkelijk kneep hij hem voor de 'gladjanussen.'

'Zij hebben de Oekraïne voor een fles schnapps verkocht,' klonk een kwaaie basstem. 'En nu moeten wij door sneeuw en paardevijgen baggeren. Het is schandalig!'

'Men zou ze allemaal naar de duivel en z'n moer moeten jagen, sodemieter!'

'Wie allemaal?'

'Nou, gewoon allemaal! Die Petljoera en die hond van een Hetman, de hele bliksemse boel bij elkaar! Laten ze de mensen met rust laten.'

'Hee, paardestaart waarom zwijgt u toch, 't lijkt wel of u trouwen moet. Waar is het front?'

'Buiten de Priorka,' antwoordde de vliegenier met tegenzin. 'In de buurt van Poesjtsja-Podiesa.'

'Jees! Vervloekt nog an toe! Dan hebben we nog tien werst te sjouwen.'

'Maak je niet druk,' antwoordde de vliegenier. 'We worden erheen gereden.'

In de gelederen klonk een spottend gelach op.

'We zouden wel 's willen weten waarmee.'

'Dat zullen jullie wel zien.'

'Met de landouwer van de Tsaar. Wat wil je nou anders voor zulke geweldige helden als wij.'

Ik heb nooit begrepen door welke botte passiviteit gegrepen wij alsmaar doorsjouwden, ofschoon het ons allen duidelijk was, paardestaart incluis, dat het zinloos was naar het front te marcheren en dat we net zo goed meteen naar huis konden gaan zonder dat dit iets aan de zaak afdeed.

Maar wij trokken steeds verder, tot wij ten slotte op het Kontrakt-plein in het stadsdeel Podol uit kwamen, waar de nieuwe dag net vredig was begonnen. Jongetjes in grauwe uniformjassen gingen naar het gymnasium, in het Bradski-klooster werd de dienst geluid, boerenvrouwen met laarzen aan dreven uitgemergelde koeien voor zich uit, smoezelige kapperswinkels gingen open en de concierges veegden de grauwe papsneeuw van de trottoirs.

Op het Kontrakt-plein stonden twee oude open tramwagens.

'Iedereen instappen!' schreeuwde de vliegenier die plotseling opleefde. De compagnie bleef niet begrijpend staan.

'Ik zei, instappen!' ging de vliegenier tekeer, 'ik heb toch gezegd dat ze ons zouden brengen. Dit zijn trams van het leger.'

De Serdjoeken begonnen lol te trappen.

'We trekken beschaafd ten strijde.'

'Nou, de wonderen zijn de wereld nog niet uit! Met de tram naar het front.'

'Kom op, jongens! Geen getreuzel.

We klommen snel in de tramwagens en rinkelend en rammelend reden deze langzaam over de kinderhoofdjes van de Podol en de troosteloze Priorka in de richting van de Poesjtsja-Podiesa.

Buiten de Priorka hielden de wagons stil. We stapten uit en liepen wanordelijk achter de vliegenier aan door straatjes met scheefgezakte krotten en over besneeuwd braakliggend land waarop mesthopen lagen te dampen. Voor ons tekende een enorm eeuwenoud park zich zwart af dat behoorde tot het beroemde landhuis 'Zorgvliet'. Aan de rand van het park was een netwerk van schuttersputjes, 'vosseholen', loopgraven en schuilplaatsen aangebracht in de besneeuwde helling.

De loopgraven vormden een veilige dekking en vielen zomaar in de smaak bij de Serdjoeken. De vliegenier installeerde zich in een schuilplaats en de 'gladjanussen' maakten zich daarna meester van twee vosseholen. Nog geen twee minuten later zaten ze al tussen de houten britsen een potje te kaarten.

Ik liep wacht. Voor mij, aan de overkant van een groot veld, schemerde groen de pijnbossen van Poesjtsja-Podiesa waarvan de sneeuw door de warme wind van de takken was gedropen. Uit die richting vuurden zo nu en dan traag de mannen van Petljoera (die wij Zaporogakozakken noemden). De slechtgerichte kogels vlogen zachtfluitend over ons heen en zo af en toe ketste er eens een op de borstwering af.

De vliegenier beval niet boven de borstwering uit te komen en het vuren van de soldaten van Petljoera niet te beantwoorden.

Rechts van ons boven de Dnjepr hing een loodgrijze lucht en een door de mest roodbruin geworden landweg verdween er in het bos. Links de kant van Svjatosjino dreunde een krachtig artillerievuur.

Al keek ik nog zo spiedend naar het bos in de hoop er een soldaat van Petljoera te ontdekken, de vijand was in geen velden of wegen te bekennen. Had er maar ergens een struik of zo bewogen. Maar zelfs dat gebeurde niet.

Het begon mij te vervelen. Ik stak een sigaret op. Nog niet zo lang geleden had ik drie pakjes Odessa-sigaretten van het merk Salve op de kop weten te tikken, iets waar ik erg groots op was. Het waren dikke sterke en geurige sigaretten.

Omdat ik toch niets anders te doen had liet ik de laatste jaren van mijn leven in mijn geheugen aan mij voorbijtrekken, een bont beeld.

Ik bedacht dat het tijd werd dat ik eens wat orde in mijn leven ging brengen en dat ik het in dienst moest gaan stellen van mijn schrijversroeping. Ik was zesentwintig jaar en iets behoorlijks had ik nog niet geschreven, alleen maar fragmenten, schetsen en oefeningen. Ik moest me meer op een doel gaan concentreren en niet alles aan het toeval overlaten.

Het scheen mij toe dat er aan mijn rechterhand voorbij de landweg iets vaag bewoog. Er lag daar een oud kerkhof. Op een van de grafheuvels stond een scheefgezakt kruis en plotseling kwam het gevoel bij mij op dat deze sombere dag, dat kruis, dit dooie weer, deze kraaien die achter mij in het zwarte park krijsten, deze weg bezaaid met mest en verrot stro, iets ouds en vertrouwds waren. Ik kon een licht gekreun niet onderdrukken. Op net zo'n dag en net zo'n terp was drie jaar terug Lolja begraven. Drie jaar, het leek wel of ze dertig jaar geduurd hadden. Ook daar zaten nu die verrotte Duitsers, ook daar waren de wegen modderpoelen geworden en misschien was er van haar graf geen spoor meer over. Ik kon mij geen moment indenken dat er alleen nog maar een geraamte van haar over was. Ik kon het gewoon niet geloven. Voor mij zou ze eeuwig zo zijn als wij haar in de ruwhouten kist hadden gelegd, bleek en onuitsprekelijk mooi, kalm en jong met de droeve schaduw van haar geloken oogleden op haar wangen.

Niemand kon ik hierover vertellen, zelfs mijn moeder niet. Ik was voor altijd gedoemd deze nooit helende wonde in mij mee te voeren. Er was geen enkele maar dan ook geen enkele dag voorbij gegaan of ik had haar willen schrijven ook al heb ik er op de vorige bladzijden met geen woord over gesproken.

Trouwens, waarom zou ik het er ook over hebben? Kan een schrijver er soms zeker van zijn dat koude critici of verveelde lezers niet grof en spottend zullen omspringen met de gevoelens die als een diepe wonde schrijnend in zijn hart branden? Deze wonde kan ieder ogenblik weer openspringen. En moet de schrijver dan niet bang zijn dat iemand er als terloops bot tegenop loopt en zij weer opengaat en opnieuw begint te bloeden.

Ik dacht aan Lolja, stak opnieuw met een krampachtig gebaar een sigaret op en haalde gedachteloos de trekker over van het geweer dat voor mij in een uitsparing op de borstwering lag, om op de een of andere wijze mijn plotselinge onrust af te reageren. Het schot ging af. In antwoord erop knetterden dadelijk onregelmatige schoten op het kerkhof. Blijkbaar trokken de mensen van Petljoera daar samen en mijn schot had hun angst aangejaagd. De vliegenier stormde uit de schuilplaats vandaan. Wij namen het kerkhof hevig onder vuur. Verrotte houtsplinters spatten van de kruisen, mensen stonden op en begonnen van het kerkhof naar het bos te hollen. 'De gladjanussen' schoten hen in de rug, floten op hun vingers en vloekten ruig. De aanval van de mensen van Petljoera was mislukt.

Een ruigharige student met dikke brilleglazen, die op de zoon van een pope leek lostte mij af.

Ik daalde in een van de vosseholen af waar een petroleumlamp stond te branden, haalde brood en een stuk bedorven rode worst uit mijn tas en begon te eten. De planton, een man met vieve ogen, kwam op mij af. Zijn gezicht zat onder de witte littekens. In zijn handpalm had hij een tatoeëring, die een pruilende vrouwenmond voorstelde. Wanneer hij zijn hand spande, dan openden de lippen zich even als voor een kus, kromde hij hem dan knepen zij zich samen. Deze tatoeëring boekte veel succes bij de gladjanussen.

Hij schonk een kroes dampende thee voor mij in, gaf mij drie suikerklontjes, klopte mij op mijn schouder en zei:

'De thee is van Vyssosski, de suiker van Brodski en Rusland van Trotsky. Waar of niet?'

Zonder het antwoord af te wachten liep hij naar zijn plaats terug, ging bij de brits zitten en ging dadelijk weer geheel op in het spelletje kaart terwijl hij schuine moppen tapte en de gek uithing. Het gebulder van de kanonschoten aan de kant van Svjatosjino nam steeds meer in kracht toe. Na ieder schot walmde de petroleumlamp nog heviger. Ik raakte doorgewarmd en viel in slaap.

Midden in de nacht werd ik wakker van een gedempt lawaai en gevloek. De kaartspelers waren slaags geraakt. Men hield de planton met zijn borst tegen de tafel gedrukt en hengstte hem zwijgend en vol overgave op zijn rug.

Hij bood geen enkele tegenstand en bewaarde het stilzwijgen; blijkbaar had hij de partij rammel verdiend.

Uit de loopgraaf werd geschreeuwd dat men drie man nodig had voor de aflossing. De gladjanussen lieten de planton los en met hen liep nog een grote man in een cavaleriejas naar de loopgraaf.

Daar kwam het toevallig zo uit dat ik in de buurt van de planton werd opgesteld.

Die nacht viel de dooi in. De sneeuw maakte een knerpend geluid net alsof er muizen in de buurt zaten.

De planton vloekte net zolang tot de man met de cavaleriejas hem woedend toesiste:

'Als je nu je waffel niet 's houdt, klerelijer, dan sla ik je als een hond kapot!'

De planton spuwde op de grond, liep naar mij toe, ging op zijn hurken zitten en zei na een korte stilte:

'Aan mij valt niets meer kapot te slaan, vader! Daar heb ik zelf wel voor gezorgd, mooi werk trouwens! Ik weet niet of je het al gemerkt hebt, maar mijn hele smoel ligt in de poeier, een en al litteken.'

'Dat heb ik gezien,' antwoordde ik. Ik had verder geen zin om met dit onbeduidende mannetje te praten.

'Je zou ook kunnen zeggen dat het geen littekens zijn,' ging hij plotseling op droevige toon verder. 'Wat daar op mijn smerige tronie gekerfd staat is de geschiedenis van een onwaarschijnlijke liefde. Zo en niet anders moet men dat opvatten.'

Hij lachte geforceerd net alsof hij zich verslikte.

'Ik heb vroeger op de Wolga gevaren, op een boot van de maatschappij "Kaukasus en Mercurius". Als kelner in het restaurant.

Op een keer kwam er in Kostroma een gymnasiaste bij ons aan boord. Zij reisde naar Sibirsk. Ik had toen al aardig wat vriendinnetjes op het schip gehad. Ik was altijd op versieren uit, meer niet. Er zijn mannen die huilen en tegen de muur opvliegen wanneer een vrouw niets meer van hen wil weten. Ik had daar geen last van, ik was evengoed al aan mijn trekken gekomen. Was het uit, dan was het uit! Dan maakte ik schoon schip! Met het inhalige slag liep het bij mij altijd het hardst van stapel. Als ze niet gek op de liefde waren dan was het wel op geld. Het waren vooral serveersters en bordenwasters, van dat jonge spul...ja...Die gymnasiaste kwam dus aan boord en soupeerde in het restaurant, moederziel alleen. Ze was bleek en knap en je zag zo dat het allemaal nieuw was voor haar en dat zij zich niet op haar gemak voelde. Zij had goudblonde dikke vlechten die zij opgestoken droeg. Toen ik haar bediende, streek ik met mijn hand langs deze strengels. Daarbij ging er een rilling door mij heen, zo koud en hoe zou ik zeggen, veerkrachtig voelden ze aan. Natuurlijk bood ik mijn verontschuldiging aan. Zij keek mij alleen maar met gefronste wenkbrauwen aan, zei dat het niets gaf en schikte haar strengels bedaard recht. Het was duidelijk dat zij trots was.

"Nou," dacht ik, "je kans is verkeken." Vooral haar zuiverheid had mij de genadeslag gegeven. Zo bloeien appelbomen, een en al zoete geur. En dadelijk maakte een diepe weemoed zich van mij meester, ik kon wel huilen. Bij de gedachte dat zij in Sibirsk van boord zou gaan en dat ik met dat vuile verrotte hart van mij op die schuit moest blijven kon ik wel tegen de wand opvliegen en in janken uitbarsten. Maar voorlopig was het nog om uit te houden, ik telde de uren af, tot Sibirsk was het altijd nog twee dagen varen. Ik serveerde haar het allerlekkerste, stelde de kok zelfs een flinke borrel in het vooruitzicht als hij zijn schotels mooi zou garneren. Maar zij had vanzelf geen ervaring en merkte dat niet. Een hele jonge vrouw, een meisje nog. Ik probeerde een gesprek met haar aan te knopen ofschoon dat de kelners ten strengste verboden was. Voor ons luidde het devies: snel en zwijgend opdienen, je smoel houwen en je niet mengen in de gesprekken van de dames en heren passagiers, het niet wagen daar ook maar aan te denken. Je bent lakei en je hebt je zo ook te gedragen: "tot uw dienst," "een ogenblikje alstublieft," "mag ik u bedienen," "dank u vriendelijk" (dat wanneer je een fooi krijgt).

Ik kreeg maar steeds geen kans haar te spreken – Nikodim, de tweede kelner, was altijd in de buurt. Dan zat het me eindelijk mee, Nikodim was naar de keuken. Dadelijk vroeg ik haar: "waarheen mag de reis wel voeren?" Zij sloeg haar ogen naar mij op, donkere grijze ogen met wimpers als een fluwelen nacht en antwoordde: "naar Sibirsk. Hoezo?" Juist dit hoezo bracht mij volkomen van mijn stuk. "Zo maar," zei ik. "Ik wou u er alleen maar voor waarschuwen, om dat u zo te zien alleen reist, en dat er allerlei volk op de boot huist. Smerig volk, als ik het zo mag zeggen, schaamteloos, vooral wat jonge weerloze vrouwen aangaat." Zij keek mij aan, zei "dat weet ik" en glimlachte. En toen begreep ik dat ik voor haar glimlach al mijn bloed druppel voor druppel zou willen afstaan zonder dat iemand ooit een klacht van mij zou horen.

Meer heb ik niet tegen haar kunnen zeggen. Natuurlijk haalde ik opzettelijk de bloemen van een paar tafeltjes af om ze op het hare te zetten – met dit kleine gebaar dacht ik haar te doen begrijpen dat zij mij liever was dan wie ook ter wereld. Maar ook dat scheen zij niet op te merken.

Vlak voor Sibirsk begon Nikodim plotseling op te spelen. En dat nog wel waar zij bij was. "Waarom sleep je mijn bloemen weg!" zei hij. "Je bent me een mooie snijboon!" Zij vermoedde natuurlijk wat en bloosde maar hield haar ogen neergeslagen.

Je moet me geloven. Je bent de eerste mens in mijn leven waaraan ik dit vertel. Dat gespuis hier mag het niet weten. Dat soort maakt alles vuil en het is het mooiste dat er in mijn leven is geweest. Dat zweer ik bij mijn oude moeder. En al hoor ik zelf nog zo tot dat gespuis en al ben ik als ik het zo mag zeggen nog zo'n oprechte dief, dan zou ik toch nooit zo laag zijn om er tegen die lui ook maar een woord over los te laten. Geloof je mij?'

'Ja,' antwoordde ik. 'Maak je verhaal af.'

'Het is nog niet af,' zei de man en herhaalde met een plotseling dreigende klank in zijn stem: 'nog niet af! maar ik geloof dat mijn verhaal op een goede dag compleet zal zijn. En jij hebt het recht niet mij aan 't twijfelen te brengen. Onderbreek mij niet. Ja... 's morgens moest ons schip dus in Sibirsk aanleggen en wat er in mijn hoofd rond speelde, kan je eenvoudig niet voorstellen! Ik wist alleen dat ik nu niet meer van haar wilde scheiden. Al was het op een afstand en stiekem, haar spoor zou ik tot aan mijn nietswaardige dood toe blijven volgen, ik was met weinig tevreden, ik hoefde alleen maar dezelfde lucht in te ademen als zij, want andere lucht stond voor mij gelijk met vergif. Kun je dat begrijpen? Jij moet alle mogelijke boeken over de liefde hebben gelezen, daar staat het in. Ja! Tegen de morgen had ik mijn plan opgemaakt, ik wist wat mij te doen stond. 's Nachts had ik in het restaurant de ontvangsten van die dag uit de kassa gestolen en zodra we in Sibirsk aangelegd hadden sprong ik zo in mijn kelnersrok de wal op, zogenaamd om radijsjes op de markt te gaan kopen en ik ben niet meer teruggegaan.

Wat het geld aanging kon ik het wel een tijdje uitzingen, maar mijn kleding was natuurlijk verdacht. Ik kocht een colbert. Vervolgens trachtte ik haar natuurlijk op te sporen. En tot mijn geluk bevond zich schuin tegenover het huis waar zij met haar grootmoeder woonde – zo'n oud huis met een tuin en kruisbessestruiken – vrijwel recht tegenover het huis dus, een kroeg. Een kleine armzalige kroeg, met nog niet eens een kanarievogel. Ik was daar gewoon niet meer weg te slaan. Ik had een verhaal verzonnen, dat ik met een kameraad had afgesproken om ganzen te gaan kopen in Sibirsk, maar dat hij maar niet kwam, zeker opgehouden was. Zo zat ik dus te wachten en me te vervelen. Alleen had ik er niet bij nagedacht dat men ganzen in de herfst koopt en niet in de zomer.'

'Nou en heb je haar gezien?' vroeg ik.

'Ja, tweemaal. Het ging dwars door mij heen en ik voelde mij volkomen leeg. Er kwam op dat moment geen zinnige gedachte in mij op. Ik wist maar een ding, namelijk dat ik blij was. Natuurlijk vermoedde zij niets, ze zal zich me wel niet eens meer herinnerd hebben: ik ben nou niet bepaald de knapste, dat weet ik zelf ook, met tanden als een bunzing en muizenogen die verdomme nog aan toe altijd lopen. Ik zou ze verdomme wel uit mijn kop willen rukken! Wat je er ook aan doet schoonheid is niet te koop en kan je niet stelen.'

Aan de rand van het bos begon een mitrailleur kort, monotoon te ratelen en verstomde weer.

'Je reinste onzin allemaal,' zei de man. 'De Hetman zowel als die lui van Petljoera. En al dat ingewikkelde gedoe, al die koude drukte om niets, waar dat verdomme toe dient begrijp ik niet. Ik wil het trouwens niet eens begrijpen.' Hij zweeg.

'Nou zeg, jij bent me er eentje,' zei ik. 'Je begint een verhaal te vertellen en houdt halverwege op.'

'Nee, ik ben niet opgehouden. Bij elkaar tien dagen ben ik in

Sibirsk blijven hangen, daar riep de kroegbaas – de goede man was ziek – mij op een keer bij zich en fluisterde me toe: "er zijn weer stillen, smerissen dus over je wezen vragen. Pas op jongen dat ze je vandaag niet oppikken. Ben je een dief?" "Nee," zei ik, "ik ben geen dief en zou het ook nooit geworden zijn als de liefde van een vrouw mij er niet toe had gebracht." "Voor de rechtbank neemt men jouw liefde niet in aanmerking. Juridisch telt dat helemaal niet. Kom maar liever niet meer hierheen. Kijk maar goed uit." Ik stelde bij me zelf vast dat ik in geen geval de gevangenis in wilde. Ik had mijn vrijheid op dat moment veel te hard nodig om die vrouw niet te verliezen. Ik moest zorgen dat ik weg kwam en mijn spoor uitwissen.

De zelfde dag nog reisde ik naar Syzran. Ik wilde daar een tijdje onder water blijven maar drie dagen later grepen ze me daar al in mijn kraag als de eerste de beste dilettant. Ik werd met de boot naar Samara gebracht waar ik voor het gerecht zou verschijnen, onder gewapende begeleiding van twee man sterk. We kwamen in de buurt van Sibirsk. Ik wierp een blik door de patrijspoort en merkte dat het huis en de tuin waar zij woonde vanaf de rivier te zien was. Ik smeekte bij mijn begeleiders om mij naar het buffet van de derde klasse te brengen omdat ik al twee dagen niets gegeten had. Nou zij hadden natuurlijk medelijden en brachten mij erheen. Ik bestelde zachtjes een glas vodka bij de buffetjuffrouw. Zij schonk mij in. Ik dronk het in een teug leeg en drukte vervolgens met deze hand hier het glas kapot en kraste met de scherven mijn hele gezicht open als wilde ik mij met deze bebloede scherven schoon wassen, alsof ik daarmee mijn ondraaglijke weemoed van mij af kon zetten. De hele bar zat onder het bloed. Sindsdien zitten die littekens op mijn smoel en ben ik er nog knapper op geworden.'

'Hoe gaat het verder?' vroeg ik.

De man keek mij aan, spuwde ver voor hem op de grond en antwoordde: 'kan je wel raden. Verder is het stront meer niet. Geef me nog gauw een pakkie "salve", anders knijp ik je strot dicht – ik heb een paar flinke klauwen zodat je geen kik meer kunt geven. Ik heb je maar wat voorgelogen, stom varken. Jij zit meteen te snotteren.'

Ik gaf hem een pakje sigaretten.

'Dat is dan dat!' zei hij, stond op en liep langzaam de loopgraaf door. 'Als je ooit je mond voorbij praat, nu of voor mijn part over dertig jaar en zodra dat gespuis iets aan de weet komt dan breng ik je genadeloos om zeep. Je loopt zeker al te dichten van "o mijn liefde, bedwelmende droom".'

Deze plotselinge woedeaanval ging mijn begrip te boven en ik keek hem onthutst na.

In de troebele dageraad kwam van de kant van Kijev gillend een granaat aangieren. Het leek mij dat het projectiel recht op ons invloog. Ik vergiste me niet.

De granaat sloeg in de borstwering en ontplofte met zo'n knal dat het leek of de lucht knapte als een lege gietijzeren bol. De scherven floten als een zwerm gierzwaluwen. De man met de littekens draaide zich met een verbaasde uitdrukking op zijn gezicht om, sloeg met zijn gezicht tegen de rand van de loopgraaf, braakte bloed en een laatste vloek uit en gleed in een met sneeuw vermengde modderplas. Een paarsrode vlek begon zich over de sneeuw uit te spreiden.

Vlak naast het vossehol sloeg de tweede granaat in. Paardestaart stormde uit zijn schuilplaats vandaan terwijl de derde granaat weer de borstwering trof.

'Het zijn onze eigen mannen!' schreeuwde hij met een snik in zijn stem en hij dreigde met zijn vuist in de richting van Kijev. 'Onze eigen mensen beschieten ons! Idioten! Schooiers! Op wie schieten jullie? Op jullie eigen mannen, lamstralen dat jullie zijn!'

Hij wendde zich tot ons en schreeuwde: 'Terugtrekken op de Prijorka. En snel wat! Zonder paniek! Die Hetman van jullie kan naar de duivel en zijn ouwe moer lopen!'

Met telkens een paar grote sprongen, iedere keer plat voorover vallend wanneer er een granaat kwam aangieren, holde hij naar de Prijorka. Voorop renden natuurlijk de gladjanussen.

Daar aangekomen vernamen wij dat de artillerie van de Hetman tot de overtuiging was gekomen dat onze loopgraven reeds door de troepen van Petljoera waren ingenomen en hen dus maar had bestookt.

Bij het verlaten van de loopgraaf was paardestaart over de man met de littekens heen gestapt en had zonder zich om te keren tegen me gezegd: 'Nemen jullie in ieder geval zijn papieren mee, misschien zijn er bloedverwanten. Het was ten slotte ook een mens en geen hond.'

De man lag met zijn gezicht omlaag. Ik draaide hem op zijn rug. Hij was nog warm en ondanks zijn magerte te zwaar. De granaatscherf had hem in de hals getroffen. De blauwe pruilende vrouwenmond die in zijn hand getatoeëerd was, zat onder het bloed.

Ik knoopte zijn hemelsblauwe Oostenrijkse uniformjas open en haalde uit de zak van zijn tenue een duidelijk vervalst identiteitsbewijs en een lege envelop waarop het adres stond: 'Jelizaveta Tenisjeva Sabovaja-straat 13 Sibirsk.'

Twee gehavende en verdunde troepen van de Hetman begonnen zich te verzamelen op een met strootjes bezaaid plein midden in de Prijorka.

De bewoners van de voorstad waren uit hun huizen gesprongen en staken hun leedvermaak over de terugtocht van de Serdjoeken niet onder stoelen of banken. Alsof er niets aan de hand was, reden Duitse cavalerieafdelingen rustig op hun weldoorvoede bruine paarden door de stad rond. Hetman of Petljoera, het liet de Duitsers volkomen koud, als de orde maar gehandhaafd bleef.

Op bevel van paardestaart gooiden wij geweren en patronen op een hoop op het plein. De Duitsers reden er dadelijk naar toe en betrokken onverstoorbaar de wacht bij de wapens. Naar ons keken ze zelfs niet.

'En nu naar huis!' zei paardestaart, terwijl hij zijn geelblauwe epauletten losmaakte en op straat smeet. 'Ieder ziet zich maar zo goed mogelijk te redden. In de stad is het de grootste janboel. Door de ene straat trekken de Petljoera-soldaten op en door de andere straat trekken die van de Hetman terug. Kijk dus goed naar links en dan naar rechts alvorens over te steken. Het beste dan maar weer.'

Hij glimlachte geforceerd om zijn mislukte grapje, zwaaide naar ons als een burger en liep haastig, zonder om te kijken weg.

Sommige Serdjoeken trokken op het plein al hun uniformjas uit, verkochten ze voor een habbekrats aan de buurtbewoners of gaven ze voor niks weg en liepen gewoon in hun tenuejasje waar geen epauletten op zaten weg.

Ik had het koud en deed mijn jas niet uit maar rukte er alleen met geweld de epauletten vanaf. De stof scheurde in en de vulling kroop door de gaten naar buiten. Dit alleen was al aanwijzing genoeg om gemakkelijk te raden wie ik was.

Ik kwam bij het Syril-ziekenhuis waar ik een heel lange tijd terug eens met mijn vader en de schilder Wroedel was geweest. Toentertijd was de hele omgeving van het ziekenhuis, met de diepe ravijnen waar de meidoorn welig tierde en de knoestige olmen, mij geheimzinnig en onheilspellend voorgekomen. Nu klom ik langzaam en moeizaam omhoog langs de steile stoffige weg naar Loekjanovka en niet alleen zag ik niets bijzonders aan deze plek maar bovendien was ik alle gevoel voor tijd en uur kwijt. Waarschijnlijk door vermoeidheid.

Natuurlijk was ik mij er van bewust dat ik in een legendarische bijna fantastische tijd leefde die soms meer op een koortsige droom leek en vaak groteske vormen aannam, maar op dat moment zag ik dat niet: net als dertig jaar terug hing er een wazige lucht boven de steegjes en krotwoningen van deze haveloze voorstad. Duistere gedachten flitsten door mij heen en ik dacht mat: 'Wanneer zal nou eindelijk deze onzinnige vertoning eindigen met zijn Hetmannen, bendeleiders, Petljoera's, met zijn hoogdravende leuzen, met zijn op een hoop te grabbel gegooide ideeën, totale begripsverwarring en met zijn felle haat die door de omstandigheden niet goed te praten viel. Wanneer zou dan toch het doek vallen voor dit haastig in elkaar gezette schouwspel waar helaas geen rood gekleurd water maar echt warm bloed vloeide.

In de stad keek ik op de kruispunten naar links noch naar rechts. Ik had mijn buik meer dan vol van deze militaire politieke klucht en mijn woede maakte mij blind voor gevaar. In mijn uniformjas met de afgerukte epauletten liep ik midden door de colonnes van de Petljoera-soldaten, en slechts tweemaal kreeg ik met een geweerkolf een zware slag in mijn rug.

De paar geestdriftige nationalistische Oekraïners die op een kluitje op de stoep stonden, riepen de Petljoera-soldaten 'Slava' toe terwijl ze mij razend nakeken.

Ik kwam desondanks thuis, belde aan, hoorde Amalia nog een vreugdekreet slaken, greep de deurknop beet, zag net nog kans om op een stoel in de vestibule neer te ploffen. Lichtvoetige dronken gedachten duizelden door mij heen en het enige wat mij nog benauwde was mijn jas die van minuut tot minuut zwaarder om mijn borst knelde als een levend wezen dat mij wilde wurgen. Dan was het niet langer de jas maar de man met de littekens die mij voor een pakje Salve-sigaretten met zijn lange knoestige vingers de keel dichtkneep. Tegelijkertijd smoorde mij ook de blauwe getatoeeerde vrouwenmond. Ik kreunde even en verloor het bewustzijn.

In mijn jeugd was het wel eens vaker voorgekomen dat ik van uitputting even in onmacht viel.

XII / DE VIOLETTE STRAAL

't Is veel en veel moeilijker uit volle borst 'Slava!' te roepen dan 'hoera!' Hoe hard je ook schreeuwt, nooit zal deze roep overtuigend daveren. Uit de verte zal het altijd lijken of er 'ava, ava, ava' wordt geroepen in plaats van 'Slava'. Het was dus zonder meer een lastig woord bij parades en geestdriftige betogingen van de bevolking, vooral wanneer het werd uitgestoten door bejaarde Kijever ingezetenen met astrakanmutsen op en gekreukelde Oekraïnse jassen aan die lang in de koffer hadden gezeten.

Toen ik dan ook de volgende morgen vanuit mijn kamer een luid 'ava, ava' hoorde roepen begreep ik dat de 'Attaman' van het Oekraïnse leger en het Haidamaken-kamp[1], de Heer Petljoera in eigen persoon op zijn schimmel Kijev binnenreed.

De vorige avond waren er in de stad overal bekendmakingen van de commandant aangeplakt. Met epische breedsprakigheid en een volkomen gebrek aan humor werd daarin medegedeeld dat Petljoera aan het hoofd van de regering – het Directorium – op een wit paard, hem geschonken door de spoorwegwerkers van Zjrerinka, Kijev binnen zou rijden. Waarom de spoorwegwerkers Petljoera uitgerekend een paard hadden geschonken en niet een draisine of voor mijn part een rangeerlocomotief, was onbegrijpelijk.

De verwachtingen van de Kijever dienstmeisjes, barvrouwen, gouvernantes en stokoude generaalsvrouwen kwamen niet bedrogen uit. Inderdaad reed Petljoera op een nogal tamme schimmel de veroverde stad binnen.

1. De Haidamaken was van 1918 tot 1919 de naam voor anti-Bolsjevistische Oekraïnse legereenheden.

Het paard had een blauw met geel afgezoomd zadeldek op zijn rug met een geborduurde rand. Petljoera zelf droeg een kakikleurige gewatteerde Oekraïnse jas. Zijn enige versiering – een kromme Zaboroger sabel die ogenschijnlijk uit een museum stamde – sloeg tegen zijn dij. Diegenen onder de Oekraïners die 'nationaal' dachten, zogen hun blikken met welgevallen aan deze kozakkensabel, aan het bleke gezwollen gezicht vast en aan de Haidamaken die op hun harige paarden achter Petljoera aan strompelden.

De Haidamaken met hun blauwzwarte lok die onder hun pelsmuts uitpiepte, voor de rest helemaal kaalgeschoren, deden mij denken aan het Oekraïnse theater van Saksganski uit mijn kindertijd. Daar dansten in welhaast elk stuk net zulke Haidamaken met een blauwe streep onder hun ogen onverschrokken de Hopak: 'Hop vader, knies niet meer, draai maar heen en weer.'

Ieder volk heeft zijn bijzonderheden, zijn verdienstelijke trekken. Maar diegenen die kwijlebabbelen van vertedering over het eigen volk en geen enkel gevoel voor maat hebben, blazen deze nationale trekken geweldig op en maken ze suikerzoet en weerzinwekkend. Er bestaat dan ook geen erger vijand voor een volk dan deze huisbakken patriotten.

In mijn jeugd hadden wij een tijdje in Kijev naast de kunstschilder Pimonenko, de bekende 'bezinger' van de Oekraïne gewoond.

Deze hoogbejaarde man werkte uitsluitend uit zijn geheugen in zijn atelier. Met ongelooflijke nonchalance kladderde hij in alle gauwigheid allerlei aardige boerderijtjes, kersetuintjes, stokrozen, zonnebloemen en meisjes met haarlinten die op het doek tot hun hielen reikten. Vervolgens ging hij in omgekeerde volgorde te werk, hij schilderde eerst de meisjes, dan de zonnebloemen, de stokrozen, de kersetuintjes en de boerderijtjes. Zo ging dat door. Hij werkte zich in het zweet zijns aanschijns en schiep op deze wijze een honingzoete ansichtkaarten-Oekraïne. Zelfs wij kinderen vonden de landschappen van Pimonenko dodelijk vervelend.

Petljoera wilde deze weezoete Oekraïne nieuw leven inblazen, maar dat draaide natuurlijk op niets uit.

Achter Petljoera aan reed het Directorium: Vinnitsjenko, een sloddervos en neurasthenicus en een gevolg van vervallen ministers die niemand kende.

Aldus begon in Kijev de korte frivole heerschappij van het Directorium.

Voor Kijevers die als alle zuiderlingen gevoel voor ironie hadden, werd de nieuwe 'zelfstandige' regering tot mikpunt van een ongehoorde hoeveelheid anekdotes. Voor een bijzonder amusement zorgden de eerste dagen de operette-achtige Haidamaken, ook wel 'blauwjassen' genoemd die met ladders over de Kresjtsjatik liepen, erop klommen, alle Russische uithangborden weghaalden en er Oekraïnse voor in de plaats hingen.

Met Petljoera was het zogenaamde Galicische dialect binnengekomen, een logge taal vol vreemde woorden uit naburige dialecten. En de slagvaardige zangerige taal van de Oekraïne met zijn echte parelende glans van de tanden van een plaagzieke jonge boerendochter week voor de nieuwlichter terug tot in afgelegen stulpen en stille dreven. Daar overleefden zij 'in het geniep' al deze moeilijke jaren zonder zich klein te laten krijgen en met behoud van al haar dichterlijkheid.

Onder Petljoera bleek alles in scène gezet te zijn: de Haidamaken, de taal, heel zijn politiek, de 'nationaal' voelende Oekraïners, chauvinisten met asgrauwe snorbaarden die in horden uit hun stoffige holen te voorschijn waren gekomen, en het geld, alles tot aan de legendarische verslagen toe van het Directorium van het volk. Maar daar kom ik later nog op terug.

Wie de Haidamaken tegenkwam, draaide zich verbluft om en vroeg zich af of zij echt waren of dat het verklede toneelspelers waren. Bij de gekwelde klanken van de nieuwe taal kwam onwillekeurig zo'n zelfde soort vraag bij hen op. Was dat nou Oekraïns of leek het er maar op? En wanneer je in een winkel geld terugkreeg dan bekeek je wantrouwend de grijze biljetten waarop met veel moeite een paar wazige gele en blauwe vlekken waren te onderscheiden en dan vroeg je je af of dat nu geld was of dat het maar zo leek. Met zulke smoezelige vodjes papier speelden anders alleen kinderen en voor hen ging dat dan door voor geld.

Er was zoveel vals geld en zo weinig echt in omloop dat de bevolking zwijgend overeengekomen was geen enkel onderscheid te maken. De valse bankbiljetten waren tegen dezelfde koers in omloop als de echte.

Er was geen drukkerij waar de zetter en de lithograaf niet voor de grap Petljoera-geldbiljetten – Karbovantsen en sjags – hadden nagemaakt. De sjag was de kleinste munteenheid en h ij was een halve kopeke waard.

Heel wat ondernemende burgers maakten met behulp van Oostindische inkt en goedkope waterverf zelf hun vals geld thuis. Ze verborgen het niet eens wanneer een vreemde de kamer binnenkwam.

Behalve eigengestookte brandewijn werden er nu in de kamer van Ktoerenda bijzonder intensief valse bankbiljetten vervaardigd. Nadat het deze breedsprakige heer gelukt was mij in het leger van de Hetman te doen belanden, had hij voor mij het soort genegenheid opgevat dat de beul vaak voor zijn slachtoffer voelt. Hij was uiterst beminnelijk en hield niet op mij bij hem uit te nodigen.

Dit zielige restje van de kleine Poolse adel dat het tot ons, zoals Ktoerenda het zelf noemde 'adembenemende' tijdperk had uitgehouden, interesseerde mij.

Op een goede dag liep ik eens bij hem aan in zijn benauwde kamer die vol flessen met troebele 'eigenstook' stond. Het rook er zurig naar verf en dat speciale middeltje – ik ben de naam ervan vergeten –, waarmee men in die tijd de druiper behandelde.

Toen ik binnenkwam was Ktoerenda net bezig honderd-roebelbiljetten te maken. Op deze Petljoera-biljetten stonden twee Oekraïnse deernen afgebeeld met geborduurde hemden aan en met grote koeieogen en stevige blote benen. Om de een of andere reden stonden zij in een gracieuze houding van een ballerina; Ktoerenda was net bezig met het aanbrengen van een achtergrond van grillige festoenen en tierelantijnen met Oostindische inkt.

Zijn moeder, een mager oud vrouwtje met een levendig gezicht, zat achter een kamerscherm en las met gedempte stem in een Pools gebedenboek.

'Zo'n festoen is de alfa en omega van de Petljoera-assignaties,' zei Ktoerenda op schoolmeesterachtige toon tegen mij. 'U kunt zonder enig gevaar in plaats van deze twee Oekraïnse juffies rustig twee goedgevulde stevige vrouwenlijven van het slag van Madam Gomoljaka tekenen, het maakt niets uit. Waar het op aan komt is dat dit festoen op dat van de door de regering uitgegeven bankbiljetten lijkt. Dan zal niemand ook maar een blik overhebben voor deze weelderige pikante dames en men zal uw honderd karbovantsen met genoegen wisselen.'

'Hoeveel van die dingen maakt u?'

'Per dag,' antwoordde Ktoerenda, terwijl zijn bovenlip met het zorgvuldig bijgeknipte snorretje gewichtig krulde, 'teken ik zo'n drie biljetten. Soms ook wel vijf. Dat hangt van mijn inspiratie af.'

'Basja!' riep de oude vrouw achter het scherm. 'Mijn zoontje, ik ben bang.'

'Er gebeurt gerust niets, mamaatje. Niemand zal het wagen de Heer van Ktoerenda lastig te vallen.'

'Ik ben niet bang voor de gevangenis,' antwoordde de oude vrouw opeens. 'Ik ben bang voor jou, Basja.'

'Niet helemaal goed snik,' zei Ktoerenda met een knipoogje in de richting van het scherm van het oudje. 'Neemt u me niet kwalijk, mamaatje, maar zoudt u uw mond niet kunnen houden?'

'Nee!' zei de oude. 'Dat kan ik niet. God zal mij ervoor straffen als ik niet tegen alle mensen zeg dat mijn zoon,' zij begon te snikken, 'dat mijn zoon als Judas Iskariot...'

'Stil!' schreeuwde Ktoerenda als bezeten, sprong van zijn stoel en begon met volle kracht aan het scherm te schudden waarachter zijn moeder zat. Het ding kraakte en danste beukend op de grond en het gele stof vloog in het rond.

'Stil, waanzinnige zottin, anders bind ik je de petroleumlamp voor de mond.'

Het vrouwtje huilde en snoot haar neus.

'Wat moet dat betekenen?' vroeg ik Ktoerenda.

'Dat zijn mijn zaken,' antwoordde hij uitdagend. Op zijn vertrokken gezicht waren rood opgezwollen adertjes gekomen die ieder ogenblik leken te zullen springen. 'Het is u geraden uw neus niet in mijn aangelegenheden te steken, als u er prijs op stelt niet met de bolsjewieken in een massagraf te komen rusten.'

'Ploert,' zei ik bedaard. 'U bent zo'n waardeloze schoft dat u niet eens deze smerige honderd karbovantsen waard bent.'

'Onder het ijs!' schreeuwde hij opeens hysterisch en begon met zijn voeten te stampen. 'Zulke als uw slag smijt de Heer van Ktoerenda in de Dnjepr... onder het ijs.'

Ik vertelde dit voorval aan Amalia. Zij antwoordde dat zij het gevoel had dat Ktoerenda verklikker was geweest bij alle overheden die de Oekraïne hadden verscheurd en achtereenvolgens het nationalistische Parlement, de Duitsers, de Hetman had gediend en nu voor Petljoera zou werken.

Zij was er van overtuigd dat Ktoerenda zich op mij zou wreken en mij aan zou brengen. Bezorgd en praktisch als zij was, begon zij dan ook dezelfde dag nog Ktoerenda persoonlijk in de gaten te houden.

Maar nog op de avond van diezelfde dag waren alle foefjes die Amalia bedacht had om Ktoerenda onschadelijk te maken, overbodig geworden. Hij zou vlak voor onze ogen omkomen en zijn dood was al net zo walgelijk dom als zijn hele lafhartige leven.

In de schemering knalden op straat pistoolschoten. Ik liep uit gewoonte het balkon op om te kijken wat er aan de hand was. Over het lege plein van de Vladimir-kathedraal holden twee mannen in burger op ons huis af met achter hen aan een handjevol soldaten van Petljoera die hem er zichtbaar voor knepen te dicht in hun buurt te komen. Onder het lopen schoten de officieren op de vluchtenden en schreeuwden razend: halt.

Op hetzelfde ogenblik kreeg ik Ktoerenda in het oog die de zijvleugel waarin zijn kamer lag, uit kwam stormen en op het zware hek toe holde dat op straat uitkwam. Hij rukte de reusachtige sleutel van een Middeleeuws formaat uit het slot.

Met de sleutel in zijn handen dook hij weg achter de poort. Toen de mannen in burger langs holden, duwde hij de poort op een kier, stak zijn hand met de sleutel als een pistool naar buiten (uit de verte leek het er inderdaad veel op alsof hij een ouderwets pistool in de aanslag had) en riep met snerpende stem:

'Halt! Bolsjewistisch gespuis, halt of ik schiet.'

Hij wilde de mannen van Petljoera helpen en de vluchtelingen ophouden, al was het maar een paar seconden die in ieder geval hun lot bezegeld zouden hebben.

Ik zag vanaf het balkon duidelijk wat er daarna gebeurde. De achterste man hief zijn pistool op en loste zonder te mikken, zonder zelfs ook maar zijn kant uit te kijken, onder het lopen een schot op Ktoerenda. Deze rolde krijsend en bloed rochelend over de keien van de binnenplaats, bleef stuiptrekkend liggen waarbij zijn voeten op de stenen sloegen, reutelde en stierf met de sleutel in zijn hand gekneld. Het bloed stroomde op zijn roze celluloid manchetten en in zijn opengesperde ogen verstarde een uitdrukking van angst en woede.

Pas een uur later kwam er een oud lor van een ambulancewagen aanrijden die Ktoerenda naar het lijkenhuisje bracht.

Zijn oude moeder sliep tijdens het gebeurde en kwam pas laat in de avond de dood van haar zoon aan de weet.

Een paar dagen later werd het vrouwtje overgebracht naar het ouderwetse armenhuis Soemilov. Ik kwam de bewoonsters ervan vrij vaak op straat tegen. Zij wandelden twee aan twee als pensionaatmeisjes en droegen allen dezelfde donkere keperen jurken. Zoals zij voortschreden, deden zij denken aan een plechtige processie van dorre loopkevers.

Wanneer ik dit onbeduidende voorval verteld heb, is dat alleen omdat het heel typerend is voor het soort leven dat men onder het Directorium leidde. Alles eraan was onbeduidend, absurd en deed denken aan slecht Vaudeville, een rommelig toneelstuk dat echter ook zijn tragische momenten kende.

Op zekere dag hing heel Kijev vol reusachtige affiches, waarop de bevolking werd medegedeeld dat in de zaal van de bioscoop 'Arts' door het Directorium een verslag zou worden uitgebracht voor het volk. De hele stad wilde er bij zijn en trachtte een plaatsje te bemachtigen in de veronderstelling dat deze bijeenkomst wel eens een bijzondere attractie kon vormen. Inderdaad kwamen de stadsbewoners niet bedrogen uit.

De smalle lange bioscoopzaal was in een geheimzinnige schemering gehuld. Er werd geen licht gemaakt. De menigte roezemoesde vrolijk in het donker.

Plotseling galmde achter het toneel een gongslag, de bontgekleurde voetlichten flitsten aan en voor een theatercoulisse die met nogal schreeuwerige kleuren uitbeeldde hoe prachtig de Dnjepr bij kalm weer is vertoonde zich voor de toeschouwers een bejaarde maar nog slanke man in een zwart kostuum en met een elegant baardje. Het was premier Vinnitsjenko. Ontevreden en duidelijk zichtbaar gegeneerd hield hij een korte toespraak over de situatie van de Oekraïne internationaal gezien, waarbij hij voortdurend zijn opzichtige nopjesdas opzij schoof. Hij kreeg een tam applaus.

Vervolgens kwam een onwaarschijnlijk magere juffrouw onder een dikke laag poeder, die een zwarte jurk droeg het toneel op. In een gebaar dat vertwijfeling moest verbeelden, vouwde zij haar handen tesamen en begeleid door de peinzende akkoorden van de piano, begon zij angstig de volgende verzen te declameren van de dichteres Galina:

Het groene jonge bos wordt omgehakt...

Ook zij incasseerde een licht applaus.

De toespraken van de ministers werden door intermezzo's afgewisseld. Nadat de minister van Verkeer had gesproken, dansten jongens en meisjes in klederdracht de hopak.

De toeschouwers vermaakten zich best maar toen met zware tred de bejaarde 'minister van Staatsbalansen' of met andere woorden de minister van Financiën naar voren kwam, viel er een gespannen stilte.

Zijn haar zat in de war en hij keek vechtlustig. Men kon de woede van zijn gezicht afscheppen en hij brieste hevig. Zijn hoofd met het kortgeknipte broshaar glom van het zweet. Zijn grijze kozakkensnor hing bijna op zijn kin.

Hij had een wijde grijsgestreepte broek, een al net zo wijd tussorzijden colbert met uitgezakte zakken en een geborduurd hemd aan dat aan zijn hals dichtgemaakt was met een koordje met rode kwastjes.

Hij maakte geen aanstalten zijn verklaring te geven maar liep naar het voetlicht toe en begon aandachtig naar het lawaai in de zaal te luisteren waarbij hij zelfs zijn hand als een schelp aan zijn harige oor zette. Er werd gelachen.

De minister grijnsde van genot, knikte in de trant van 'dacht ik het niet' en vroeg:

'Moskouers?'

Inderdaad zaten er bijna uitsluitend Russen in de zaal. De niets vermoedende toeschouwers antwoordden argeloos dat er inderdaad hoofdzakelijk Moskouers in de zaal zaten.

'Zo-o-o,' zei de minister onheilspellend en snoot zijn neus in een reusachtige geruite zakdoek. 'Dat is vanzelf zeer begrijpelijk. Ook al is het niet erg aangenaam.'

De zaal hield de adem in, vermoedend dat er storm op til was.

'Wel sodemieter,' begon hij opeens in het Oekraïns te schelden en werd rood als een biet. 'Wat hebben jullie eigenlijk uit jullie verrotte Moskou hierheen te komen. Als vliegen op de strooppot. Wat hebben jullie hier eigenlijk te zoeken? Donderen jullie verdomme allemaal weer op! Bij jullie daar in Moskou hebben ze het nu zo ver geschopt dat er niet alleen niets meer te vreten is, maar ook niets meer te...'

De zaal begon verontwaardigd te gonzen. Er werd gefloten. Een klein ventje kwam het toneel opspringen en pakte de 'Minister van Balansen' behoedzaam bij de elleboog om te trachten hem weg te voeren. Maar de oude man was witheet geworden en duwde het mannetje met zo'n kracht van zich af dat deze bijna viel. De minister was net goed op gang gekomen en er was nu geen houden meer aan.

'Waarom zeggen jullie niets?' zei hij flemend. 'Jullie spelen stommetje he. Dan zal ik wel voor jullie antwoorden. In de Oekraïne hebben jullie brood en suiker en spek en boekweit en bloemen. Terwijl jullie in Moskou het beetje olie dat jullie voor de lamp hadden nog opvraten. Zo zit dat!'

Men was nu al met twee man sterk bezig de minister voorzichtig aan zijn jaspanden achteruit te trekken, maar hij spartelde woedend tegen en riep:

'Kale neten! Parasieten! Duvel op naar jullie Moskou! Daar zit jullie jodenregering! Duvelen jullie op!'

Vinnitsjenko dook acher de coulissen op, hij maakte een toornige handbeweging en eindelijk lukte het de van woede rood aangelopen man achter de coulissen te slepen. Om de onaangename indruk wat te verzachten, kwam dadelijk een troep jonge Oekraïners met brutaal schuinstaande astrakan mutsen het toneel opgesneld, de bandoeraspelers sloegen op de snaren van hun instrumenten en de dansers gingen op hun hurken zitten, gooiden hun benen voor zich op onder het zingen van:

Hoi, wat ligt daar voor een lijk.
Het is geen vorst, geen heer, hij is niet rijk:
't Is de vrijer van het oude wijf!

Daarmede was het verslag van het Directorium voor het volk afgelopen. Onder de spottende kreten 'duvelen jullie op naar Moskou daar zit jullie jodenregering,' stroomde het publiek uit de bioscoop 'Arts' op straat.

Het gezag van het Oekraïnse Directorium en van Petljoera deed kleinsteeds aan.

Het eens zo schitterende luisterrijke Kijev veranderde in een vergrote uitgave van Sjpola of Mirgorod met hun ambtelijke bureaucratie en mannen van het slag van Dovgotsjoen.[1] Alles in de stad werd op zijn oudoekraïns ingericht, tot aan het kraampje met kruidkoek toe waarop het opschrift stond: 'Dit is Taras uit Poltava.' Taras deed met zijn lange snor zo gewichtig aan en zijn wijd vallende met felle kleuren geborduurde boezeroen blonk zo sneeuwwit dat niet iedereen het waagde bij deze operettefiguur peperkoeken en honing te kopen.

Men wist niet goed of dit alles nu ernstig bedoeld was of dat er

1. Dovgotsjoen is het type van een bekrompen grootgrondbezitter uit Gogols bundel 'Mirgorod'.

een toneelstuk werd opgevoerd met als handelende personen figuren uit de 'Haidamaken'.[1]

Men kon gewoon geen touw aan het gebeurde vastknopen. Want in deze stormachtige tijden volgde schok op schok en de staatsgrepen volgden elkaar bij bosjes op. Meteen de eerste dag al nadat er weer een nieuwe regering ten tonele was verschenen, deden zich duidelijke en dreigende voortekenen van haar spoedige en zielige val voor.

Zij deden als om het hardst zoveel mogelijk verklaringen en verordeningen het licht zien in de hoop dat er toch misschien iets van bij de mensen zou blijven hangen.

Precies als onder de Hetman het geval was geweest, wist men ook onder Petljoera niet wat de dag van morgen brengen zou en bleef alles in het vage.

Petljoera hoopte vooral op de Fransen die toen Odessa bezet hielden. Maar in het noorden trokken de Sowjettroepen zich onverbiddelijk samen.

De aanhangers van Petljoera brachten geruchten in omloop dat de Fransen Kijev reeds te hulp snelden, dat zij al in Vinnitsa waren, in Fastov en dat de dappere Franse zoeaven in hun rode broeken en kaki fezzen morgen al in de straten van Bojark, onder de rook van de stad konden opduiken. Dat had Petljoera's boezemvriend, de Franse consul Hennaud hen met de hand op het hart beloofd.

De kranten die er door al de tegenstrijdige geruchten geen eind meer aan wisten, drukten bereidwillig al deze onzin terwijl het toch bijna iedereen bekend was dat de Fransen vastzaten in hun bezettingszone in Odessa en dat de verschillende 'invloedssferen' – de Franse, de Griekse, de Oekraïnse – met wankele rococco stoelen waren afgebakend.

Geruchten onder Petljoera namen het karakter aan van een natuurlijk, bijna kosmisch verschijnsel dat veel weg had van een pestepidemie. Zij hadden een algemene hypnotiserende invloed maar schoten daardoor aan hun eigenlijke doel, namelijk uit de duim gezogen feiten te verspreiden, voorbij en begonnen als het

1. Haidamaken: gedicht van de Oekraïnse dichter Tarras Sjevtsjenko waarin de boerenopstand tegen de Poolse adel wordt beschreven.

ware een geheel eigen leven te leiden onder een geheel andere gedaante. Zij werden tot een soort kalmerend middel, een zwaar narcoticum en waren het enige waardoor de mensen nog hoop op de toekomst vestigden.

De Kijevers begonnen zelfs uiterlijk op morfinisten te lijken. Bij ieder nieuw gerucht lichtten hun anders troebele ogen op, hun lusteloosheid verdween, men stotterde niet langer maar wat, doch raakte in levendige en zelfs geestige gesprekken gewikkeld.

Er waren eendagsgeruchten, andere waren hardnekkiger, en hielden de mensen wel een paar dagen lang in een bedrieglijke toestand van opwinding.

Zelfs de meest verstokte sceptici geloofden alles, zelfs dat de Oekraïne tot een Frans departement verklaard zou worden en dat president Poincaré in eigen persoon voor de plechtige afkondiging van deze staatsakte naar Kijev zou komen, of dat de filmspeelster Vera Cholodnaja haar eigen leger op de been had gebracht en als een soort Jeanne d' Arc aan het hoofd van haar niet te temmen leger op een schimmel de stad Priloeki binnen was gereden en zich zelf tot keizerin van de Oekraïne had uitgeroepen.

Een tijd lang schreef ik al deze geruchten op maar ik hield daar al gauw mee op want deze bezigheid bezorgde mij of stekende hoofdpijn, of bracht mij tot stille razernij en ik had zin om alles kort en klein te slaan, om te beginnen bij Poincaré en president Wilson en om te eindigen bij Machno en de beroemde bendeleider Zeleny die in het dorp Tripolje resideerde.

Helaas heb ik deze aantekeningen vernietigd. Deze monstrueuze apocrieve verzameling leugens en voortbrengselen van de teugelloze fantasie van verwarde en hulpeloze mensen.

Om mijn gedachten wat te verzetten, was ik mijn lievelingswerken nog eens begonnen te lezen, glasheldere boeken waar een warm, nooit dovend licht uit straalde: 'De voorjaarswateren' van Toergenjev, 'De Blauwe Ster' van Boris Zajtsev, 'Tristan en Isolde' en 'Manon Lescaut'. Deze boeken straalden met de waarachtige glans van onvergankelijke sterren in het duister van de troebele Kijevse avonden.

Ik bleef daar alleen. Mijn moeder en mijn zuster waren nog altijd volledig afgesneden van Kijev en ik wist helemaal niet hoe het met hen ging.

Ik had het besluit opgevat om in de lente te voet naar Kopan te trekken, ofschoon men mij er voor gewaarschuwd had dat de wilde 'republik van Dymer' op mijn weg lag en dat ik daar nooit heelhuids doorheen zou komen. Maar dan werden we weer door allerlei nieuwe omstandigheden overstelpt en aan een voetreis naar Kopan viel al niet meer te denken.

Ik bleef dus alleen met mijn boeken en trachtte wat op het papier te zetten maar het bleef allemaal even vormeloos als hersenschimmen.

Alleen de nachten deelden mijn eenzaamheid wanneer de stilte bezit had genomen van de hele wijk en ons huis en alleen de schaarse patrouilles, wolken en sterren de enige waren die niet sliepen.

De stappen van de patrouilles waren al van ver hoorbaar. Ik blies dan meteen mijn kleine olielamp uit om de aandacht van de soldaten niet op ons huis te vestigen. Soms hoorde ik 's nachts Amalia huilen en ik begreep dat haar eenzaamheid veel moeilijker te dragen was dan die van mij.

Iedere keer wanneer zij 's nachts had liggen huilen, sprak zij een paar dagen lang op hooghartige, zelfs vijandige toon met mij maar daarop glimlachte zij plotseling schuw en schuldbewust en omringde mij weer met net zulke toegewijde zorgen als haar vroegere huurders.

In Duitsland was de revolutie uitgebroken. De Duitse troepen die in Kijev gelegerd waren, kozen accuraat en hoffelijk hun Raad van soldaten-gedeputeerden en begonnen voorbereidingen te maken naar hun vaderland terug te keren. Petljoera besloot gebruik te maken van hun zwakheid en hen te ontwapenen. Maar de Duitsers kwamen dit aan de weet.

De morgen van de dag waarop deze operatie plaats zou vinden, werd ik wakker met het gevoel alsof de muren van ons huis in vaste regelmaat wankelden. Er klonk tromgeroffel.

Ik liep het balkon op waar Amalia reeds stond. Door de Foendoeklejevskaja-straat trokken met zware tred zwijgend de Duitse regimenten en hun met ijzer beslagen laarzen deden de ruiten rinkelen. Waarschuwend werd de trom geslagen. Vlak achter de infanterie kwamen met een geluid van snel hoefgetrappel cavalleristen aangereden die al even somber keken. Dan denderden tientallen stukken geschut schuddend over de klinkerweg.

Onder doodse stilte, slechts begeleid door het geroffel van de trom marcheerden de Duitsers de stad in het rond en keerden vervolgens naar hun kazernes terug.

Petljoera trok het zelfde uur nog zijn bevel tot ontwapening in.

Enige tijd na deze zwijgende demonstratie van de Duitsers was op de linker oever van de Dnjepr ver verwijderd artillerievuur te horen. De Duitsers evacueerden in allerijl Kijev. Het schieten werd steeds beter hoorbaar en de stad hoorde dat Sowjet-regimenten van Nezjin uit al vechtend snel deze kant opkwamen.

Toen er al in Browory en Barnitsa, vlak voor Kijev werd gevochten, en het iedereen duidelijk werd dat de zaak van Petljoera verloren was, liet de commandant een bevel uitvaardigen.

Daarin stond te lezen dat de legerleiding van Petljoera in de komende nacht dood en verderf zaaiende violette stralen tegen de Bolsjewieken zou uitzenden die Petljoera ter beschikking waren gesteld door de Franse militaire autoriteiten via de tussenkomst van de 'vriend van de vrije Oekraïne,' de Franse consul Hennaud.

In verband daarmee werd de bevolking bevolen om ter vermijding van overbodige slachtoffers, de nacht in de kelders door te brengen en daar tot de ochtend te blijven.

De Kijevers zochten een goed onderkomen in hun kelders waar zij gewoon waren tijdens een staatsgreep het verloop van de dingen af te wachten. Behalve de kelders werden ook de keukens als een vrij betrouwbare plaats beschouwd en waren tot een soort citadel geworden waar men rond slappe kopjes thee eindeloze gesprekken kon voeren. De keuken lag meestal helemaal achter in de woning waar de kooplui zelden kwamen. Er ging iets kalmerends uit van de luchtjes van een karige maaltijd die de keuken nog uitwasemde. Soms drupte zelfs de kraan nog en na verloop van een uur had men zo een ketel vol water dat men aan de kook bracht om een stevige bak thee uit gedroogde bosbesseblaadjes te zetten.

Een ieder die 's nachts wel eens deze thee heeft gedronken moet toegeven dat dit toen onze enige troost en toeverlaat was, een soort levenselixer en wondermiddel tegen ellende en verdriet.

Ik had de indruk dat het land ondoordringbare kosmische nevels tegemoet vloog. Ik kon mij gewoon niet voorstellen dat deze roetzwarte en vertwijfelde nacht van doffe sluimer waarin de wind door de kapotgeschoten daken floot, ooit nog eens een kille dageraad zou doen gloren, al was het alleen maar opdat in dit gore licht de uitgestorven straten weer zichtbaar werden met mensen die God weet waarheen vluchtten, groen van koude en honger, met stijfgeworden beenwindsels om, en geweren van alle merken en kalibers. Hun vingers klauwden verstard om de stalen geweergrendels. Onder hun dunne jassen en schurende neteldoekse hemden school geen greintje menselijke warmte meer.

In de nacht van de 'violette straal' heerste in de stad een doodse stilte. Zelfs de artillerie was tot zwijgen gekomen en het enige wat men hoorde was een ver verwijderd geratel van wielen. Uit dit karakteristieke geluid leidden de door ervaring wijs geworden bewoners van Kijev af dat militaire konvooien in allerijl hun stad met onbekende bestemming verlieten.

Inderdaad was dit het geval. 's Morgens was de stad vrij van Petljoerasoldaten, volkomen schoongeveegd. De geruchten over violette stralen hadden er alleen maar toe gediend om 's nachts met stille trom de stad te kunnen verlaten.

Kijev kwam voor de zoveelste maal weer eens zonder bestuur te zitten. Maar de bendeleiders en het gespuis uit de voorsteden kregen geen tijd meer de stad te overmeesteren. Om twaalf uur 's middags trokken twee regimenten van het Rode Leger, dat van Bogoen en dat van Tarasjtsjan, met verhit dampende paarden en een rumoer van ratelende wielen, kreten, liederen onder de vrolijke klanken van een accordeon over de Tsepnoj-brug de stad binnen waarvan het leven weer van a tot z veranderde.

Er had zoals dat door de toneelknechten genoemd wordt een 'volledige decorverandering' plaats gevonden, maar niemand wist wat deze voor de uitgehongerde burgers in petto hield. Eerst de tijd zou dat leren.

XIII / IK HAIDAMAKSE VROUW, MET EEN BOLSJEWIEK ALS MAN

Aan de muren hingen doorweekte aanplakbiljetten met strenge bevelen van het revolutionaire oorlogscomité. Ze waren kort maar krachtig en verdeelden de Kijevse bevolking genadeloos en zonder uitzondering in waardevolle mensen en uitvaagsel.

Men wilde het uitvaagsel opruimen hetgeen uiteindelijk niet zo'n geweldige klus bleek te zijn want het was reeds uiteen gedwarreld naar allerlei moeilijk toegankelijke plaatsen waar het zich in afwachting van betere tijden had neergelaten.

Hier gebeurde hetzelfde wat ik al in Moskou meegemaakt had, maar dan in een wat andere vorm, want hier in Kijev lag over alles een extra waas van struikroverij en zorgeloze overmoed.

Het Bogoen-regiment, naar de doldrieste overste Bogoen genaamd, werd bij particulieren in Kijev ingekwartierd. Vier man van dit regiment deden hun intrek bij ons. Ze kwamen met een vliegtuigbom aanzetten die zij behoedzaam onder de gewelfde Weense kapstok in de vestibule neerlegden en zeiden tegen Amalia: 'Hoor 's even goed, lekkertje, pas op dat je niet per ongeluk tegen dit ding aanloopt. Als die springt dan blijft er van je huis en alles wat er in staat geen spat meer over. Begrepen?'

'Ja,' zei Amalia, klemde haar lippen op elkaar en ging gelijk de achterdeur opendoen die steeds stevig afgesloten was geweest. Vanaf dat moment kwam er niemand de voordeur meer in.

Ik begreep niet goed hoe deze soldaten nog een stap konden verzetten, zo zwaar waren ze bewapend. Ze sjouwden van alles rond: mitrailleurs, handgranaten, geweren, buksen, karabijnen, bajonetten, mausers, Finse messen, sabels, dolken en als herinnering aan een sentimenteel vredig leven op de koop toe nog grammofoons met rode en paarse horens.

Nauwelijks had het Bogoen-regiment de stad bezet, of uit alle ramen klonken weer de speelse klanken van reeds lang vergeten bittere romances. Weer klaagde een sombere bariton met overslaande stem dat hij geen enkel doel meer had, dat hij zijn geliefde verloren had en een lispelende tenor jammerde dat het voor hem geen lente zou zijn, dat de beuk voor hem niet zou bloeien en er voor hem geen hart van vreugde zou kloppen, niet voor hem, niet voor hem...

Opnieuw joeg de Vjaltseva onder 't schreeuwen van 'Haida Troika' voorbij en stierf een wonderschone meeuw aan een meer waar een roze gloed over het water lag.

Alles smolt ineen: de zigeunerin Varja Panina en de handgranaten, de geur van jodoform en het zangerige taaltje van de Oekraïne, de rode banden langs de pelsmutsen en de symfonieconcerten, de mijmeringen van de soldaten over stille meertjes temidden van groene weiden en de razzia's op de markten die gepaard gingen met het hysterisch gekrijs van de vrouwen.

Beneden ons woonde de goedige oude en afgeleefde ingenieur Beleljoebski met zijn vrouw en een hele meute mopshonden. Indertijd had hij door het bouwen van de beroemde Sysraner-brug over de Wolga naam gemaakt in de hele wereld. Maar roem is vergankelijk en vluchtig als rook, en het enige wat Beleljoebski nu nog te doen had was iedere morgen zijn weerzinwekkende snuivende mopsen met hun uitpuilende ogen en de brutale blik van Bismarck uit te laten.

De familie Beleljoebski had een dienstmeisje, de blozende vrolijke Motrja.

De overste van de Bogoen-compagnie werd verliefd op haar en wilde beslist met haar trouwen. Het meisje aarzelde. Zij had een nogal ouderwetse voorstelling van het huwelijk en was bang dat zo'n soldaat, heethoofdig en altijd op avonturen uit, maar een paar dagen bij haar zou blijven en haar dan in de steek zou laten.

Op een keer kwam Motrja naar mij toe en vertelde mij met de ongeremdheid van een dorpsmeisje dat zij zich op een haar na aan haar overste gegeven had, dat zij echter net de dans ontsprongen was en dat zij zich alleen nog maar met hem in zou laten als hij met haar wilde trouwen 'zoals het behoorde' en 'hun liefde eeuwig zou zijn'.

Zij dicteerde mij een brief die voor hem bestemd was: Deze bestond slechts uit acht woorden: 'Ik wil wel als het voor eeuwig is.' Ik schreef deze zin in grote drukletters.

Toen haar minnaar ongeveer een uur later de brief ontvangen had, begon hij met stampende laarzen, vloekend en met zijn wapens dreigend door alle verdiepingen te rennen op zoek naar het stempel van de compagnie.

'Waar is dat stempel terecht gekomen, stelletje boeventronies!' brulde hij tegen zijn ondergeschikten. 'Ik zal jullie allemaal als joden neerknallen. Kom op met dat stempel en vlug wat!'

Het huis schudde op zijn grondvesten van de stampende laarzen. De overste haalde de plunjezakken van de soldaten ondersteboven.

Eindelijk werd het stempel gevonden. De overste schreef op een blaadje: 'Ik zweer dat het voor eeuwig is!' Hij gaf er een klap met het stempel op zodat het er authentiek uitzag en stuurde het briefje aan Motrja. Motrja gaf zich over.

De volgende dag werd er een wilde bruiloft gevierd. Een aantal wagentjes waar anders geschut op werd vervoerd, reed voor. In de manen van de onstuimige paarden waren bonte lintjes gevlochten. En hoewel er tussen ons huis en de Vladimir-kathedraal, waar de plechtigheid zou plaats vinden, niet meer dan twee honderd meter lag, reed de hele huwelijksstoet in volle vaart naar de kathedraal en stormde er onder gerinkel van belletjes, gejoel en gefluit in galop een paar maal omheen. Uit volle borst klonk het overmoedige lied:

Ik zit op een vat wat krijgen we nou
Ik word er draaierig van
Ik Haidamakse vrouw
Met een Bolsjewiek als man.
Hee waar ga jij heen lekker appeltje van mij
Uit Bogoens handen kom je nooit meer vrij!
Bogoen commandant jij hebt geluk

Hoe heb je haar gevonden
Jij vent uit een stuk
Vol gaten en wonden!

Bij het refrein: Hee waar ga je heen lekker appeltje van mij, hielden de voerlieden hun paarden in volle vaart in en de vurige dieren deden met schuddende belletjes en dansend op de maat van het lied een paar passen achteruit. De geweldige menigte nieuwsgierigen die naar de kathedraal was gestroomd, juichte de mannen van Bogoen bij deze virtuoze vertoning geestdriftig toe.

Op de derde dag na de bruiloft – om de een of andere reden schijnen alle onprettige dingen op de derde dag te moeten gebeuren – werden de soldaten van Bogoen midden in de nacht in alarm gebracht.

Zij verzamelden zich zwijgend tegensputterend en op alle vragen antwoordden zij kortaf:

'We worden naar Zjitomir gestuurd om een opstand te onderdrukken. De popen zijn daar opstandig geworden.'

Motrja snikte het uit. Haar vreselijke angstige vermoedens leken bewaarheid te worden: haar onderofficier zou haar natuurlijk in de steek laten en nooit meer zijn neus laten zien.

Deze ontstak daardoor in hevige woede.

'Alle bewoners op de binnenplaats bijeendrijven!' schreeuwde hij zijn mannen toe en om te laten zien dat het hem ernst was, schoot hij in het trappenhuis door het plafond. 'Jaag ze de binnenplaats op, die parasieten! Ze kunnen verrekken!'

De geschrokken bewoners werden de binnenplaats opgejaagd. Het was een late winternacht. Als fijne naaldjes priemde de rijp neer uit de betrokken lucht. De vrouwen huilden en drukten hun bevende, nog half slapende kinderen tegen zich aan.

'Knijpen jullie 'm niet zo,' zeiden de soldaten. 'Er zal jullie niets overkomen. Door die verduivelde Motrja is onze commandant helemaal door het dolle heen geraakt.'

De overste liet zijn peloton tegenover de groep geschrokken bewoners aantreden en liep naar voren terwijl hij de behuilde Motrja bij de hand meevoerde.

Midden op de bevroren binnenplaats bleef hij staan, trok zijn huzarensabel uit de schede, kraste met de punt een groot kruis op het ijs en begon te schreeuwen

'Soldaten en vrije burgers van het vrije Rusland! Weest u mijn getuige! Ik zweer op dit kruis op onze geboortegrond dat ik mijn liefste niet in de steek zal laten en dat ik hoe dan ook naar haar terug zal keren. En dat we beiden in ons eigen huisje in het dorp Mosjny bij de beroemde stad Kanjev zullen wonen. Ik sta er voor in en doe er een eed op.'

Hij omhelsde de huilende Motrja, duwde haar dan met een zacht gebaar van zich af en schreeuwde

'Naar de wagens! Op weg!'

De soldaten stormden op de wagens af. Deze stoven onder het fluiten en zingen van 'lekker appeltje' het erf af en daverden met hun beslagen wielen langs de Bibikovski-boulevard in de richting van de Zjitomirweg.

Alles was voorbij. Motrja droogde haar tranen en zei:

'Hij kan van mij het heen-en-weer krijgen, die vervloekte indringer!' en keerde terug naar de woning van Beleljoebski waar de wakker geschrokken mopshonden begonnen te keffen. Het leventje ging weer zijn gewone gangetje.

Maar het was alsof het hele bestaan wat aan glans verloren had. Na een tijdje begonnen de inwoners van Kijev zelfs met duidelijke spijt terug te denken aan de Bogoeners, die brave vrolijke en doldrieste jongens die kruitgeuren, rode vaandels vol kogelgaten, gewaagde liederen en een grenzeloze trouw aan de Revolutie met zich mee hadden gevoerd. Zij waren verdwenen net zoals ze gekomen waren, maar de wind van de revolutionaire romantiek woei nog lang boven de stad zonder te luwen en legde een blijde glimlach over de gezichten van de onaandoenlijk geworden bewoners van Kijev.

De Bogoeners stonden in die tijd onder commando van Sjtsjors, waarvan de naam al gauw een bijna legendarische klank kreeg.

Ik had de naam Sjtsjors voor het eerst gehoord uit de mond van de Bogoeners. Zij vertelden enthousiaste verhalen over deze onbuigzame, ongehoord moedige en talentvolle commandant.

Ik herinner mij dat ik toen vooral werd getroffen door de toegewijde bijna kinderlijke liefde die zijn soldaten voor hem voelden. In hun ogen verpersoonlijkte hij alle goede eigenschappen van een legeraanvoerder: vastbeslotenheid, vindingrijkheid, rechtvaardigheid, liefde voor de gewone man en onuitputtelijke, zogezegd, nuchtere romantiek.

De Bogoeners vormden een jong volkje. Sjtsjors was eveneens jong. Het feit dat zij allen jong waren en geloofden in de overwinning van de Revolutie veranderde dit legeronderdeel in een broederschap die door hetzelfde hartstochtelijk streven en door het gemeenschappelijk vergoten bloed hecht bijeen gehouden werd.

Niets van al hetgeen zich afspeelde kon het opstijgen van de sappen in de bomen uitstellen en toen haar tijd gekomen was, keerde de lente dan ook terug, de Djnepr liep ongehinderd buiten haar oevers, op het braakland schoot het onkruid manshoog op terwijl de door kogels doorzeefde kastanjes zich in sappig groen hulden en eigenaardigerwijze dit jaar zelfs bijzonder overdadig knop schoten.

Bij tijden leek het dat het kastanjeloof het enige in de wereld was dat onberoerd was gebleven. Het ruiste precies als vroeger boven de trottoirs en wierp een dichte schaduw. En net als vroeger begonnen de slanke kaarsen hun lichtgeel gespikkelde roze bloesem te openen. Maar in de schaduw van de kastanjes kwamen mij geen bekende meisjes van het gymnasium met vochtig stralende ogen tegemoet. Naast de afgevallen droge bloemen lagen nu groen uitgeslagen lege patroonhulzen en brokken stijf geworden vuile beenwikkels op de stoep.

De lente vlamde boven Kijev en dompelde de stad in een blauwig licht, tot ten slotte de linden in de tuinen in bloei schoten. Hun geur drong binnen in de gedurende de winter verwaarloosde, afgesloten huizen en spoorde de stadsbewoners aan vensters en balkondeuren wijd open te zetten.

De zomer zoog dan zoet en warm het vertrek binnen, en alle nood en vrees loste op in deze zomerse vreedzaamheid.

Brood was er weliswaar niet en in plaats daarvan aten we nog steeds oude bevroren aardappelen.

Ik had in een nogal eigenaardige instelling werk weten te vinden. Het was bijna onmogelijk de afgekorte benaming van deze instelling uit te spreken. Ik herinner me alleen het begin nog: 'Obgobsnabtsjoeprod...' en dan volgde iets dusdanig ingewikkelds dat zelfs het hoofd van de instelling, een dikke Armeniër met een zwart puntbaardje en een mauser om zijn hals hangend zoals een fototoestel bij andere mensen, iedere keer wanneer hij een papier met deze naam moest ondertekenen, verontwaardigd snoof.

Waarmee deze instelling zich precies bezig hield viel moeilijk te zeggen. Hoofdzakelijk met neteldoek. Alle kamers en gangen lagen vol balen neteldoek. Nooit en te nimmer werd dit doek ergens afgeleverd maar men sleepte het voortdurend heen en weer tussen het pakhuis en onze instelling waar de balen dan weer in de gang werden opgestapeld. Deze onbegrijpelijke kringloop van altijd weer dezelfde balen neteldoek bracht de medewerkers van de instelling tot volkomen ledigheid.

Ik had veel vrije tijd. Ik probeerde mijn kameraden van het gymnasium terug te vinden maar behalve Emma Sjmoekler woonde er niemand meer in Kijev. Ook hem kwam ik maar zelden te zien. Hij was zwijgzaam en melancholiek geworden, misschien omdat hij zijn geliefde schilderkunst had moeten opgeven om zijn familie te onderhouden. Zijn vader was gestorven en de hele zorg voor het gezin lag nu op zijn schouders. Hij moest ervoor zorgen dat ze geen honger leden, of op straat gezet werden, rekwisities en het vorderen van een gedeelte van hun woning tegengaan en hen in bescherming nemen tegen de op pogroms beluste mannen van Petljoera en tegen inkwartieringen.

's Avonds bezocht ik net als vroeger toen ik nog gymnasiast was de concerten in de tuin van de voormalige Koopmansclub. Er bloeiden niet langer rozen en lelies in deze tuin maar munt en alsem.

Het gebeurde nogal eens dat er zich vreemde geluiden mengden door de muziekuitvoering: ver verwijderde ontploffingen en geweerschoten.

In de loop van die periode begon ik mij te verdiepen in de boeken van de grote literaire mystificateur en illustere Fransman,

Stendhal. Maar ik brak mij nooit het hoofd over het diepere wezen van zijn mystificaties.

Ik hield hen voor volkomen gerechtvaardigd en doe dat ook vandaag nog, want zij getuigen van een onuitputtelijke voorraad ideeën en voorstellingen die zo uiteenlopen dat men ze niet onder één noemer kan brengen. Het is bijna ongelooflijk dat één en dezelfde mens in staat was zich met zo'n precisie te verdiepen in zulke volkomen tegengestelde gebieden van het menselijk leven als de schilderkunst, de ijzerhandel, de zeden en gewoonten van de Franse provincies, de chaos van de slag bij Waterloo, de kunst van vrouwen te verleiden, de burgerlijke stromingen van zijn tijdperk waar hij afwijzend tegenover stond, de aangelegenheden van de Intendance, de muziek van Cimarosa en Haydn.

Toen ik ook nog te weten kwam dat de omvangrijke dagboeken van Stendhal die vol levendige gebeurtenissen en denkbeelden staan voor een groot gedeelte verzonnen waren, maar dan zo dat zelfs de grootste kenner van de tijd van Stendhal er niets op aan te merken zou kunnen hebben, voelde ik onwillekeurig diepe bewondering in mij opkomen voor de genialiteit en de literaire durf van deze raadselachtige eenzame man.

Sindsdien is hij in stilte mijn vriend. Ik kan niet precies zeggen hoeveel wandelingen ik samen met deze wat onbeholpen man gemaakt heb door Rome en het Vaticaan, hoeveel reizen wij hebben gemaakt door oude Franse steden, hoeveel voorstellingen wij hebben bijgewoond in de Scala en hoeveel gesprekken wij hebben gevoerd met de intelligentste mensen uit de negentiende eeuw.

Niet lang daarna lachte het geluk mij toe. De schrijvers Michail Koltsov en Jefim Zozoelja kwamen in Moskou aan. Zij begonnen een tijdschrift voor kunst uit te geven en ik raakte er in verzeild als literair secretaris. Veel werk was er niet te doen want het was zo dun als een schoolschrift waar de helft van de bladzijden uitgescheurd was.

De zelfverzekerde spotlustige en geestige Koltsov liet zich nauwelijks op de redactie zien. Dag in dag uit zat ik van vroeg tot laat in hetzelfde vertrek als Jefim Zozoelja, een man die zo bijziend, goedmoedig en beminnelijk was dat hij in de verste verte niets weg had van een keiharde afgevaardigde uit Moskou. Ik liet Zozoelja het begin van mijn eerste nog niet afgemaakte novelle 'De Romantici' zien. Hij prees deze oprecht, al zei hij er bij dat ik mij een beetje te veel liet verleiden tot zelfanalyse en bovendien wat lang van stof was.

Zelf schreef hij indertijd een cyclus verhalen van elk zo'n vijf, zes regels lang, waarvan hij zei dat zij korter dan een 'mussensnavel' waren. Het waren een soort fabels met ieder voor zich een niet mis te verstane moraal.

Voor Zozoelja was literatuur gelijk aan lering en een zedenles. Volgens mij stond zij echter ver boven deze utilitaristische betekenis verheven en ik was dan ook voortdurend met hem aan het bekvechten.

Toen reeds was ik ervan overtuigd dat de echte literatuur de zuiverste uitdrukking is van de vrije menselijke geest en dat de mens alleen in de literatuur zijn volledige innerlijke rijkdom en gecompliceerdheid ontplooit, evenals zijn zielskracht en daarmede een heleboel zonden uit het dagelijks leven afkoopt. Ik vond dat de literatuur een geschenk van een verre en kostbare toekomst was dat ons nu reeds in de schoot was gevallen en dat in haar de droom van een volmaakte en harmonische wereld en van de onsterfelijke liefde – ook al wordt deze iedere dag opnieuw geboren en sterft ze weer – van eeuw tot eeuw wordt voortgezet.

Het is met de literatuur als met het zachte ruisen van een zeeschelp: het wekt in ons het verlangen om de onmetelijke en stille wateren te aanschouwen die blauw in de ochtendnevel schemeren, een nostalgie naar de wolken die als zilveren rook opstijgen naar het zenith, een nostalgie naar zeeën van ozon die in vochtige bossen ontstaan en verfrissend aandoen, naar een eeuwige zomer, naar een heldere kinderstem, naar een algehele stilte, metgezellin van overpeinzingen. Door een soort verre en toch ook weer heel nabije resonans brengt de literatuur ons nader tot de gouden eeuw van onze gedachten, daden en gevoelens.

Terwijl Zozoelja en ik zo over literatuur discussieerden, zwierven de brutale bendeleiders Zeleny en Stroek in de buurt van Kijev rond en overvielen nu eens hier dan weer daar een voorstad. Op een keer maakte Stroek zich zelfs meester van heel Podol en het was een hele klus hem er weer uit te verdrijven.

Vanuit het zuiden naderden de troepen van generaal Denikin. In de steppen voorbij Krementsjoeg hield Nestor Machno huis.

In de stad had men het er niet vaak over en scheen men aan deze dingen niet veel belang te hechten. De valse geruchten tierden zo welig dat niemand zelfs meer geloofde in tastbare feiten.

XIV / EEN FRAMBOZERODE RIJBROEK MET ZILVEREN BIEZEN

De hoogstaande discussies met Zozoelja over kunst werden onverhoeds afgebroken door mijn rekrutering in het leger. Wegens mijn sterke bijziendheid was ik altijd vrijgesteld geweest van militaire dienst en behoorde ik tot de zogenaamde 'mannen met een blanco kaart'. Maar nu werden onverwachts ook alle tot nu toe vrijgestelden opgeroepen.

Met nog een paar ziekelijke jongemannen werd ik inderhaast gekeurd en bij een wachtregiment ingedeeld.

Het was wel het meest fantastische van alle regimenten die ooit op aarde zijn voorgekomen.

Tijdens een schermutseling tussen de Bolsjewieken en de bende van Machno was een handlanger van Machno gevangen genomen, een zekere Antosjtsjenko of Antonjoek, precies herinner ik me zijn naam niet meer. Laten we hem maar Antosjtsjenko noemen.

Deze Antosjtsjenko zou voor zijn misdaden worden gefusilleerd. Terwijl hij in de gevangenis van Loekjanovka op zijn terechtstelling zat te wachten, zon hij op een kans op redding.

Hij liet de rechter van instructie bij zich komen en dicteerde hem een brief die gericht was aan de voorzitter van de Buitengewone Commissie.[1] Hij schreef erin dat de sowjetautoriteiten niet wisten wat zij met de gevangen genomen bandieten moesten beginnen. Er waren er te veel. Men kon ze niet allemaal fusilleren en het was duur deze opvreters gevangen te houden, vooral in deze hongertijd. Daarom liet men deze bandieten, na ze te hebben ontwapend

1. De zogenaamde 'Tsjeka', orgaan dat met gebruikmaking van alle middelen tot taak had tegen de vijanden van de Revolutie te strijden.

dikwijls weer rustig lopen. De meesten keerden met dezelfde vaart weer terug onder het vaandel van hun bendeleiders en de bloedige uitspattingen kris kras door de Oekraïne begonnen weer van voren af aan.

Antosjtsjenko deed een oplossing aan de hand: hem niet te fusilleren maar integendeel uit de gevangenis te ontslaan. Als tegenprestatie zou hij het dan op zich nemen om uit deze gevangen genomen bandieten van allerlei pluimage een waar modelregiment samen te stellen.

Hij beriep zich op de autoriteit die hij bij de bandieten had en schreef dat niemand anders dan hij deze taak aan zou kunnen.

De regering nam het risico en liet Antosjtsjenko vrij. En inderdaad had hij binnen korte tijd een wachtregiment gevormd waarin alle gevangen bandieten in compagnieën werden ingedeeld: die van de bende van Machno, die van Stroek, van Zeleny, van Grigorjev, van de 'Gouden Engel', van de 'Rode Wambuis' en bovendien nog die waarin de vertegenwoordigers van kleinere en niet zo befaamde benden waren ondergebracht, de zg. 'Restjescompagnie'.

Dat was dus het regiment waarin wij, 'mannen met een blanco kaart' werden ingelijfd.

Om te beginnen werden wij door een gewapende geleide afgehaald op het meldingsbureau en naar de regimentsstaf in Petsjersk gevoerd. Onderweg kregen wij geen antwoord op onze vragen. Onze begeleiders zeiden alleen zo nu en dan onheilspellende dingen als: 'Jullie zullen zelf wel merken wat voor een adder 't is' of 'loop hem niet voor zijn voeten, want hij brengt je gelijk om zeep.' Bedoeld werd blijkbaar commandant Antosjtsjenko.

En toen kreeg je het! We werden in het gelid opgesteld voor een klein oud gebouw met een tuintje ervoor waar de seringen boven het dak uitgroeiden. Niets wees op een dreigend gevaar, ook al voorspelden de bleke gespannen gezichten van onze gewapende begeleiders niets goeds.

Zwaaiend op zijn kromme krabbebenen kwam een gedrongen man met zwarte bakkebaarden uit het huis vandaan. Hij droeg een rode wollen jekker en een frambozerode rijbroek met zilveren biezen. Aan zijn roodleren laarzen rinkelden reusachtige sporen. Zijn dikke vingers staken in gerimpelde roodleren handschoenen. Hij had een bontmuts op met een scharlakenrood bovenstuk.

Dat was dus de karikaturale 'rode commandant' zoals hij leefde in de verbeelding van de voor niets terugdeinzende bende van Machno.

Niemand van de rekruten lachte, integendeel de meesten konden een huivering niet onderdrukken bij het zien van zijn lichte, van woede bijna witte ogen. Wij voelden gewoon dat dit Antosjtsjenko moest zijn.

Aan zijn gordel hing een mauser met een grote houten kolf en op zijn heup een grote sabel in een met zilver versierde schede.

Hij haalde een sneeuwwitte zakdoek uit de zak van zijn rijbroek, sloeg hem met een delicaat gebaar uit en veegde zijn mond af. Daarop vroeg hij met hese stem:

'Waar komen jullie nu mee aanzetten, jongens? Een zootje bocht?' De begeleidende soldaten bewaarden het stilzwijgen.

Antosjtsjenko liep langzaam door onze rijen en monsterde ons van top tot teen. Achter hem aan kwamen twee lange commandanten, waarschijnlijk zijn bataljonschefs.

Plotseling rukte Antosjtsjenko zijn kromme sabel uit de schede en schreeuwde met een hoge overslaande stem:

'Ik zal jullie verdomme leren hoe men de Revolutie dient! Stelletje jonge honden! Weten jullie wie ik ben? Met deze sabel hier heb ik generaal Kaledin in de pan gehakt, dus denken jullie vooral niet dat ik zachtjes met jullie zal omspringen. Er gaat geen dag voorbij zonder dat ik twaalf glazen bloed uithoest. Ik heb overal kogels in mijn lijf gehad in dienst van mijn vaderland en daarom stuurt Moskou mij elke maand dertigduizend roebel in goud toe als zakgeld. Weten jullie dat of niet? Maar misschien weten jullie wel dat ik met zulke ventjes als jullie hele korte metten maak: een stuk lood in jullie nek en hup, onder de grond!'

Zijn geschreeuw ging in krijsen over. In zijn mondhoeken sprongen speekselblaasjes. Het was duidelijk dat we een krankzinnige of een epilepticus voor ons hadden.

Hij ging met zijn neus vlak bij een lange jongeman met een bril staan, waarschijnlijk een student en tikte hem met het gevest van zijn sabel onder zijn kin.

'Wat nou?' vroeg hij terwijl hij de jongen met een dronken blik aanstaarde. 'Heb je een bril opgezet? Met deze handen heb ik mijn eigen vrouw wegens ontrouw de nek omgedraaid.' Hij toonde ons zijn wijdgespreide korte vingers in de gerimpelde klaarblijkelijk veel te grote purperrode handschoenen. 'Jij denkt zeker dat je indruk op me maakt met die bril van je. Ik zal je levend villen, zonder dat iemand ook maar een kik zal geven.'

Wij zwegen verbluft, terwijl we ons afvroegen wat er gebeurde en waar we waren. Onze begeleiders keken gespannen en met een boosaardige blik naar Antosjtsjenko. Alleen de bataljonschefs stonden er onverstoorbaar bij en bekeken ons met een verveelde blik. Blijkbaar waren ze dergelijke taferelen gewoon. Antosjtsjenko sprong achteruit en schreeuwde gewild vrolijk: 'Nou, wie van jullie kan er lezen en schrijven? Laten die drie stappen vooruit doen!'

Daarbij maakte hij een uitdagend gebaar met zijn ontblote sabel.

Ik zou net een stap vooruit doen toen de begeleider die vlak bij mij stond heel zachtjes tegen mij fluisterde:

'Blijf staan! Loop niet naar voren!'

Ik bleef staan. We konden natuurlijk allemaal lezen en schrijven, maar velen hadden in Antosjtsjenko's stem onheil bespeurd en dus traden er niet meer dan zo'n tien tot vijftien man uit het gelid. Dit verbaasde Antosjtsjenko helemaal niet.

'Wie van jullie speelt er muziek?' vroeg hij opnieuw op vrolijke toon, en weer zei de soldaat fluisterend tegen mij:

'Niet naar voren lopen!'

Vervolgens riep Antosjtsjenko schertsend en grinnikend na elkaar de schoenmakers, zangers en kleermakers naar voren. De mannen waren nu wat minder opgewonden en velen liepen naar voren. Er bleven slechts een twaalftal analfabeten en nietsnutten over, waaronder ik: waarschijnlijk alleen diegenen die door de begeleiders gewaarschuwd hadden kunnen worden.

Daarop wendde Antosjtsjenko zich tot een van de bataljonschefs en zei op vermoeide toon tegen hem:

'Bataljonschef! Zie je deze profiteurs die erop aasden als schrijver bij de staf te komen of de broeken van de soldaten te verstellen in plaats van de heldendood te sterven voor de boeren in de wereld? Zie je deze intelligente smeerlappen die naar warme plekkies solliciteren zonder dat ze er recht op hebben.'

'Dat zie ik, kameraad commandant,' antwoordde de bataljonschef verveeld.

'Die worden vandaag nog bij Tripolje tegen Zeleny in de strijd gestuurd. Als d'r ook maar een levend van terug komt dan kost dat je de eigen kop, bataljonschef! Dat zweer ik bij mijn moeder!'

'Tot uw orders, kameraad commandant,' zei de bataljonschef op dezelfde verveelde toon.

Antosjtsjenko keek ons analfabeten vluchtig aan, stak behendig zijn sabel in de schede en zei:

'Dat gespuis wil ik niet eens meer zien. Naar het kledingmagazijn er mee! In de pas naar de duivel zijn moer!'

Wij werden van de anderen gescheiden en naar Fort Nikolas gebracht waar het wachtregiment ingekwartierd was.

Het halfronde vestingwerk dat omringd was door grachten waarvan de zijkanten begroeid waren met vlierstruiken, lag op een loodrechte helling vlak boven de Dnjepr in de buurt van het Marinskipark. Als kind had ik veel tijd doorgebracht in dit schaduwrijke verlaten park, vooral in de lente. Op een keer was ik daar een adelborst tegengekomen en had ik voor het eerst een brandend verlangen gevoeld naar verre zeereizen. Ik had er bij het zoemen van de bijen in de jasmijnstruiken vele verzenbundels gelezen waarvan ik de regels die mij bijzonder troffen eindeloos, bijna tot gek wordens toe voor mij zelf herhaalde. Het grijze fort Nikolas met zijn schietgaten, gewelven, bouwvallige ophaalbrug aan roestige kettingen en bronzen leeuwenkoppen aan de gietijzeren poort, kwam mij daarom voor als een van de meest romantische plekjes ter wereld.

Het was leeg en verlaten. Op het plein dat oorspronkelijk bestemd was voor exercities en parades, schoot het gras hoog op. Onder het dak van het fort nestelden zwaluwen. De geur van warm verflenst zomerloof drong door de kapotte vensters naar binnen.

Nooit had iemand dit fort belegerd, vele jaren achtereen had het het bestaan geleid van een volkomen vreedzaam bouwwerk.

Dit vreedzame beeld van Fort Nikolas zat al zo'n tijd in mijn geheugen gegrift dat ik op dat moment gewoon blij was binnen zijn muren mijn militaire dienst te zullen verrichten. Maar meteen daarop viel mijn naïeve voorstelling als een kaartenhuis ineen. Van binnen was het fort somber en vuil. De beschimmelde muren waren volgeklad met vieze woorden en stonden te trillen van het laarzengestamp, geschreeuw, gezang, gevloek en gescheld in alle toonaarden. Er hing zo'n sterke kazernelucht dat je kleren er onmiddellijk en voor altijd mee doordrongen raakten.

In een stoffige gang met een ongeschaafde plankenvloer moesten wij weer aantreden. De commandant van de intendancecompagnie, een bleke vrouwelijk aandoende man die waarschijnlijk officier in het leger van de Tsaar was geweest, kwam naar ons toe. Hij keek vol medelijden naar ons, klopte met zijn rijzweepje tegen zijn laars en zei: 'Nou en, hebben jullie die dolle hond gezien? Hij is het doodslaan nog niet waard!'

We begrepen niet of hij het meende of dat hij ons uitlokte en hielden dus in ieder geval maar onze mond.

'Tsjonge!' zei de compagniescommandant. 'Stelletje schijtlaarzen, voorwaarts mars naar de kelder aardappelen schillen.'

Tot 's avonds zaten we in een koude ondergrondse kazemat rotte natte aardappelen te schillen. De muren dropen van het vocht. In de donkere hoeken piepten ratten.

Door een smalle vensternis drong een flauw lichtschijnsel. Je kreeg stijve vingers van de koude, glibberige aardappels.

We spraken op gedempte toon met elkaar. Zo kwam ik aan de weet dat mijn buurman, een kleine gelaten man met droevige rood geworden ogen achter een bril, Joseph Morgenstern heette en dat hij voor de oorlog arbeider was geweest in een scheermessenfabriek in Lodz.

's Avonds keerden wij in de kazerne terug. Ik ging op de kale brits liggen en viel dadelijk in slaap.

Midden in de nacht werd ik wakker van luid hoefgetrappel. Ik deed mijn ogen open. De gloeilamp die aan een lang snoer aan het plafond hing, verspreidde een zwak schijnsel. Overal klonk in allerlei toonaarden gesnurk op. De hangklok wees drie uur aan.

In het gelige licht zag ik Antosjtsjenko die op een bruin paard door de hoge gewelven van de gang reed en ik hoorde de hoeven van zijn zwaarlijvige paard over de stenen plavuizen kletteren. Een kabel van de veldtelefoon hing dwars over de gang en versperde hem de weg. Hij hield zijn paard in, trok zijn sabel en hieuw de draad door midden.

Hij reed uit de gang onze slaapzaal op, hield zijn paard in en schreeuwde:

'Intendancecompagnie! Aantreden!'

De geschrokken nog half slapende mannen sprongen van hun kooi en gingen haastig in het gelid staan. De meesten hadden geen schoenen aan en stonden slaapdronken met hun blote voeten op de stenen vloer te rillen.

'Zo meteen,' zei Antosjtsjenko bedaard, 'zal ik een mitrailleurschutter opdracht geven jullie allemaal als kwartels neer te schieten. Jullie denken zeker dat ik niet weet dat jullie van plan zijn jullie commandant te vermoorden en dat jullie hem een dolle hond hebben genoemd.'

Zijn stem was hysterisch beginnen over te slaan.

'Een mitrailleurschutter hierheen!' schreeuwde hij terwijl hij zich omdraaide. Nu pas merkten wij dat achter Antosjtsjenko twee ordonnansen in de deuropening stonden. 'Waar zit die verduivelde vent toch?'

'Kameraad commandant,' zei een van de ordonnansen voorzichtig, 'komt u in Gods naam mee naar huis.'

'Ik knal ze neer!' brulde Antosjtsjenko razend terwijl hij in het zadel zat te zwaaien. 'Ik zal jullie in mootjes hakken, brillejoden. Stelletje schapen, ik zal met een cirkelzaag bouten van jullie maken.'

Zijn ademhaling werd reutelend, het schuim stond hem op de mond en hij begon langzaam uit het zadel te glijden.

Wij verroerden geen vin. Later bleek het dat we allemaal op dat ogenblik dezelfde gedachte hadden gehad: om als Antosjtsjenko inderdaad een mitrailleurschutter had laten komen, op het geweerrek af te stormen en het vuur te openen.

De ordonnansen vingen Antosjtsjenko in zijn val op, sleepten hem naar de gang en vervolgens naar de binnenplaats, de frisse lucht in. Het zwaarlijvige paard volgde hen onverschillig als een speelgoedbeest waarvan de veer afloopt.

Niemand van ons soldaten van de intendancecompagnie, toevallig bij dit legeronderdeel terecht gekomen als we waren, kon begrijpen hoe hier in Kijev in de onmiddellijke nabijheid van de Kresjtsjatik, van theaters, van de universiteit, van bibliotheken en symfonieconcerten, in de nabijheid van eenvoudige fatsoenlijke mensen, dit smerige bandietennest met aan het hoofd een half waanzinnige zieke commandant kon bestaan.

Het leven van dit regiment leek op een nachtmerrie. Op elk moment van de dag kon Antosjtsjenko iemand van ons doodschieten. Het leven van ons ieder hing uitsluitend af van wat deze gek toevallig in zijn hoofd kreeg. Iedere dag weer verwachtten wij nieuwe vernederende invallen van hem en hij stelde ons nooit teleur.

We zaten in het fort opgesloten, permissie om naar de stad te gaan, kreeg men niet. Maar zelfs wanneer wij daar toestemming voor zouden hebben gekregen, dan hadden we toch bij niemand ons hart kunnen luchten over wat er zich allemaal in het fort afspeelde. Dat zou trouwens nutteloos zijn geweest, want niemand zou ons ook geloofd hebben.

Wij besloten naar de regering en naar Podvojski, commissaris voor militaire aangelegenheden, te schrijven, maar de gebeurtenissen waren ons voor.

Een paar dagen waren er betrekkelijk rustig verlopen. Een gedeelte van het regiment was in de buurt van Tripolje in de strijd geworpen tegen Zeleny en de achtergebleven compagnieën hielden de wacht in Kijev: ze bewaakten pakhuizen, het goederenstation en namen deel aan razzia's tegen zwarthandelaren op de Bessarab en in de buurt van het beroemde café Semadeni aan de Kresjtsjatik.

Maar op een keer laat in de nacht werd het regiment in alarm gebracht en moest in een groot carré aantreden op de exercitieplaats voor het fort. Niemand wist wat er aan de hand was. Naar verluiden zou een onbekende bende vanuit Svatosjino de stad naderen en wij moesten deze terugdringen.

De lichte opwinding van de soldaten sloeg zelfs over op onze intendancecompagnie, bewapend met Japanse geweren, maar zonder een enkele patroon.

We wachtten op het exercitieplein op de dingen die komen gingen. Achter de Dnjepr brak de regenachtige morgen door. De bladeren van de kastanjes waren verwelkt en lieten hun brede groene vingers slap neerhangen. Het rook naar stoffig gras en men kon de klok van het Holenklooster vier uur horen slaan, waar niemand zich om bekommerde.

'Regiment, geeft acht!' riepen de compagniecommandanten in velerlei toonaarden. De soldaten gingen in de houding staan en verroerden zich niet meer.

Een zwartgelakte landauer reed snel naar het midden van het plein. Daar bleven de twee Orlovdravers, appelschimmels, staan en begonnen met hun hoeven over de grond te schrapen.

Rechtop in de landauer stond Antosjtsjenko; drie juffertjes met elegante hoedjes op zaten naast hem. De meisjes stootten elkaar met de ellebogen aan, slaakten verrukte kreetjes en giechelden luid.

'Regiment opgelet,' brulde de dronken stem van Antosjtsjenko met een lange uithaal en hij hief zijn sabel boven zijn hoofd. 'Rond mijn rijtuig... afdelingsgewijs opmarcheren... met mijn lievelingslied... paradepas... voorwaarts... mars!'

Hij liet zijn sabel zakken. Het regiment verroerde zich niet. Alleen de eerste compagnie, die van de bende van Machno, begon aarzelend en uit de pas rond het rijtuig te marcheren. Onder het aanheffen van het lied: 'Huil niet Maroesja, jij wordt van mij.' Maar ze zwegen dadelijk weer en de compagnie bleef verward staan.

'Mars!' riep Antosjtsjenko met een razende stem. En het regiment bleef nog altijd even onbeweeglijk en zwijgend staan. De meisjes hielden op met lachen. Er viel zo'n diepe stilte dat men de door woede hortende ademhaling van Antosjtsjenko kon horen.

'Aha, zit het zo, jullie kinderen van een loopse teef!' hijgde Antosjtsjenko en haalde zijn mauser uit de revolvertas. Op het zelfde ogenblik werd er in de achterste gelederen luid geroepen:

'Jij vermaakt je wel met je sletjes, vuillak! Jaag hem een kogel door zijn lijf jongens, knal hem het graf in!'

Er dreunde een geweerschot. Antosjtsjenko's koetsier liet de dravers zo'n scherpe wending maken dat ze steigerden en de landauer vloog het plein af en de straat op die langs de omheining van het Marinskipark liep.

Er werden hem nog een paar schoten achterna gevuurd. Dan raakten de gelederen in rep en roer, links en rechts werd er geschreeuwd en ontzettend gevloekt. De Machnocompagnie werd tegen de muur gedrukt. Zij verdedigde zich met de kolven van hun geweer. Boven alle lawaai op het plein en het fort, ja zelfs boven heel Kijev uit weerklonk een schril gefluit: de mannen floten op de manier van struikrovers op hun vingers.

'Naar de kazernes! Kalmte!' riepen de commandanten, zonder dat iemand nog op hen lette. Men was aan het muiten geslagen.

De Machnomannen kregen het het zwaarst te verduren, waarschijnlijk omdat deze de lievelingscompagnie van Antosjtsjenko vormden. Men nam de gelegenheid waar meteen ook de koks en magazijnmeesters een flink pak rammel te verkopen. Zij verschansten zich op de eerste verdieping van het fort en begonnen terug te vuren.

Het viel niet mee te begrijpen wat er precies gaande was. Bezeten kreten schalden over het plein, de trappen en de kazematten. Gelukkig werd er op onze intendancecompagnie niet gelet zodat wij ons zonder verliezen konden terugtrekken naar onze slaapzaal, die we barricadeerden.

De muiterij hield na twee uur op toen Fort Nikolas ingesloten werd door het naburige, uit krijgsgevangen genomen Hongaren en Oostenrijkers geformeerde Internationaal Regiment. Hoe verwonderlijk dat ook mag lijken, doden waren er niet gevallen, alleen wat gewonden. De volgende dag om elf uur 's morgens werd het regiment opnieuw in alarmtoestand gebracht en moest op het plein aantreden. De mensen vloekten over en weer en gingen somber en met tegenzin in het gelid staan.

Men deelde het regiment mee dat er leden van de regering werden verwacht om met de soldaten te spreken en het gebeurde volledig uit te pluizen. Er ging een zucht van verlichting door de gelederen.

In het midden van de carré werd een tribune van planken in elkaar gezet. Niet lang daarna kwamen de regeringsleden met Rakovski aan het hoofd in auto's aanrijden.

Het regiment presenteerde het geweer. Een orkest speelde de Internationale en wie de onbeweeglijk in het gelid staande soldaten zo zag, zou nooit hebben geloofd dat nog maar een paar uur terug in dit regiment een oproer had gewoed. Slechts een paar soldaten hadden wegens lichte kwetsuren een pasgelegd verband om hun hoofd.

Onopvallend liep Antosjtsjenko naar de tribune. Hij salueerde niet naar het regiment maar stelde zich op de tribune naast de regeringsleden op en trachtte zelfs op flemende toon een gesprek met hen aan te knopen. Maar hij kreeg geen antwoord.

Als eerste nam Rakovski het woord. Hij sprak gevoelig en vriendelijk, stelde de soldaten gerust en zei dat een speciale regeringscommissie in de komende drie dagen alle klachten over de regimentscommandant zou onderzoeken en mits deze gegrond waren, tot de strengste maatregelen zou overgaan.

Antosjtsjenko stond achter Rakovski. Zijn gezicht was rood aangelopen, zijn wang met het vuurrode litteken werd geteisterd door een nerveuze tic. Steeds weer krampte zijn hand samen om het gevest van zijn sabel. Ten slotte hield Antosjtsjenko het niet langer uit, schoof Rakovski opzij en brulde:

'Is het dan reëel, kameraad Rakovski, met zoveel delicatesse tegen deze bloedhonden te spreken! De regering is een en al begrip voor jullie maar ik wil daar niet aan meedoen. Waarom zou ik zulk drek met handschoentjes moeten aanpakken. Ik zal het eens op mijn manier met jullie over een paar dingen hebben. Ten eerste, hoe hebben jullie, kinderen van een loopse teef, het in je hoofd kunnen krijgen je over je vader en commandant te beklagen bij onze hoogvereerde regering? Hoe hebben jullie dat in je kop gekregen! Jullie moeten je niet beklagen maar mijn handen kussen. Wie heeft er van dit stelletje boeventronies mensen gemaakt? Ik, Antosjtsjenko! Wie heeft er jullie schoenen en kleding gegeven? Diezelfde Antosjtsjenko! Wie geeft jullie gerstebrij met plantenolie te vreten en verschaft jullie volop rookwerk? Weer diezelfde commandant kameraad Antosjtsjenko! Als ik er niet was geweest, dan had men jullie lieverdjes allemaal bij elkaar neergeknald, dat zweer ik bij mijn vadertje, schoenmaker in Christinovka. Maar jullie gaan klagen! Jullie slaan aan het muiten! Pestlijers! Jij daar met je rooie smoelwerk: drie stappen vooruit! Nee niet jij, maar die daar in die Oostenrijkse soldatenjas. Wie heeft jou die jas gegeven, vriendje? Nou zeg eens op!'

De aangesproken soldaat deed drie stappen uit het gelid, ging in de houding staan maar bleef echter zwijgen.

'Ik heb jou alles gegeven. Ik, lekkere wipneus dat je bent! En wie heeft je soms beenwikkels van blauwe wol gegeven uit zuiver wollen Engelse stof? Dat weet je niet, daar sta je van te knipperen. Ik, commandant Antosjtsjenko, heb je die gegeven tegen de voorschriften in, want het zijn officiersputtees. Ik heb medelijden met jou gehad, stuk verdriet. Wat sta je me stom aan te staren alsof je niet tot tien kunt tellen? En nu ten tweede! Jullie hebben het lef over de commandant te klagen terwijl jullie zelf het brood van de Staat aan de monniken van het Holenklooster verkopen. Denken jullie dat ik dat niet weet! En wie handelt er in uniformjassen op de Zjitny-markt? En wie heeft er op de Vladimirheuvel een paar lichte meisjes uitgekleed en spiernaakt door Kijev, de moeder van de Russische steden, gestuurd? Ik weet alles. Ik heb jullie allemaal in mijn hand, kijk hier,' schreeuwde Antosjtsjenko en kneep zijn rood gehandschoende vuist een paar maal dicht. 'Ik kan ieder van jullie dadelijk laten fusilleren.'

Een adjudant trachtte Antosjtsjenko tot bedaren te brengen maar deze had nog geen blik voor hem over.

'Jullie stoken zelf drank in alle hoeken en gaten, uit gasmaskers hebben jullie distilleerbuizen gefabriceerd. De patronen gebruiken jullie voor tijdverdrijf en allerlei wandaden, terwijl men er aan het front voor de strijd tegen de vrije Oekraïnse bendeleiders te kort heeft. Maar zo is het genoeg! Zo kan het wel! Ik vergeef jullie in bijzijn van de regering. Vooruit er maar mee, ik ben niet haatdragend. Wat hebben zulke kale luizen ook te verliezen. Dus, regiment, geeft acht!' Hij trok zijn kromme sabel waarvan de kling iel door de vochtige morgenlucht flitste.

'Met gezang in paradepas langs de tribune van de regering defileren, en sectie voor sectie uit de rechterflank, voorwaarts... mars!'

De fanfare speelde van je hoempa en onder de tonen van een schalks lied marcheerde het regiment onbeholpen in paradepas langs de tribune. De eerste compagnie zong daverend het lied:

Een kuiken wilde pralen,
En liep op bastsandalen,
op zijn dooie akkertje naar 't bad.
Men pakte het in zijn kraag,
En stelde het de vraag,
Of hij wel een paspoort had.

De leden van de regering wachtten het einde van de parade niet af, verlieten snel de tribune en reden weg.

Het regiment vroeg zich af waar dit allemaal op uit zou lopen. Allen waren er van overtuigd dat Antosjtsjenko van zijn functies ontheven en gedegradeerd zou worden. Maar de dagen kwamen en gingen terwijl alles bij het oude bleef. Blijkbaar had de regering wel iets anders aan het hoofd dan het geval Antosjtsjenko. Denikin had Odessa ingenomen. De toestand werd alarmerend.

Antosjtsjenko liep met zijn neus in de wind en begon ons nog erger te treiteren dan vóór de befaamde muiterij.

Het was een soldaat van onze compagnie – de kleine stille Josef Morgenstern die ik in het begin van dit hoofdstuk reeds heb genoemd – die er voor zorgde dat er een eind kwam aan het bewogen bestaan van het wachtregiment.

Deze zachtmoedige nederige man haatte Antosjtsjenko met een koude bezeten grimmigheid. Vooral nadat deze beloofd had alle joden in het regiment 'murw' te maken en het regiment te zuiveren van de 'Jeruzalemse aristocraten'.

Op een dag moest ons regiment tegen het reglement in wacht lopen bij de pakhuizen achter het kerkhof Bajkovos en per geweer werden zelfs twee scherpe patronen verstrekt.

De nacht was warm. De geuren van bloeiende violieren kwamen

aandrijven. Midden in de nacht kwam boven het donkere Kijev de sikkel van de stervende maan op die door de geluidloze Oekrainse nacht dreef.

Om niet in slaap te vallen neuriede ik allerlei liedjes zacht voor mij uit. Net toen ik het oude liedje:

Stilte heerst op de Nevatoren,
Het lawaai van de stad is niet te horen.
Het maanlicht van de middernacht,
Glanst mat op de bajonet van de schildwacht...

zong, hoorde ik hoefgetrappel. Iemand reed op het pakhuis toe en sprong woest vloekend uit het zadel. Ik herkende de stem van onze commandant die soms 's nachts zelf de wachtposten controleerde.

Hij liep naar het pakhuis toe. Morgenstern hield de wacht bij de hoofdingang. 'Wie daar?' riep hij met zijn iele stem.

'Wat nou, heb je poep in je ogen, varkensoor!' schreeuwde Antosjtsjenko. 'Zie je niet wie er is?'

Toen riep Morgenstern die de stem van de commandant natuurlijk dadelijk herkend had, net alsof hij zich streng aan de voorschriften hield, snel driemaal achter elkaar. 'Wie daar? Wie daar? Wie daar?' en zonder het antwoord af te wachten schoot hij Antosjtsjenko in enen van op korte afstand dood.

Morgenstern werd gearresteerd, maar de volgende dag al vrijgelaten en het regiment werd onmiddellijk ontbonden. Onze intendancecompagnie werd naar huis gestuurd.

De schemering was al lang gevallen, toen ik naar huis liep door de Institoetskaja-straat langs het gebouw van de Staatsbank dat in een grillige bui door zijn architect gebouwd was naar het voorbeeld van het Dogenpaleis in Venetië. Het was benauwd weer, er was onweer op til en verre bliksemschichten blonken in de zwarte gepolijste zuilen van het gebouw. Een koel briesje begon in de kastanjes te ruisen en ging weer liggen.

Een raam stond open en binnen in de donkere kamer zocht iemand naar een melodie op de piano en zong met een baritonstem:

'Hij is ver weg en zal je diepe smart nooit kennen.' In het voortuintje geurde het gras.

En plotseling moest ik denken aan de nacht van het afscheidsbal van het gymnasium, toen ik Olja Bogoesjevitsj via deze straat naar huis bracht en met haar onder deze kastanjes had gelopen. Ik had haar jurk zelfs voor die feestavond te mooi gevonden. Ook zij zelf was een en al schoonheid en vreugde geweest.

Ik dacht aan deze nacht, aan haar van opwinding koude vingers toen wij voor haar huis afscheid van elkaar namen, en aan haar ogen die onweerstaanbaar glansden in het schijnsel van de lantaarn. Dit alles leek nu op een ongeloofwaardige droom van honderd jaar geleden.

Het was niet te geloven dat deze wereld van bliksemschichten en kastanjes, fris gras en vredige stemmen, het schuchtere beven en de vertedering van een meisje, van boeken, gedichten en onuitgesproken hoop – zo'n eenvoudige en zuivere wereld – een fanaticus kon dulden, als de met geronnen bloed bedekte Antosjtsjenko, met zijn waanzinnig glanzende ogen, een 'stuk duivels gebroed' zoals Morgenstern zei. Onwillekeurig moest ik denken hoe ragfijn het laagje beschaving nog is en wat een onpeilbare en bodemloze afgronden vol wildernis en duisternis er nog onderscholen. Maar het licht van de menselijke geest zou eens deze afgronden tot op de bodem beschijnen. Met deze grootse taak voor ogen moesten wij werken aan onze toekomst, aan de nog onvolledige structuur van ons bestaan.

Twintig jaar later moest ik eens een lezing houden voor de lezers van een Bibliotheek in de stad Alma Ata.

De late herfst liet de droge harde bladeren van de populieren ritselen. De bevloeiingskanalen voerden ijskoud water van de bergen aan dat de geur van de zee met zich meedroeg. Boven de toppen van de Ala-Taoe hingen dichte luchten en als men er naar keek, voelde men dat India erachter lag.

Na de lezing, kwam er een gedrongen man met melancholieke ogen en spierwitte haren naar mij toe.

'Herkent u mij niet?' vroeg hij.

'Nee, ik herinner mij u niet.'

'Ik ben Morgenstern. Wij zaten samen in het wachtregiment in Kijev.'

'Wat doet u nu?,' vroeg ik hem.

'Dat is onbelangrijk,' antwoordde hij kort lachend. 'Maar ik ben blij voor u. U moet absoluut in uw boeken alle mensen die u in uw leven ontmoet heeft in een waar licht stellen waaronder ook uw regimentskameraad Morgenstern.'

XV / KIJEV WORDT GEKNEED

Het was een winderige zomermorgen. Iedere keer wanneer de wind opstak, ruisten de kastanjes buiten voor de ramen, en ver weg in de richting van Fastov bulderden de kanonnen. Daar vocht het Rode Leger tegen de uit het zuiden opgerukte troepen van Denikin.

In de woning van Amalia rook het naar vers gemalen koffie. Zij was bezig de laatste bonen fijn te malen en de molen knarste en piepte zo klaaglijk alsof hij zijn einde voelde naderen. Net als altijd deed het huis door de koffiegeur behaaglijker aan, ofschoon het aan de muur hangend 'geschenk van de zee', een kapotte thermometer die met schelpjes was versierd, zomer en winter door dezelfde temperatuur aangaf, namelijk drie graden onder nul. Door deze eeuwige drie graden onder nul leek het huis soms kouder dan het in werkelijkheid was.

Er klopte iemand aan de keukendeur. Ik hoorde dat Amalia open ging doen. Even bleef het stil. Dan riep zij plotseling met een gesmoorde stem:

'Ja, hij is hier! Hier! Natuurlijk!' haar stem brak.

Ik rende naar de keuken. Daar stonden twee bedelaarsters die onder het stof zaten. Hun gezicht ging schuil achter hun hoofddoek zodat je nauwelijks hun ogen kon zien.

De kleinste van de twee riep:

'Kostik!' zeeg op een krukje en liet haar hoofd op de keukentafel zinken. Een zelfgemaakte bedelstaf van notenhout viel uit haar hand en kletterde op de grond.

Ik herkende de stem van mijn moeder. Ik knielde voor haar neer en trachtte haar gelaat te onderscheiden. Zonder mij aan te kijken, sloot ze mijn wangen stevig in haar koude dorre handen en droge snikken welden in haar op. Alleen haar stotende ademhaling verried haar gevoelens.

En Galja bleef staan, bang een beweging te maken: zij zag vast bijna niets meer. Ik merkte dat haar voeten in lappen gewikkeld zaten die uit een gestikte deken waren geknipt en die met kruislings er omheen gebonden touwtjes om haar benen zaten. Ik zie nu nog deze lappen met het groene patroontje voor mij. Galja droeg geen bril. Met gestrekte hals keek zij strak naar de hoek van de keuken waar een rococokapstok donker afstak en vroeg aan mijn moeder:

'En? is Kostik hier nu? Waarom antwoord je niet? Waar is hij?'

Mamma en Galja waren lopend van Kopan naar Kijev gekomen. Het leven in Kopan was onmogelijk geworden. Bijna iedere dag werd het landgoed door kleine bendes overvallen, maar ze lieten Mamma en Galja met rust omdat ze wel zagen dat er bij hun niets meer te halen viel.

Sommige bandieten hadden zelfs medelijden met mijn moeder gekregen en hadden haar bij het weggaan een handjevol scheepsbeschuiten, of een raapkoek gegeven. Een van hen had haar zelfs een prachtige Spaanse sjaal geschonken die echter vol gaten zat. Hij beweerde dat hij hem uit het theater van Zjitomir meegepikt had.

Deze laatste met de bijnaam: 'Engel der Wraak' deed voor moeder de maat vol zijn. Moeder die onder de hand al tientallen bendeleiders had gezien, was stom verbaasd geweest dat de 'Engel der Wraak' een gedoopte jood met een baard en een bril bleek te zijn. Vroeger had hij een apotheek in Radomysl gehad en hij ging er prat op dat hij een overtuigd anarchist was.

Hij sprak mijn moeder met 'Madame' aan, stal alles tot aan haar laatste naald toe, mee, maar liet wel een gedetailleerde lijst achter van alle voorwerpen die hij zich toegeëigend had met de belofte dat zij alles vergoed zou krijgen, zodra 'de anarchie over de hele wereld heerste!'

Mamma en Golja hadden meer dan twee weken nodig gehad om in Kijev te komen. Zij hadden zich voor bedelaarsters uitgegeven waar zij inderdaad ook precies op leken. Galja had geen bril op en had zich als een volslagen blinde aan mijn moeders schouder vastgehouden. Niemand zou geloofd hebben dat zij echte bedelaarsters waren als Galja haar bril had opgehouden, want in die roerige tijd stond men wantrouwend tegenover mensen met een bril. Bijna alle 'brillejoden' werden als sluwe vijanden beschouwd en diep gehaat. Het is opvallend dat dit wantrouwen voor mensen met brillen tot op heden bestaat en minachtende bijnamen, zoals 'brilmans' heeft doen ontstaan.

Een paar dagen lang deden Mamma en Galja niets anders dan slapen en uitrusten en er lag voortdurend een uitdrukking van rust en geluk op hun gezicht –. Dan kon moeder zoals altijd, niet langer stil zitten. De twee vrouwen hadden onmiddellijk vriendschap voor elkaar opgevat, en weldra ratelden er twee naaimachines in huis terwijl mijn zuster zich bezig hield met het vervaardigen van kunstbloemen.

Zij had er lang werk mee, deed het heel zorgvuldig en gebruikte er kleine restjes stof voor van allerlei kleuren. Met verbazing bekeek ik haar verzameling stalen instrumenten en sjablonen, waarmee zij bloemkroontjes voor dubbele margrieten, rozeblaadjes en allerlei verschillend gevormde blaadjes uit grof papkatoen knipte. De meeldraden en knoppen vergden bijzonder veel tijd.

De bloemen waren mooi, maar roken naar lijm en verf en werden heel gauw stoffig.

Diep in mijn hart was ik ervan overtuigd dat deze bezigheid van Galja vrij zinloos was, vooral in deze tijd van revolutie, honger en burgeroorlog. Wie zou er nu deze bloemen kopen in een tijd waarin mensen levensgevaarlijke halsbrekende toeren uitvoerden om een pondje gepelde gerst of een glas zonnebloemolie te bemachtigen? Maar ik bleek ongelijk te hebben.

In de kleine winkeltjes bij het kerkhof van Bajkovo waar druk gehandeld werd in goedkope grafkransen, hekken voor de graven (die voornamelijk uit oude ledikanten werden vervaardigd), marmeren grafzerken zo broos als suikergoed, en ijzeren kruisen die overladen waren met tierelantijntjes, vlogen de stofbloemen de deur uit.

Iedere week kwam er een oude opkoopster bij Galja langs, nam haar bloemen mee en gaf haar de raad er minder op te zwoegen: ze verkocht ze toch wel want er waren geen andere.

Dergelijke raadgevingen verontwaardigden mijn zusje en ze bleef soms een hele dag over een enkel theeroosje doen. Zij had een bijna masochistisch plichtsbesef.

Het oude mens, dat altijd klaar stond om te filosoferen, hing tamelijk duistere theorieën over de menselijke beroepen aan. Zij zette deze graag op een eentonige dreun uiteen.

'Wanneer er een tijd aanbreekt zoals de onze,' zei ze, 'dan kun je slechts geld verdienen aan dingen die hier op aarde altijd geweest zijn en zullen zijn, ondanks al onze revoluties en oorlogen. Ten eerste zullen de haren van de mensen blijven groeien zolang om zo te zeggen de aarde aan de hemel draait. En als maar draait, dag en nacht, vergeet dat niet. Daaruit kunt u geloof ik de conclusie trekken dat kapper het voordeligste beroep is. Ten tweede zullen de mensen altijd blijven dood gaan. Wat voor regering er ook aan de macht is, de mensen moeten begraven worden. Ze kunnen toch niet hun eigen graf graven, er een krans op leggen en zelf op de zerk zetten: 'Slaap in vrede, mijn lieve man Jasja' of 'Je bent gevallen, onverschrokken held, schrik van de vijand'. Hetgeen wil zeggen dat ook op dit terrein altijd een paar centen zijn te verdienen. Zo is het nu eenmaal. De een z'n dood, is de ander z'n brood. Wat bij de een tranen veroorzaakt, betekent voor de ander een beker melk.'

Iedereen in huis, behalve Galja was voor deze kwaadaardige oude vrouw die naar het kerkhof rook bang. Alleen Galja ging moedig in op haar vruchteloze discussies.

In het zuiden van de stad werd het kanongebulder steeds sterker. De sowjettroepen vochten al met de troepen van Denikin om de toegangswegen van de stad.

Bij de 'Neteldoekinstantie' waarnaar ik uit het wachtregiment was teruggekeerd, begon men de boel te evacueren. De balen werden naar het goederenstation gebracht om naar het noorden te worden vervoerd.

Toen ik op een morgen bij het bureau aankwam, zat er een briefje met punaises op de deur geprikt. Het was getypt op de stottermachine die ik wel kende en waarop de letter 'r' ontbrak zodat er stond: het bu eau is geëvacuee d, bel voo ve de e inlichtingen op numme zus en zo!

Ik bleef een tijdje in het duistere trappenhuis staan dat bezaaid lag met brokstukken van pakmatten in de hoop dat er nog een collega van mij langs zou komen. Maar er daagde niemand op. Besluiteloos ging ik naar buiten. Een stuk of twintig gewonde soldaten van het Rode Leger, die onder het stof zaten en aan het eind van hun krachten waren, sleepten zich moeilijk door de straat. Sommigen hadden hun armen in sneeuwwit afstekend verband, anderen hun hoofd.

Ik liep achter hen aan. Het was duidelijk dat deze soldaten net van het slagveld kwamen en de stad te voet hadden bereikt. Zij liepen de Vassilkovskaja-straat af, vervolgens de Kretsjtsjatik en daalden naar Podol aan de Dnjepr af. Overal waar zij voorbijkwamen, viel geleidelijk aan een diepe stilte, eerst in de drukke winkelstraat Vasilkovo, dan op de elegante, niet minder drukke Kretsjtsjatik. De voorbijgangers bleven staan en keken de soldaten lang na. Angstige onrust maakte zich van de mensen in de Kretsjtsjatik meester, die al gauw oversloeg op alle omliggende straten.

Ik haalde een van de mannen in en vroeg hem waar op het ogenblik gevochten werd.

'In de buurt van de Rode Taveerne,' antwoordde hij zonder mij aan te kijken. 'Daar gaat het nu heet toe, vriend.' Denikin rukte uit het zuiden op en de Rode Taveerne lag ten westen van Kijev...

'Heeft Denikin de stad dan al omsingeld? Is hij met veel man?', vroegen de omstanders. 'Wat zeuren jullie toch over Denikin?' antwoordde de soldaat geërgerd, 'die is nog nooit van zijn leven bij de Rode Taveerne geweest.'

'Tegen wie hebben jullie dan gevochten?'

'Met de tegenstanders natuurlijk!' antwoordde hij met een spotlach en liep snel achter de anderen aan. We konden er geen touw aan vastknopen. En toen een uur later de granaten met een vertrouwd geluid over de straten vlogen en boven Podol en de kaden van de Dnjepr ontploften, maakte een complete paniek zich meester van de Kijevers. En weer begon de verhuizing naar de schuilkelders. Weer betrok men de wacht op de binnenplaatsen, werden de nachtpitjes door de kracht van de explosies gedoofd, werd er in alle mogelijke vaten een watervoorraad aangelegd en begonnen de kletspraatjes en de slapeloze nachten.

Misschien was uiteidelijk het nachtelijk wachtlopen nog wel de rustigste bezigheid in deze stormachtige tijd. Ik was zelfs langzamerhand gehecht geraakt aan deze doorwaakte nachten op onze kleine binnenplaats, in de buurt van het stevig gesloten poortje in het al even stevig afgesloten gietijzeren hek.

Om de een of andere reden voelde ik mij 's nachts op deze smalle binnenplaats, waar een alleenstaande kastanje zijn takken uitspreidde, even veilig als in een onneembare vesting.

De wachten droegen geen wapens, dat mocht trouwens ook niet en wie ook maar een kindergeweer merk Monte-Cristo in z'n bezit had, werd zonder pardon neergeschoten. Het enige wat er van een wacht verlangd werd, was de bewoners bij het minste alarm te wekken opdat het gevaar hen niet zou overrompelen. Daartoe hingen een koperen bekken en een hamer op de binnenplaats.

Ongetwijfeld hield ik van dit nachtelijk waken wegens het vreemde volkomen bedrieglijke gevoel van veiligheid dat achter het dunne niet meer dan twee milimeter dikke plaatijzeren poortje, zo vlak in de buurt van het gevaar, loerde.

Ik hoefde het poortje maar open te doen en naar buiten te gaan om oog in oog te staan met iets onbekends en huiveringwekkends dat in de zwarte nachten rondwaarde door de uitgestorven straten van Kijev, om iemand langs het voortuintje te horen sluipen en om met iedere vezel van mijn lichaam de loden kogel reeds te voelen die door de lucht sneed en voor niemand anders dan mij bestemd was.

Op de binnenplaats verdween deze angst. Ik hoefde daar alleen maar mijn oren te spitsen en mocht geen vin verroeren om niet mijn aanwezigheid te verraden. Een dierlijk instinct maakte mij ervan gewaar dat mijn enige kans op behoud geboden werd door de stilte en absolute duisternis, en door onopgemerkt te blijven.

Soms stond ik op wacht met Abel Isidorovitsy Stakover, een al wat oudere geschiedenisleraar van het voormalige meisjesgymnasium van Mevrouw Levandovskaja.

Ondanks het feit dat hij les had gegeven op een meisjesgymnasium was Stakover een hartstochtelijk vrouwenhater. Dit kleine mannetje met zijn lange verwarde baard en roodomrande oogleden zag er vies uit en wond zich eeuwig over alles op. Hij kreeg er nooit genoeg van om net als de profeet Jeremia alle vrouwen zonder uitzondering te vervloeken.

Alleen over de Middeleeuwen kon hij rustig spreken. Dit was volgens hem de fijnste tijd uit de geschiedenis van het leven van de mensheid geweest. Hij had daar zijn eigen argumenten voor, waarbij hij natuurlijk aanbidding van mooie vrouwen en de madonna uitsloot. De hele rest kon hij gebruiken.

Hij telde de verdiensten van de Middeleeuwen op zijn vingers af. Ten eerste was er meer ruimte op aarde. Ten tweede grensden maagdelijke bossen en onbevaren wateren tot vlak aan de huizen van de mensen. De mens ademde de verkwikkende lucht van groengebladerte in en geen petroleumwalm en hij voedde zich met de zuivere sappen uit de aarde in plaats van met conserven. Ten derde bloeide toen reeds een heerlijke dichtkunst en de mensen dachten net zo scherp als nu. Ten vierde was de mens zelf eenvoudiger, duidelijker en aantrekkelijker dan in tijden van bloeiende beschaving.

Stakover profiteerde van iedere gelegenheid om mij van de schoonheid der Middeleeuwen te overtuigen. Net alsof hij mij met gemak naar voorbije eeuwen had kunnen overplaatsen en of ik vrij had kunnen kiezen in welke eeuw ik wilde leven. Hij trad op als een propagandist, als een enthousiaste aanhanger, een vertegenwoordiger van de Middeleeuwen waarover hij sprak alsof hij er net vandaan kwam.

Zelfs de burgeroorlog en ons nachtelijke waken waren voor hem aanleiding om de Middeleeuwen te verheerlijken. In dezelfde nacht waarin de rode legers Kijev verlieten en artilleriegeschut van onbekende herkomst zijn vuur over de stad uitspoog, zei Stakover tegen mij:

'Ik weet niet hoe jij erover denkt, jonge vriend maar ik had op een Middeleeuws kasteel willen wonen. Alleen daar kon een mens in die gevaarlijke tijden een gezegende rust en een gevoel van veiligheid ondergaan. Hij verliet de wouden waar hij bij iedere stap de kans liep aan de eerste de beste eiketak opgehangen te worden, en zocht eeuwenlang bescherming achter gekanteelde muren. Achter hem werd de ophaalbrug opgehaald voor de gesloten poorten en de mens kende niet alleen een blij geborgen gevoel, maar ook de volle omvang van zijn bestaan drong zich aan hem op. De zinrijkheid ervan glansde in de zonnige stilte van de reusachtige met plavuizen geplaveide binnenplaatsen, de lucht was ervan vervuld, klonk door in het lied van de ivoren hoorn die de bewoners van het kasteel aan tafel nodigde. Ze lag besloten in de dikke opengeslagen folianten van de bibliotheek, waar de wind de stijve bladzijden deed ritselen. De mens vreesde er niet meer voor zijn leven. Slechts in deze zielstoestand kan hij onvergankelijke waarden scheppen, jonge vriend!'

Overdag liet hij me kaarten en schetsen van oude burchten zien, met hun machtige vestingtorens, schietgaten, uitkijktorens, verbindingsgangen, een labyrint van sombere vertrekken, muren van twee meter dik, schoorstenen, putten en slottuinen. Deze kastelen verhieven zich altijd boven op een berg, op ontoegankelijke rotsen. Rondom woeien winden uit Bourgogne of het Ile-de-France, uit de Elzas of Savoie uit Bohemen of de Apennijnen. Hoog aan de hemel stond de zon als een witgloeiende kroon, klaterend viel haar licht op de torens, vaandels en met mos bedekte dakpannen.

Mijn moeder luisterde bijzonder graag naar Stakover. Als ik de wacht hield, stond ze 's nachts op en kwam met een warme sjaal om haar schouders naar ons toe. Wij gingen achter een uitsteeksel van het huis fluisterend zitten praten, waarbij wij vaak zwegen om aandachtig naar een onverklaarbaar geluid te luisteren.

Mamma die, net als alle moeders, Galja en mij nog als kleine kinderen beschouwde, raadde mij trouwhartig aan wat vaker met Stakover te discussiëren. 'Hij is een bron van velerlei kennis,' zei ze mij. 'Het zou erg nuttig voor je zijn om hem vaker te ontmoeten, Kostik. Voor zulke mensen mag je je neus niet optrekken.'

Dat heb ik ook nooit gedaan. Integendeel, ik kon uren naar hen luisteren. Ik was hen dankbaar voor het gulle gebaar waarmee ze mij van hun brede kennis deelgenoot maakten.

Het verbaasde mij dat zij mij er op hun beurt dankbaar voor waren dat ik met zoveel aandacht naar hen luisterde. Klaarblijkelijk waren ze op dit punt niet verwend en ik kon dit alleen verklaren door het feit dat wij Russen zoals Poesjkin zo treffend heeft gezegd 'traag en niet weetgierig zijn'. Noch het gymnasium noch de universiteit hebben mij ooit zo oneindig veel diepzinnige en boeiende dingen bijgebracht als boeken en menselijke ontmoetingen. Buitengewoon verlegen mens als ik was, heb ik altijd diegenen benijd die zo makkelijk contact sluiten met de mensen uit hun omgeving en onmiddellijk levendige gesprekken met hen aanknopen. Ik heb daar altijd heel veel tijd voor nodig gehad.

Die hele nacht gierden de granaten over de stad. Boven Podol ontploften ze met het geluid van op de grond neergesmakt oud ijzer.

Bij het aanbreken van de dag trokken de Sowjets zich stroomopwaarts langs de Dnjepr terug en het werd weer stil.

Kort daarna ging mamma die ongelooflijk nieuwsgierig was en voor geen enkel gevaar terugdeinsde naar de stad 'op verkenning' uit, zoals ze zei. Ze was al gauw weer terug en vertelde dat Kijev leeg was: de troepen van Denikin waren nog niet naar binnen getrokken, maar sommige burgers hadden met vooruitziende blik de wit-blauw-rode Tsarenvlag al op hun huis gehesen. Net toen wij in de keuken thee van gedroogde wortelen dronken, weerklonk in de Foendoekljevstraja-straat de oude vertrouwde kreet 'Slava'. Wij liepen het balkon op. Het waren niet de soldaten van Denikin die voorbij trokken maar die van Petljoera met hun geelblauwe vaandels. Zij marcheerden zelfverzekerd en rustig in hun schilderachtige Oostenrijkse uniformen voorbij.

En dezelfde 'nationaalvoelende' Oekraïners met hun geborduurde hemden die ons nog niet zo lang geleden al zo vreselijk de keel hadden uitgehangen, schreeuwden hen 'Slava!' toe en gooiden hun bontmutsen waar de mot in zat de lucht in. De bewoners van Kijev waren helemaal de kluts kwijt. In plaats van de troepen van Denikin trokken die van Petljoera binnen.

Deze liepen tot aan de Kresjtsjatik-boulevard, zetten hem af, sloegen er hun bivak op en hesen hun geelblauwe vlag aan het balkon van het stadhuis. Deze vlag had ongeveer dezelfde betekenis als een bordje dat goudzoekers op hun claim aanbrengen. Ieder nieuw regiem hees zijn vlag om te laten zien dat ze het terrein niet zonder strijd prijs zouden geven.

Dadelijk deed het gerucht de ronde dat Kijev door Denikin aan Petljoera was afgestaan zodat hij zijn divisies die vanuit het zuiden de stad naderden, in de richting van het Orjolfront kon laten optrekken.

De bevolking van Kijev was onder de hand zo ziek geworden van al die plotselinge veranderingen en 'staatsgrepen' dat het hen ijskoud liet wie er baas was over de stad, zolang de nieuw aangekomenen hen maar niet fusilleerden, plunderden of uit hun huis zetten.

De soldaten van Petljoera werden dan ook met diepe onverschilligheid ontvangen.

Maar om één uur 's middags, drongen de eerste cavalerie-eenheden van Denikin uit de richting van het Holenklooster, op de hielen gevolgd door een regiment Kozakken, het zuidelijk deel van de stad binnen.

Toen de Witten zagen dat de Kresjtsjatik al door Petljoera was bezet, waren ze net zo stomverbaasd als de stadsbewoners zelf en trachtten er achter te komen hoe de zaken nu eigenlijk precies in elkaar zaten. Het bleek dat zich voorbij de Rode Taveerne lange tijd een divisie van Petljoera had schuilgehouden in de dorpen ten westen van de stad waar ze rustig hun tijd hadden afgewacht. Niemand had er iets van geweten. Deze divisie die vastbesloten was Denikin te vlug af te zijn, had van de aftocht van de Sowjettroepen geprofiteerd om zich op Kijev te storten en had zich er na een strijd van twee dagen meester van gemaakt. Natuurlijk beviel dit de soldaten van Denikin helemaal niet. De beide kampen knoopten geheime en moeizame onderhandelingen aan, waarna als bewijs van de dubbele heerschappij de rood-wit-blauwe vlag naast die van Petljoera aan het balkon van het stadhuis kwam te wapperen. De Kijevers konden er toen helemaal geen wijs meer uit worden. Men wist echt niet meer wie er nu eigenlijk de stad bestuurde.

Maar aan al deze twijfel kwam tegen de avond een eind toen de troepen van Denikin versterking kregen. Twee kozakkenregimenten raasden als een stroom lava van de steile Petsjerski-heuvels op de niets vermoedende Petljoeradivisie neer.

De Kozakkenregimenten kwamen in volle galop, met lanzen klaar voor de stoot, aanstormen, stietten wilde kreten uit, schoten in de lucht en lieten hun ontblote sabels blikkeren. Niemands zenuwen waren tegen zo'n woeste onverhoedse aanval bestand.

De Petljoerasoldaten gingen er vandoor zonder ook maar een enkel schot te lossen en lieten hun kanonnen en wapens in de steek. En dezelfde 'nationaal voelende' oude mannen die 's morgens nog zo vertederend 'Slava' hadden geroepen, schudden nu van woede hun vuist en schreeuwden op balkons en trottoirs: 'Ganba!' wat 'schande' betekent. Maar de mannen van Petljoera trokken zich niets van dit geschreeuw aan en holden angstig om zich heen kijkend voort, terwijl ze af en toe inderhaast wat meestalen.

Pas buiten de stad in de buurt van Savjatosjino kwamen ze tot bezinning. Daar bleven ze staan uithijgen. Hun enige batterij die nog gevechtsklaar was, vuurde op goed geluk een tiental schoten op Kijev af.

Verliezen waren er niet, als men tenminste niet meetelt dat er op de Vladimir-berg een ijstentje kapot geschoten werd en een granaat het oor afrukte van het gipsen monument van een van de beide beschavers van Rusland – de heilige Cirilius of Methodius.

De volgende morgen werd er in de stad een bevel van Generaal Bredov opgehangen, dat Kijev van nu af aan zijn plaats weer voor eeuwig zou innemen in het heilige Rusland, dat een en ondeelbaar was.

XVI/HET GESCHREEUW IN DE NACHT

Het moet het uur geweest zijn, waarop diepe duisternis en stilte de hele omgeving in een doodse verstarring laten verzinken. Zelfs het water in de roestige leidingen droogde op tegen middernacht en tikte niet langer in starre regelmaat uit de keukenkraan in de ijzeren gootsteen.

In zulke stomme nachten worden we vaak door verwarde dromen achtervolgd, die ons hart murw slaan.

Iemand probeerde me al een tijdje wakker te schudden maar ik kon mij gewoon niet uit mijn slaap losrukken, of beter gezegd ik wilde niet wakker worden en in de taaie warboel van mijn bewustzijn dat zich gekweld inspande, schemerde het vaag.

Opeens werd mijn zware gevecht met de slaap doorbroken door een luid gehuil. Ik opende mijn ogen, schoot overeind in mijn bed en zag moeder.

Ze zat aan het voeteneind van mijn bed. Haar haar viel in grijze slierten over haar gezicht. Ze klampte zich aan het voeteneinde van het ledikant vast en snikte gesmoord en krampachtig.

'Wat nou?' fluisterde ik. 'Wat is er gebeurd?'

'Stil,' antwoordde moeder met een snik in haar keel. 'Je maakt Galja wakker.'

'Maar wat is er dan gebeurd? Zeg toch iets!'

'Ik weet 't niet,' antwoordde moeder verward, en haar hoofd begon te trillen. Het leek wel alsof ze haar verstand verloor. 'Ik weet niet, wat er aan de hand is, maar het moet vast iets verschrikkelijks zijn. Sta op en ga eens buiten op het balkon luisteren.'

Op de tast liep ik naar het balkon waarvan de deur wijd open stond. Ik luisterde scherp en kreeg ineens koude rillingen: van heel ver, uit de richting van de Vasilkovskaja-straat galmde een veelstemmig, vreselijk geschreeuw over de nachtelijke stad. Deze doodskreet van een grote mensenmenigte kwam steeds dichterbij ons huis.

'Wat is dat?' vroeg ik hardop in het duister voor mij heen.

'De pogrom,' antwoordde onverwacht de stem van Amalia achter me.

Ze klappertandde. Ze kon zich nauwelijks beheersen en dreigde elk ogenblik een aanval van hysterie te krijgen.

Ik luisterde nog eens goed maar hoorde alleen het geschreeuw. Andere tekens die op een pogrom wezen waren er niet: geen schoten, geen gerinkel van gebroken ramen, geen vuurgloed boven de huizen... niets wat kenmerkend is voor een pogrom. Na de vreselijke pogroms van de Haidamaken was het een tijdje kalm geweest. Ook onder Denikins bezetting was het aanvankelijk rustig geweest. Men had de joden in het begin met rust gelaten. Slechts af en toe, en dan nog niet eens op de drukke straten, paradeerden junkers met ogen die mat waren van de cocaïne, op hun paarden voorbij onder het zingen van hun lievelingslied:

'Zwarte huzaren!
Redt Rusland, versla de joden,
't zijn commissarissen en roden!'

Maar toen eenmaal eenheden van het Sowjetleger de Denikintroepen van Orjol hadden teruggedreven en in zuidelijke richting hadden gejaagd, sloeg de stemming bij de Witten om. In de districtsstadjes en gehuchten begonnen de pogroms.

Een golf van gewelddaden rolde op Kijev af, en in die nacht, waar ik het over heb, zou de stad de eerste nachtelijke pogrom beleven, aan de Vasilkovskaja-straat.

Plunderaars omsingelden een groot huis, maar ze kregen de kans niet binnen te dringen. In het donkere huis, dat in de duisternis leek weg te kruipen, begon een vrouw van wanhoop en schrik te schreeuwen. Haar stem sneed door de onheilspellende stilte van de nacht; ze had geen ander middel om haar kinderen te beschermen dan dit ononderbroken, geen moment verstommende geschreeuw van angst en hulpeloosheid. Plotseling werd het geschreeuw van de vrouw overgenomen door het hele huis van de eerste tot de laatste verdieping. Het werd de plunderaars te machtig. Maar ze konden het geschreeuw niet ontlopen, want in alle huizen van de Vasilkovskaja-straat en ook in die van de aangrenzende straten werd het geschreeuw overgenomen, zodat het de plunderaars voorbleef.

Het geschreeuw zwol aan als de wind en sloeg op steeds nieuwe straten over. Het benauwendste van alles was, dat het geschreeuw opklonk uit donkere huizen, waarin op het eerste gezicht geen mensen leken te wonen, dat de straten doods en verlaten waren terwijl slechts hier en daar lantaarns dof flakkerden en met hun wazig schijnsel als het ware dit geschreeuw de weg wezen.

Maar dat hoorde ik allemaal pas later. Op het ogenblik zelf wist ik niet wat er aan de hand was. Daarom trok ik snel m'n kleren aan, om dáárheen te gaan, waar het hartverscheurende geschreeuw vandaan kwam. Moeder kleedde zich eveneens aan, om me te vergezellen.

Waarom ik er heen wilde gaan, kon ik zelf niet verklaren. Ik kon gewoon niet thuis blijven zitten. Ik voelde dat ik pas rust zou vinden, wanneer ik de reden van dit geschreeuw zou kennen. De onzekerheid was erger dan het ergste gevaar, dat in de vervloekte, nachtelijke straten op een ieder loerde.

Maar we hoefden niet eens weg te gaan, want terwijl we onze kleren aantrokken, begon men ook al te schreeuwen in de nabij gelegen Funduklejevskaja-straat en in het huis van drie verdiepingen, dat naast het onze stond. Er was daar geen enkel venster verlicht.

Ik ging weer naar het balkon en zag een paar mannen door de Funduklejevskaja-straat voortrennen die voor de schreeuwende huizen wegdeinsden. Dat moesten de plunderaars zijn.

Ik werd bevangen door een zenuwachtige rilling. Naast me op de grond zat Amalia. Ze wiegde heen en weer, hield haar handen voor het gezicht gedrukt en kreunde zacht. Moeder bracht haar mee en liet haar valeriaan slikken. Ik luisterde. De wijken Podol, Novoje

Strojenije en Bessarabka schreeuwden, heel de reusachtige stad schreeuwde. Dit geschreeuw moest tot ver voorbij de buitenste wijken te horen zijn. Hij steeg op naar de laag hangende, zwarte hemel en keerde weer terug, deze roep om verschoning en barmhartigheid. Het kwam niet tot een pogrom. De leiding van de Denikintroepen, die niet had verwacht dat de zaken een dergelijke keer zouden nemen raakte in verwarring, er werden gewapende detachementen naar alle delen van de stad gestuurd. Alle lantaarns werden ontstoken. Al vroeg in de ochtend werd een geruststellende bekendmaking van de opperbevelhebber van de Denikintroepen op de muren geplakt. En in de krant *Kijevljanin* werd de volgende dag een artikel van de bekende conservatief Sjoelgin gepubliceerd onder de titel 'Door angst gepijnigd'. Daarin veroordeelde hij verrassend de leiding van de Denikintroepen, omdat ze de pogrom ondersteund had.

Vroeger had ik al eens mensen afzonderlijk of in groepen van angst horen schreeuwen maar nog nooit een hele stad. Het was afschuwelijk en onverdraaglijk, omdat de vanzelfsprekend lijkende – en misschien wel naïeve – overtuiging van een voor alle mensen geldende humaniteit, met één slag de grond in werd geboord. Dit weeklagend geschreeuw deed een beroep op een laatste restje menselijk geweten. In die dagen 'functioneerde' in Kijev, zoals men dat nu graag zegt, dat restje geweten nog, en de pogrom vond dan ook niet plaats. Maar dat was zuiver toeval. Het had net zo goed wel zo kunnen zijn; de geschiedenis kent voldoende voorbeelden van moordpartijen op talloze, volslagen onschuldige mensen.

Ja, de weg van de mensheid naar rechtvaardigheid, vrijheid en geluk was soms werkelijk afschuwelijk. En slechts een diep vertrouwen in de overwinning van het licht en het verstand op deze zwarte stompzinnigheid kon verhinderen dat de mensen door een gevoel van wanhoop overweldigd werden.

Maar de kracht van het menselijk geweten is toch zó groot, dat men het geloof daarin nooit voorgoed mag verliezen.

Een vriend van me, die ook schrijver is, vertelde me onlangs een wonderbaarlijk verhaal.

Hij was in Letland opgegroeid en sprak goed Lets. Vlak na de oorlog zat hij eens in het boemeltje dat van Riga naar zee reed. Tegenover hem in de coupé zat een oude, bedaarde somber kijkende Let. Ze raakten op de een of andere manier met elkaar in gesprek en de oude baas vertelde het volgende verhaal: 'Moet u eens luisteren, ik woon aan de rand van de stad Riga. Vóór de oorlog kwam er een man naast me wonen, een heel slecht mens, ik zou zelfs zeggen: een eerloos en boosaardig wezen, dat zich met speculaties bezighield. U weet ook wel dat zulke mensen geen hart en geen geweten hebben. Sommigen zeggen, speculatie is gewoon verrijking. Maar hoe? Ten koste van menselijk leed, van kindertranen, zelden van inhaligheid!

Hij speculeerde samen met z'n vrouw. Ja... Toen werd Riga door de Duitsers bezet. Die dreven alle joden samen in een getto; een gedeelte ervan brachten ze om 't leven en de rest lieten ze gewoon van honger doodgaan. Het hele getto was afgezet en geen kat kon er uit. Wie zich op vijftig stap afstand van de wachtposten waagde, werd op staande voet neergeknald. De joden, vooral de kinderen, stierven elke dag bij honderden, en toen kreeg mijn buurman ineens een goed idee – hij wilde nl. een kar met aardappelen vullen, de Duitse wachtposten "iets in de hand drukken", het getto binnenrijden en de aardappelen daar tegen waardevolle voorwerpen inruilen, want, er werd gezegd dat de in het getto opgesloten joden nog veel waardevolle bezittingen hadden. Dat deed hij dus. Voordat hij vertrok kwam ik hem op straat tegen, en weet u wat hij zei? Hij zei: "Ik zal alleen aardappelen ruilen met de vrouwen, die kinderen hebben."

"Waarom?" vroeg ik.

"Omdat ze voor hun kinderen alles over hebben en zodoende kan ik drie maal zoveel verdienen."

Ik zweeg, maar dat kwam me dan ook al duur te staan. "Kijkt u maar."

De Let nam de pijp, die intussen was uitgegaan, uit zijn mond en wees naar zijn tanden waarvan er een paar ontbraken. "Ik zweeg, maar ik beet zó hard op de pijp, dat hij kapot ging, samen met twee tanden. Men zegt wel eens dat iemand het bloed naar het hoofd stijgt. Ik weet 't niet. Mij steeg het bloed in elk geval niet naar het hoofd, maar naar mijn handen, mijn vuisten, die zó zwaar werden, alsof ze van ijzer waren. En als ik niet meteen was weggelopen dan had ik hem misschien in één klap doodgeslagen. Ik denk dat hij het voelde want hij sprong achteruit en liet als een bunzing zijn tanden zien...

Maar dat is niet zo belangrijk. – 's Nachts laadde hij zijn kar vol met zakken aardappelen en reed naar het getto in Riga. De wachtposten hielden hem tegen maar u weet dat slechte mensen elkaar vanaf het eerste moment goed begrijpen. Hij kocht de wachtpost om. Die zei tegen hem: 'Je bent een stommeling. Je kunt doorrijden, maar die daarbinnen bezitten niets dan een lege maag. Je zult weer met je rotte aardappelen terugkomen. Daar durven we alles om te verwedden.'

In het getto reed hij de binnenplaats van een groot huis op. Vrouwen en kinderen dromden samen rond de lading aardappelen en keken zwijgend toe, hoe hij de eerste zak opende. Er stond ook een vrouw met een dood jongetje op haar arm. Ze stak hem een kapot, gouden horloge toe. "Waanzinnige!" schreeuwde de man ineens. "Waar heb je nog aardappelen voor nodig? Hij is al lang dood! Ga weg!" Zelf heeft hij later verteld dat hij niet wist wat hem ineens overkwam. Hij klemde zijn tanden stevig op elkaar, trok de touwtjes van de zakken los en schudde de aardappelen uit over de grond. "Snel!" schreeuwde hij tot de vrouwen. "Kom op met jullie kinderen. Ik rijd ze naar buiten. Maar ze moeten verdorie wel stil liggen en hun mond houden. Snel." De moeders stopten hun geschrokken kinderen vlug in de zakken, en hij bond ze weer stevig dicht. U begrijpt wel dat de vrouwen niet eens tijd hadden om hun kinderen te omhelzen. En dat terwijl ze wisten dat ze hen nooit meer zouden zien. Hij laadde de kar vol met zakken, waar kinderen in zaten, liet enkel aan de kant een paar zakken met aardappelen staan en reed weg. De vrouwen kusten de smerige wielen van zijn kar. Hij schreeuwde zonder om te kijken met luide stem tegen de paarden, omdat hij bang was dat één van de kinderen zou gaan huilen en alles zou verraden. Maar de kinderen hielden zich rustig.

Dezelfde wachtpost zag hem al van verre en riep: "Nou? heb ik je niet gezegd dat je een stommeling bent? Donder op met je stinkende aardappelen, voordat de luitenant komt."

Hij reed langs de wachtpost en ging daarbij op de meest smerige manier te keer tegen "die jodenbedelaars en hun vervloekte kinderen". Hij reed niet naar huis, maar ging regelrecht over eenzame landweggetjes naar de bossen voorbij Toekoems, waar onze partizanen stonden, gaf de kinderen aan hen over en zij verstopten hen op een veilige plaats. Tegen zijn vrouw zei hij, dat de Duitsers hem z'n aardappelen hadden afgenomen en hem twee dagen onder arrest hadden gehouden. Toen de oorlog voorbij was, liet hij zich scheiden en ging uit Riga weg.'

De oude Let zweeg.

'Nu weet ik,' zei hij, en daarbij glimlachte hij voor het eerst, 'dat ik er slecht aan zou hebben gedaan, wanneer ik me niet had ingehouden en hem met mijn vuisten in elkaar had geramd.'

XVII/HET HUWELIJKSGESCHENK

Achttien dagen en nachten sleepte de trein zich voort van Kijev naar Odessa. Ik heb niet uitgerekend hoeveel uur dat is, maar ik herinner me nog goed, dat elk uur van deze afmattende reis ons passagiers eens zo lang voorkwam als normaal, waarschijnlijk omdat in ieder ogenblik een dodelijke bedreiging verborgen lag.

Toch werden maar drie mensen in de goederenwagons door verdwaalde kogels gedood en een paar gewond, maar wij, en dan vooral de jonge geestelijken, leerlingen van het katholieke priesterseminarium in Zjitomir, dachten dat deze afloop van onze reis een gelukkig geschenk van de hemel was.

De seminaristen wilden via avontuurlijke omzwervingen over Istanboel, Saloniki, Belgrado en Boedapest in Polen zien te komen. Niemand van ons durfde zelfs maar te hopen dat één van hen levend Polen zou bereiken.

In de herfst, toen de Witten nog ergens tussen Orjol en Koersk stonden en zich superieur waanden, werd Kijev op een warme ochtend opgeschrikt door het geknetter van een fel mitrailleurvuur.

Zoals altijd was het onmogelijk om zonder navraag te weten te komen wat er aan de hand was. Daarom ging moeder op onderzoek uit. Terwijl we allen haastig onze kleren aanschoten, uit bed gehaald door het schieten, ging zij de straat op en kwam al vlug vrolijk en opgewonden terug.

Haar moed heeft me altijd versteld doen staan; een moed die te verklaren was uit het feit, dat ze een overtuigd fataliste was en geloofde dat het leven van ieder mens in de handen van een onverzettelijk noodlot ligt, dat niemand kan ontgaan.

Wat bij de geboorte voorbestemd was te gebeuren, dat zóu ook gebeuren.

Moeder kwam met een verbazingwekkend bericht thuis: vanuit het westen zouden Sowjettroepen Kijev zijn binnengedrongen en een deel van de stad tot aan de Galicië markt hebben veroverd.

Tussen Kijev en het front van de Sowjets lag een grote afstand. Daarom kon men zich niet goed indenken, dat Sowjettroepen ongemerkt door het gebied, dat in handen van de Witten was, tot bij ons waren opgerukt. Hun komst maakte op ons dan ook de indruk van een wonder, maar dan wel een zeer tastbaar wonder. Dat bewezen de kogels, die steeds vaker tegen de bakstenen muren van ons vaak op de proef gestelde huis ketsten.

Later hoorden we, dat eenheden van het Sowjetleger, die zich al in het begin van de opmars van Denikin uit het zuiden teruggetrokken hadden, in de uitgestrekte moerassen van Irpensk niet ver van Kijev hadden halt gehouden en zich daar de hele zomer door tot de herfst hadden gelegerd.

Noch de Denikintroepen, noch enig ander mens in Kijev had daarvan een flauw vermoeden gehad, want de boeren uit de dorpen rond de moerassen van Irpensk hadden er met geen woord over gesproken.

En nu waren ze plotseling Kijev binnengedrongen, hadden de halve stad na hevige strijd veroverd, veel levensmiddelen en wapens buit gemaakt, en trokken zich op het ogenblik, al vechtend, weer terug in noordelijke richting, om zich een weg naar hun eigen linies te banen. De strijd was hard. Er waren verschillende, afzonderlijke haarden, die nu eens hier, dan weer daar in de stad, in alle hevigheid oplaaiden, en de strijd luwde pas wat tegen de avond.

Toen de volgende dag bekend werd, dat generaal Bredov, die aan het hoofd van de Denikintroepen stond, van plan was een mobilisatie van alle mannen tot veertig jaar af te kondigen, besloot ik naar Odessa te vluchten.

Moeder reageerde heel gelaten op mijn beslissing; ze had een kamer in Kijev, en ik gaf haar bij mijn vertrek bijna al mijn geld. Galja verdiende goed met haar kunstbloemen. Bovendien waren beide vrouwen zo bevriend geraakt met Amalia, dat ik er zeker van was, dat ze elkaar niet in de steek zouden laten. We spraken af dat ik naar Kijev zou terugkeren, zodra de toestand wat overzichtelijker was geworden. Daarom reisde ik met een gerust hart naar Odessa.

De eerste nacht verliep goed, ofschoon op verschillende plaatsen aan de horizont een vuurgloed opflakkerde in de wind. De trein kroop vooruit zonder licht. Vaak stopte hij en bleef lang staan, alsof hij stond te luisteren naar de onduidelijke geluiden van de nacht en niet kon besluiten verder te rijden. Soms reed hij zelfs een stuk achteruit, alsof hij zich in de schaduw wilde verbergen voor het licht van een al te felle vuurgloed. En telkens opnieuw leek het of ver vóór ons zwarte ruiters over de spoordijk draafden, zonder ons te zien.

In onze goederenwagon reisden vijf priesterseminaristen. Verder Nasarov, medewerker van 'Roesskoje slovo' en een onrustige, magere inwoner van Odessa, die een lintje van het Legioen van Eer in zijn knoopsgat droeg. Hij heette Viktor Chvat. Tijdens de Eerste Wereldoorlog had hij in het Franse leger gediend en zelfs deelgenomen aan de beroemde slag aan de Marne.

De hele reis lang vertelde Chvat moppen, en met z'n joodse afkomst spotte hij zelfs 't meest. Waarschijnlijk deed hij dat om z'n angst te verdringen, want het was voor iedereen duidelijk dat Chvat als eerste neergeschoten zou worden, wanneer we met één van die bendes, waarvan het in de Oekraïne wemelde, in aanraking zouden komen.

In die tijd waren er veel uitdrukkingen ontstaan voor het begrip neerschieten': 'tegen de muur zetten', 'neerknallen', 'likwideren', 'naar de staf van Doechonin sturen', 'afschrijven'. Bijna elke streek had zo zijn eigen uitdrukkingen.

Chvats scherpzinnigheid was in die tijd een waardevolle eigenschap. Een ad rem antwoord kon iemand voor een wisse dood behoeden.

Ook Nasarov had goede eigenschappen, die hem al vaker uit benarde situaties hadden gered: trouwhartigheid en bijziendheid. Met zijn trouwhartigheid wist hij zelfs de wildste bandieten te vermurwen, terwijl slechte ogen als een bewijs golden van hulpeloosheid en naïviteit. De seminaristen waren bleke, stille jongens;

hoffelijk op het onaangename af. In ogenblikken van gevaar sloegen ze ongemerkt een kruis en keken ons verschrikt aan.

Al op de derde dag van de reis hadden ze een stoppelbaard, en hun elegante uiterlijk was verdwenen, want ze konden zich evenals wij dagenlang helemaal niet wassen. Hun soutanes waren bij het hout halen gescheurd. De seminaristen braken nl. met een vurige ijver stationshekken en baanwachtershuisjes af. Met het hout daarvan werd de locomotief gestookt en zij werden voor dit werk als de grootste specialisten beschouwd. Deze brigade seminaristen stond onder bevel van Viktor Chvat.

In Fastov klom een gezette jonge vrouw met vrolijke ogen in onze wagon. Ze heette Lucienne.

Voordat ze zelf instapte, slingerde ze een grote, stoffige, van een gescheurde zigeunersjaal gemaakte bundel door de open deur van de wagon naar binnen. De seminaristen zaten net zedig op de houten brits nabij de deur en kauwden op keiharde moutkoeken, die met roggemeel waren gebakken, en die Viktor Chvat roggekoeken noemde, omdat er zóveel stro in zat, dat de paarden bij het zien ervan van genoegen hinnikten.

'Hee, jullie daar, lomperiken!' schreeuwde Lucienne naar de seminaristen. 'Kunnen jullie een vrouw niet een handje helpen? Jullie zien toch dat ik er alléén niet inkom!'

De zwartrokken sprongen op, struikelden, tegen elkaar opbotsend, naar de deur, en trokken Lucienne met vereende krachten in de wagon, verlegen om hun nalatigheid.

'Poeh!' Zuchtte ze, keek rond in de wagon, en zei 'Jullie meubilering is niet bepaald chic.'

De zwartrokken zwegen verward.

'Maar goed, abbés!' zei Lucienne toen ze haar onderzoek had beëindigd en haar veelgestopte zijden kous omhoog had getrokken. 'Ik neem die donkere hoek daar op de brits, want jullie moeten vooral niet denken dat ik een aanslag wil beramen op jullie kuisheid, waar jullie overigens net zo weinig aan hebben als een dode aan hete compressen.'

Een van de priesterstudenten giechelde onbehoorlijk terwijl Viktor Chvat ongegeneerd opmerkte: 'Ik ben ervan overtuigd, m'n lieve dat we met uw hulp onze ondergang tegemoet gaan. Maar dan gaan we wel vrolijk naar de bliksem.'

'Bek dicht, met je gepiep,' antwoordde Lucienne met een gemaakt diepe stem. 'U denkt zeker dat ik niet uit Odessa kom en dat ik nog geen betere vrijers heb ontmoet dan u? Ik ben geen cancandanseres, maar heb toch als zangeres gewerkt in een café-chantant in Charkov, het Tivoli. Ik zing liedjes waarvan je lauwe bloed begint te koken, schatje. Overigens zou het geen kwaad kunnen een jonge vrouw moutkoeken aan te bieden, wanneer ze twee dagen lang niets anders heeft geslikt dan grappen!'

We onthaalden Lucienne op moutkoeken, en vanaf dat ogenblik begon in onze wagon 'het nieuwe, gelukkige leven', zoals Chvat het noemde.

Lucienne liet zich met haar onstuimige temperament en levenslust door niets van de wijs brengen. Voor haar was alles, zelfs het voortdurend dreigende gevaar, dat bandieten onze half vernielde trein zouden kunnen beschieten en in beslag nemen, een reden om te lachen, en de door haar aanwezigheid volledig uit het lood geslagen seminaristen voor de gek te houden. Ze wedijverde met Chvat in het vertellen van grapjes, zong frivole liedjes en joeg de zwartrokken met haar dubbelzinnige anekdotes de stuipen op het lijf.

De seminaristen zuchtten wel wat, maar in hun ogen stond steeds vaker een eerlijke bewondering voor de 'grote zondares Panna Lucienne' te lezen. Ze viel klaarblijkelijk bij hen in de smaak en ze probeerden Lucienne te verontschuldigen, waarvoor ze de dogma's van de katholieke kerk, het nieuwe en het oude testament, ja zelfs de encyclieken van de paus te hulp riepen.

Ten slotte riepen ze haar uit tot de Maria Magdalena van onze tijd. Het is immers algemeen bekend dat deze mooie, roodharige hoer, die dag en nacht had gezondigd, wegens haar zuivere liefde voor Christus heilig was verklaard, omdat ze op de woeste Calvarieberg naar de gekruisigde snelde, zijn voeten in haar loshangend, golvend, dik haar wikkelde, en omdat door de aanraking van haar haar de pijn in zijn doorboorde handen en voeten afnam.

Hoeveel vrouwen hadden niet dezelfde weg der zonde bewandeld en waren later heilig verklaard. Dat bewijzen de fijne gouden schijn, die op de schilderijen van de meesters uit de Renaissance boven hun hoofden schittert, en de naar de zoom van hun luchtig kleed neigende witte lelies, die een geur van kuisheid verspreiden.

De seminaristen spraken er met gedempte stem over, en omdat ik Pools verstond, zat ik naar hen te luisteren. Eens te meer werd mijn vermoeden bevestigd dat het katholicisme met zijn madonnacultus weliswaar subtiel, maar toch onmiskenbaar een verschijning van eeuwige zinnevreugde is.

Pas veel later raakte ik daar voorgoed van overtuigd, toen ik in het veelkleurige schemerlicht van de kathedralen van Napels en Rome die bleke madonna's zag staan met hun neergeslagen wimpers, en met die raadselachtige, lokkende glimlach van de Mona Lisa op hun kleine, karmijnrode lippen, die eruit zagen alsof ze zacht trilden.

Nu, na zoveel jaren, lijkt het bijna onwerkelijk, dat zulke gesprekken en ideeën konden ontstaan in een oude goederenwagon, waar de herfstwind door de kapotgeschoten schotten floot; in een wagon waarin volledig van elkaar verschillende mensen eensgezind en vrolijk samenleefden: Lucienne een verpauperde zangeres en courtisane, de seminaristen, een ridder in het Legioen van Eer, de bijziende filosoof Nasarov, die geen moment afstand wilde doen van een werkje van Heine, en ik, indertijd ook een mens zonder een duidelijk beroep en opgaand in fantastische dromen.

De trein stopte vaak; dan kwamen er klagende fluitsignalen uit de locomotief, hetgeen wilde zeggen dat de brandstof opraakte en, dat de reizigers, als ze tenminste nog verder wilden komen en niet blijven wachten tot de volgende bende hen om zeep bracht, maar gauw uit de wagons moesten springen en de in de buurt aanwezige hekken en stationskiosken moesten afbreken en tot brandhout slaan.

Chvat schoof dan de zware, knarsende wagondeur open en riep tegen de seminaristen: 'Hee, eerwaarden! Aan het hakken!'

In onze goederenwagon bevonden zich een breekijzer en twee bijlen. De seminaristen grepen naar de bijlen en sprongen uit de wagon. Daarbij namen ze hun soutane op, waaronder zware soldatenschoenen en puttees te voorschijn kwamen.

Wij renden eveneens naar buiten en liepen naar het dichtstbijzijnde hek. Deze overvallen hadden niet altijd evenveel succes. Het gebeurde wel eens, dat de bezitters van deze hekken het vuur op ons openden met buksen. Dan zette de machinist de trein zonder fluitsignaal in beweging. Chvat riep: 'Goddelijke legerschaar, te paard!' en we moesten op de reeds rijdende trein springen.

Eenmaal voorbij Belaja Tserkov werd onze trein steeds vaker beschoten. Meestal kwamen de schoten uit aan de spoorbaan grenzende bosjes en struiken, zodat van de schutters niets te zien was. Tijdens de beschietingen gingen we op de britsen liggen en werden zodoende minder 'schietschijf', zoals Chvat het noemde. Hij verzekerde nl. dat een liggend mens zestien maal moeilijker te raken is dan een staand. Dat maakte er ons echter niet gelukkiger om, zeker niet nadat een verdwaalde kogel rakelings over Luciennes hoofd door de zijkant van de wagon was geslagen en de hoge Spaanse kam uit haar weelderige haar had gerukt – de kam was een erfstuk van haar grootmoeder, die in de stad Rybnitsa aan de Dnjestr een handeltje in krakelingen had gehad.

De kogel was door de kam uit zijn baan geleid en vervolgens huilend door de wagon gesuisd zodat we enkele ogenblikken het gevoel hadden dat hij waanzinnig rondvloog, op zoek naar een uitgang. Maar hij sloeg tegen een der zijkanten en viel op de rug van een seminarist. Deze pakte hem op, stopte hem in z'n geldbuidel en zwoer dat hij hem aan een zilveren ketting voor de beeltenis van de Maagd van Tsjenstochova zou hangen, als dank voor het feit, dat hij voor de dood gespaard was gebleven.

Lucienne bracht haar haar in orde, ging op haar brits zitten en begon met een opzettelijk krijsende en uitgelaten stem te zingen:

> '*Gegroet, mijn Ljoebka, gegroet, mijn liefste,*
> *Gegroet, mijn liefste, en vaarwel!*
> *Je hebt niet goed op onze framboosjes gepast,*
> *Neem dus maar olijven en vaarwel!*'

De seminaristen vielen in koor in. Lucienne dacht een ogenblik na en zei: 'Wanneer ik word gedood, begraaf me dan in m'n zigeunersjaal. Dat onze priestertjes een eersteklas uitvaartmis voor mij zullen zingen, daaraan twijfel ik geen ogenblik.'

De seminaristen die op hun buik lagen, omdat zo af en toe nog een schot viel, werden een beetje rumoerig, en dat klonk alsof ze zich uit alle macht moesten bedwingen, om niet in lachen uit te barsten.

'Het paradijs kom ik wel binnen,' zei Lucienne overtuigd. 'Met het grootste gemak zelfs, want ik zal voor Petrus een liedje zingen, zo dat hij tranen in zijn ogen krijgt van 't lachen. Dan snuit hij zijn neus en zegt: "Mademoiselle Lucienne, ik heb spijt als haren op m'n hoofd dat ik u in dit stierlijk vervelende paradijs ben tegengekomen en niet op de zondige aarde. Daar zouden wij samen een leven geleid hebben, waarvan de mensen alleen maar hoofdschuddend zouden hebben kunnen zeggen: Daar neem ik m'n petje voor af"!'

De meest terughoudende van de seminaristen zei daarop: 'Dat is godslastering, juffrouw Lucienne! Moge de Heilige Maagd u vergeven. Wij hebben u al lang vergiffenis geschonken.'

'Nou bedankt hoor,' antwoordde Lucienne. En plotseling voegde ze daar met heel zachte stem aan toe: 'Beste mensen als jullie eens wisten hoe lekker ik me voel. Niemand valt me lastig, niemand spuugt op me, niemand dringt zich aan me op als aan een lichte vrouw. Niemand weet ook dat ik me een kogel door de borst geschoten heb. Dat was in Loegansk. Loegansk is een vervloekte stad. Daar is mijn zoontje gestorven. Mijn zoontje...'

Ze ging op haar buik op de brits liggen en zei niets meer. We zwegen.

'En waarom reis ik naar dat verduivelde Odessa, wat heb ik daar te zoeken!' zei Lucienne onverwachts, zonder haar hoofd op te tillen.

Ik stond op en opende behoedzaam de deur. Een kleine, blauwe rivier kronkelde door de droge steppe. Aan de hemel schitterde de witte herfstzon. Haar afnemende warmte gleed strelend over m'n gezicht. In de wazige hoogten trokken vluchten kraanvogels naar het zuiden, in de richting van de verre zee, waarnaar onze trein zich eveneens voortsleepte, kreunend en slingerend.

In Korsoen stapte een roodharige boerenvrouw met een verweerd gezicht in. Ze wilde naar Znamenka om het huwelijk van haar dochter bij te wonen. Als geschenk had ze een zware commode bij zich, waarin de uitzet opgestapeld lag.

Het was een grimmige, twistzieke vrouw. Onder haar rok kwam vuile, gele kant te voorschijn, die langs haar vetleren schoenen met ijzeren beslag schuurde.

De vrouw deelde als een ware bendeleider bevelen uit onder de van honger grauw ziende spoorwegarbeiders, ze schold hen uit en eiste dat ze de commode in één van de goederenwagons zouden tillen.

Maar geen enkele wagon wilde de vrouw opnemen. Ze had de hele trein al woedend gemaakt met haar commode, haar hoogrode, glimmende gezicht en haar krijsende stem.

Dit was de eerste keer dat ik een typische koelakenvrouw zag: een gulzig, kwaadaardig mens, waarvan de onbeschoftheid voortvloeide uit het besef dat zij te midden van een algehele armoede en ellende welgesteld en verzadigd was. Indertijd waren er in de Oekraïne nog veel van deze harde en arrogante vrouwen van koelaken. Enkel en alleen al om hun bezit te beschermen zouden deze vrouwen in staat zijn geweest hun bloedeigen vader te wurgen. En zoonlief trad toe tot bendes met leiders als Machno of Zeleny: die koelbloedig mensen levend begroeven, de schedels van kinderen met geweerkolven verbrijzelden en riemen sneden uit de ruggen van joden en soldaten van het Rode Leger.

De vrouw was druk in de weer met haar commode. Daarbij maakte ze haar warme halsdoek nu eens los, knoopte hem dan weer vast en schreeuwde met overslaande stem: 'Ze hebben de trein met armoedzaaiers volgestopt, en voor ons betere mensen is er geen plaats! Het enige wat ze hun eigendom kunnen noemen is een gat in hun broek, deze stadslui met hun dametjes! Die moeten doodgetrapt worden als wormen en niet van Kijev naar Odessa rijden!'

Naast de amok makende vrouw stond de stationschef met gebogen hoofd en zweeg bedrukt.

'En jij, wat sta je daar schaapachtig te kijken! Waar heb ik je dan spek en brood voor gegeven? Toch zeker niet om hier door de eerste de beste bedelaar te worden uitgelachen! Je hebt me beloofd een plaats voor me te vinden in de trein, waar wacht je nog op? Geef me anders maar weer m'n brood en m'n spek terug!'

De stationschef maakte een ontmoedigd gebaar en liep langs de trein. Hij keek door de deuren naar binnen en smeekte de reizigers vleiend en met gedempte stem, zodat de vrouw hem niet kon horen:

'Laat u die vervloekte vrouw er toch in, weest alstublieft zo vriendelijk. Haar man is dorpsoudste en is ook een bandiet. Hij zal me van kant maken. Bovendien heb ik geen kruimel brood, en zij heeft me een hele bol gegeven.'

Maar omdat de reizigers onverbiddelijk bleven, werd de chef het eens met de machinist, die zich, met spek en brood in het vooruitzicht, bereid verklaarde, de commode voor op de locomotief tussen de twee lampen te zetten.

Met grote moeite werd het ding op de locomotief gehesen en met een stevig touw vastgebonden. De vrouw ging er als een kloek bovenop zitten, spreidde haar vuile rokken er over uit, sloeg een warme doek om, en de trein zette zich weer in beweging.

Zo voeren we met een commode op de locomotief en met een van woede snuivende vrouw op de commode door het land, begeleid door het fluiten en joelen van kleine jochies, die we onderweg tegenkwamen. Steeds wanneer de trein stopte, maakte de vrouw haar reiszak open en at gulzig en veel. Misschien dat ze niet eens trek had, maar ze at uitdagend en vol leedvermaak, om zich te wreken op de hongerige reizigers en zich tegenover hen groot voor te doen.

Ze sneed grote stukken mals roze spek af, trok met haar gretig klauwende vingers een gebraden kip uit elkaar en stopte zacht tarwebrood in haar mond. Het vet droop langs haar wangen. Na het eten boerde ze extra hard en hapte hoestend naar lucht.

Slechts af en toe stapte ze van haar commode af, en zelfs om haar behoeften te doen verwijderde ze zich niet méér dan twee of drie stappen van de locomotief. Daaruit sprak niet alleen schaamteloosheid, maar ook, en vooral, een diepe minachting voor allen.

De machinist kuchte eens en wendde zich af, maar zweeg verder. Hij had tot nu toe nog niets gekregen, nog geen kruimeltje brood of een klein stukje spek. Dat alles was hem pas beloofd, wanneer hij de vrouw op de plaats van bestemming afgeleverd zou hebben.

De hele trein vatte voor de vrouw op de commode een vreselijke haat op, die bij sommigen nog sterker was dan de angst voor de dood. Sommigen keken zelfs met ongeduld uit naar het ogenblik, waarop een 'fijne bende' onze trein eens goed onder schot zou nemen. Iedereen was het er over eens dat in dat geval de vrouw 't eerst gedood zou worden, want met haar commode vormde ze een ideale schietschijf.

Ergens voorbij het station Bobrinsk gingen onze wraakdromen in elk geval voor een gedeelte in vervulling. Tegen het vallen van de avond werd onze trein door Machnobandieten beschoten. De commode werd door enkele kogels getroffen. De vrouw bleef weliswaar ongedeerd, maar de kogels hadden een gedeelte van de uitzet geraakt en met gaten doorzeefd.

Vanaf dat ogenblik zat de vrouw stokstijf voorop, perste haar blauwe lippen op elkaar en in haar ogen lag zo'n onheilspellende haat, dat de reizigers zich zonder dringende noodzaak niet in de buurt van de locomotief waagden.

We wachtten op wraak. Ik moest ineens weer denken aan de beroemde wet der vergelding, die moeder erop nahield. Toen de seminaristen ervan hoorden, kwamen ze tot leven, en ze bevestigden eensgezind, dat een dergelijke wet wel degelijk bestond en zelfs in dagen van burgeroorlog van kracht bleef. Lucienne daarentegen meende dat zo'n wet niet bestond, maar wel schijtlaarzen van mannen, die 't niet waagden de vrouw samen met haar commode van de eerste de beste brug in de rivier te gooien.

En eindelijk kwam dan de dag van de vergelding, een dag, waarop zoals viel te verwachten flarden donkere wolken met een ongelooflijke snelheid over de kale velden joegen en regendruppels, zo zwaar als hagelkorrels, tegen de kale muren van het station van Znamenka kletterden, alsof de godin der wraak deze onheilspellende wolken, deze stortregen en de zwoele wind, zelf op de aarde had afgestuurd.

Het begon allemaal toen de vrouw inplaats van de beloofde vijf pond spek en de twee hele broden, de machinist slechts een pond spek en een brood gaf. De machinist zei daar niets van. Hij bedankte de vrouw zelfs en begon de commode met behulp van de stoker los te sjorren. De commode woog niet minder dan 250 kilo. De mannen tilden hem met de grootste moeite van de locomotief en zetten hem op de rails.

'Sterk als stieren,' zei de vrouw 'en jullie kunnen nog niet eens een zo'n commode aan. Vooruit, verder slepen.'

'Probeer er zelf maar eens beweging in te krijgen, duivels wijf,' antwoordde de machinist. 'Zonder breekijzer lukt dat niet. Ik zal er wel even een pakken.'

Maar in plaats van het ijzer te pakken, liet hij plotseling een straal hete, sissende damp uit beide kanten van de locomotief spuiten. De vrouw begon te schreeuwen en sprong achteruit.

Vervolgens liet de machinist de locomotief op gang komen. Hij stootte op de commode, die met een droog gekraak openbarstte, zodat de rijke uitzet in z'n geheel naar buiten kwam rollen: een gestikte deken, hemden, kleren, handdoeken, nieuwzilveren messen, vorken, lepels, lappen stof en zelfs een vernikkelde theepot.

De locomotief reed wild sissend en fluitend over de uitzet heen in de richting van de pomp, waarbij de theepot tot een pannekoek werd platgedrukt. Maar dat was nog niet alles. De machinist liet de locomotief weer achteruit rijden en bracht hem boven de uitzet tot staan. Daarop stroomde er nog kokend, met olie gemengd water over alle spullen. De vrouw rukte haar doek af, trok zich de haren uit haar hoofd, liet zich voorover op de grond vallen en begon oorverdovend te krijsen. Haar handen met een bos uitgetrokken haar, graaiden krampachtig in de plas naast de rails, alsof ze er doorheen wilde zwemmen. Ineens sprong ze op en schold de machinist uit. 'Ik krab je de ogen uit je hoofd!' schreeuwde ze en begon haar mouwen op te stropen. Ze werd vastgepakt.

Door de menigte drong een kleine man naar voren. Hij bestond uit een reusachtige geruite pet, nieuwe overschoenen en een spitse neus, die onder de pet naar voren stak. Dat was de schoonzoon. Hij was de vrouw komen afhalen maar te laat gekomen.

De schoonzoon keek naar de zielige resten van de uitzet, trok de platgedrukte theepot eruit, slingerde hem voor de voeten van de vrouw en zei met een hoge, krakende stem: 'Mijn nederigste dank, dierbare mama, dat u onze laatste bezittingen in zo'n goede staat hebt overgebracht.'

De vrouw draaide zich naar hem om, pakte hem in z'n hemd en spuugde hem in z'n gezicht. De menigte schaterde van het lachen.

Op het station Bobrinsk bleven we enkele dagen staan. Even verderop werd de spoorweg gerepareerd, die door Machnobandieten was vernield.

Verder naar het zuiden hielden smerige bendes uit de Oekraïne huis. Ze tierden, joelden, raasden op hun ratelende wagentjes rond, van waaruit ze in volle vaart het vuur openden uit machinegeweren, met schril gefluit. Ze plunderden, verkrachtten vrouwen en kozen bij de eerste de beste nadering van een sterke tegenstander het hazepad.

Uit kleine stadjes, die in de zomer baadden in een zee van roze kaasjeskruid en waarin nog niet zo lang geleden patriarchale verhoudingen heersten, doken nu barbaarse bendeleiders op. De bloedige tijden van de 'slachting van Oeman' leefden weer op in alle glorie. Sabels maaiden fluitend door de lucht, om hoofden af te slaan als distels. Zwarte vaandels met doodskoppen wapperden weer in de eens zo vreedzame steppen rond Cherson en Nikolajev. De middeleeuwen verbleekten bij de wreedheid, de teugelloosheid en de plotseling uitbrekende barbaarsheid van de twintigste eeuw.

Waar had dit alles verborgen gelegen, waar was het gerijpt, waar had het krachten verzameld en op zijn uur gewacht? Niemand wist daar een antwoord op. Het leek wel of het rad van de geschiedenis terugdraaide. De hele wereld raakte in verwarring, en na vele jaren van rust werd de mens voor 't eerst weer geconfronteerd met zijn hulpeloosheid tegenover de slechtheid van de anderen.

Vooral Nasarov sprak daar vaak over. De seminaristen zwegen bijna voortdurend, Lucienne sliep dagen achter elkaar en Chvat hield niet van dergelijke gesprekken, omdat ze geen voedingsbodem voor zijn spot waren. Vier kilometer vanaf Bobrinsk lag dat stadje Smela, waar ik als jongen met mijn tante Nadja heen was gereisd en waar ik de baardige kunstenaar had gezien, die verliefd was op tante Nadja.

Op de tweede dag van ons oponthoud ging ik er te voet heen. Een bezoek aan plaatsen die men van vroeger kent, wordt meestal vertroebeld door een bepaalde weemoed, die nog versterkt wordt door het feit, dat men nu eens hier, dan weer daar op volledig vergeten dingen stoot: op een oud geworden bordes, een sterk in de hoogte geschoten populier of een verroeste brievenbus, waarin je vroeger de brief had laten vallen aan de blauwogige gymnasiaste uit Kijev, met de bekentenis van je eerste grote liefde.

In de straten van Smela was het stil en verlaten. Alleen in gevallen van uiterste nood gingen de mensen de straat op, om niet het risico te lopen met dronken Denikinsoldaten in aanraking te komen. De rivier de Tjasmin was evenals in mijn jeugd met een dik tapijt van eendekroos bedekt, zodat het wateroppervlak op een groen weiland in de lente geleek. In de tuinen achter de hekken geurden lissen. De plaatsen Smela en het naburige Tsjerkasy waren nauw met de geschiedenis van mijn familie verbonden. Ik slenterde door de stille straten van Smela, en mijn leven, dat me tot nu toe altijd zeer kort had toegeschenen, stond plotseling voor me als een rij lange jaren, die met grote en kleine gebeurtenissen waren opgevuld.

De mensen denken waarschijnlijk dáárom zo graag aan het verleden, omdat de inhoud van voorbije jaren pas duidelijk begint te worden wanneer men er later aan terugdenkt. Veel te vroeg, in mijn jeugd al, kwam in mij de neiging boven om me met herinneringen bezig te houden. Van tijd tot tijd gaf ik er mij aan over als aan een spel. Ik riep het verloop van mijn leven niet stap voor stap in mijn herinnering op, maar, als men het zo mag noemen, ik zocht naar ogenblikken met een bepaalde gelijkenis. Nu eens dacht ik aan alle logementen waarin ik gewoond had – de goedkoopste natuurlijk, de zogenaamd 'gemeubileerde' – dan weer aan alle rivieren, die ik in mijn leven gezien had, aan alle stoomschepen waarmee ik op zee gevaren had, of aan alle meisjes, waar ik misschien van zou hebben kunnen houden.

Mijn voorliefde voor zulk soort herinneringen was niet eens zo zinloos, als ik aanvankelijk gedacht had. Wanneer ik bij voorbeeld de logementen in mijn herinnering opriep, dan dacht ik tegelijkertijd aan alle daarmee samenhangende bijzonderheden: de kleur van de versleten lopers in de gangen, het patroon op het behang, de geur van de keukens en de oleografieën, de gezichten van de kamermeisjes en hun manier van spreken, de versleten, doorgezakte meubels, aan alles, tot aan de uit Oeralsteen gemaakte inktpot toe, die een kleur had als van vochtige suiker en waar nooit inkt in zat, maar enkel een paar uitgedroogde dode vliegen.

Ik probeerde me dit alles steeds weer levendig voor de geest te halen. En pas veel later, toen ik nl. met schrijven begon, begreep ik dat deze herinneringen mij veel bij mijn werk hielpen. Op deze manier oefende ik mijn geheugen om mijn belevenissen concreet en duidelijk vast te houden, en was op elk willekeurig ogenblik in staat, alles nog eens opnieuw te beleven in mijn geest. Zo verzamelde ik een grote hoeveelheid kleine feiten, waaruit ik dan later kon kiezen wat ik nodig had.

In de schemering keerde ik terug naar Bobrinsk. Ik liep langs de spoordijk die in een diepe kloof uitkwam. Hoog aan de hemel hing de maan. Vanuit Bobrinsk waren geweerschoten te horen.

Mijn hart stokte, om vervolgens des te sterker te gaan bonzen, toen ik eraan dacht in welke interessante tijd mijn leven zich afspeelde; een tijd vol tegenstellingen en gebeurtenissen, vol grote verwachtingen. 'Je hebt gewoon geluk,' zei ik tegen me zelf. 'Je bent onder een gelukkig gesternte geboren.'

Vroeg in de morgen liep onze trein het station van Pomosjnaja binnen. Hij werd meteen ver op een zijspoor geschoven, waar zwarte, dorre melde op hopen oude steenkoolslakken groeide.

Toen we uit onze goederenwagon stapten, keken we verbaasd rond en zagen dat de locomotief was afgekoppeld en verdwenen. Er was geen mens te zien, noch op de rails met zijn grote aantal wissels, noch op het station zelf. Het leek wel uitgestorven. Ik ging op verkenning uit. In het kille stationsgebouw hing een grauwe damp. Alle deuren stonden open, maar noch in de wachtkamer, noch in de restauratie of de hal viel een levend wezen te bekennen.

Ik liep over de galmende stenen vloeren naar buiten het stationsplein op en liep vervolgens langs de achterkant van het stationsgebouw. Ik zag een los in de scharnieren hangende deur. Ik deed 'm open. In een smalle, hoge kamer zat een man met een gekromde rug, die een pet op had; de stationschef. Hij zat met een triest gezicht achter zijn bureau, had zijn handen in de gerafelde mouwen van zijn jas gestopt en bewoog zich niet. Alleen zijn kleine, ontstoken oogjes richtten zich op mij. Onder zijn rode pet kwamen vettige slierten haar te voorschijn.

'Wat is er aan de hand?' vroeg ik. 'Er is geen levend wezen op het station te bekennen.'

De stationschef trok de armen uit zijn mouwen en wenkte me zeer geheimzinnig naar zijn bureau. Ik kwam dichterbij. Hij greep met zijn klamme, koude vingers mijn hand vast en fluisterde: 'Ze zijn allemaal de steppen in. Ik ben als enige gebleven. Eigenlijk was ik het niet die dienst had, maar Bondartsjoek. Uitgerekend hij moet net vrouw en kinderen hebben. En ik ben vrijgezel. Zo is het gebeurd. Hij heeft 't me niet gevraagd. Ik heb me zelf aangeboden zijn dienst over te nemen.'

Hij drukte mijn hand steeds krachtiger. Ik huiverde. Een gek, dacht ik en trok mijn hand terug. Hij keek me verbaasd aan en lachte kort.

'Bang?' vroeg hij. 'Ik ben zelf net zo bang.'

'Maar waarvoor dan wel?'

'Voor de kogel,' antwoordde de man. Hij stond op en knoopte zijn jas dicht. 'Wie weet waar die kogel nu is, die door mijn hoofd geschoten zal worden. Dus zit ik hier maar te wachten.'

Hij keek op de klok.

'Nog een half uur.'

'En dan?'

'Machno komt,' zei hij plotseling met luide en duidelijke stem. 'Kunt u het zich voorstellen? Over een half uur is hij hier.'

'Hoe weet u dat?'

'Door dat ding.' De man wees naar het telegraaftoestel op het bureau. 'De Edison. Voordat deze Edison er was, leefden de mensen rustig en wisten nergens van. Maar nu weet men alles al lang vooruit, en daar wordt een mens helemaal zenuwachtig van. Machno is bij Golta verslagen. Hij blaast nu de aftocht naar zijn Alexandria. Heeft een telegram gestuurd, dat hij met zijn jongens in drie treinen ons Pomosjnaja passeert zonder te stoppen. Richting Zlatopol. Het bevel luidt: alle wissels in de juiste stand zetten, alle seinen op veilig zetten en afwachten. Voor het geval er aan dit bevel geen gevolg wordt gegeven, wordt iedereen die hem voor de voeten komt op staande voet gefusilleerd. Kijkt u maar, daar staat het: "iedereen neerschieten".'

De stationschef wees naar de strook van het telegram, die in elkaar gekronkeld op tafel lag, en zuchtte: 'Ik hoop dat hij maar zo snel mogelijk voorbijraast, die hond. Komt u uit de personentrein?'

Ik antwoordde: 'Ja,' en glimlachte omdat ik aan dat kreng van een 'personentrein' moest denken: een rij halfkapotte, smerige goederenwagons, die nu eens door het ene, dan weer door het andere wiel zakten.

'Dan kunt u er het beste zo snel mogelijk naar toe gaan en zeggen, dat de reizigers de goederenwagons moeten vergrendelen en hun neus niet meer laten zien. Wanneer de Machnobandieten iets merken, dan gaan jullie met z'n allen uit de trein de greppel in en voor de machinegeweren.'

Met dit verpletterende bericht keerde ik naar de trein terug. Meteen werden de deuren van alle wagons gesloten en de ijzeren kacheltjes gedoofd, zodat de rook ons niet zou verraden. Iedereen was blij, dat tussen onze trein en het hoofdspoor, waarover Machno's treinen voorbij zouden komen, een lange goederentrein stond, die ons goed aan het oog onttrok. Maar Chvat en mij beviel die goederentrein niet. We wilden de Machnobende zien. Onder dekking van wagons en houten keetjes bereikten we het station. De stationschef was blij – in gezelschap voelde men zich nu eenmaal toch veiliger.

'Gaat u maar naar het restaurant. Van daaruit kunt u door het raam alles nauwkeurig gadeslaan,' zei hij.

'En u?'

'Ik ga het perron op, om de trein door te laten. Met de groene vlag.'

Chvat keek hem twijfelend aan. 'Misschien is het beter dat u niet naar buiten gaat.'

'Hoezo! Ik ben toch de stationschef. Als ik daar niet sta, dan laat de machinist de trein stoppen en dan – vaarwel mijn hartje, schrijf maar naar me in het paradijs!'

Chvat en ik gingen het restaurant binnen. Daar stond een houten bord met een voorhistorische dienstregeling. We schoven het bord voor het raam, en verborgen ons erachter om alles te kunnen bekijken. Hier zou men ons vast niet opmerken. In geval van nood konden we vanuit het restaurant gemakkelijk de keuken bereiken, van waaruit een trap naar een donkere kelder leidde. Uit de kelder kwam een grijze kat met rode vlekken. Hij keek ons heel even aan, liep vervolgens over alle tafels en het lege buffet en sprong op de vensterbank. Daar ging hij zitten, met de rug naar ons toe en keek eveneens naar buiten naar de lege rails. Hij was duidelijk ontevreden met de wanorde op het station. Het puntje van zijn staart trilde geïrriteerd.

Hij stoorde ons, maar we waagden het niet hem weg te jagen. We voelden wel dat dit de 'stationskater' was, dat hij hier thuishoorde en het volle recht had om hier te zitten, terwijl wij ons als rechteloze reizigers dienovereenkomstig gedragen moesten. Van tijd tot tijd keek de kater wrevelig naar ons om.

Ineens spitste hij z'n oren, en wij hoorden het gebiedende fluitsignaal van een locomotief, die als een razende op het station kwam afstomen. Ik drukte m'n gezicht tegen het raam en zag de stationschef die overhaast het perron op kwam, zijn jas rechttrok en het opgerolde groene vlaggetje omhoog stak.

De locomotief raasde voorbij terwijl hij stoomwolken de lucht in pufte. Achter zich aan trok hij om en om open en gesloten goederenwagons. Wat daar op die open wagons voor onze ogen langsgleed, leken mij wel beelden uit een ijldroom.

Ik zag jongens met lachende gezichten, van top tot teen met wapens behangen: met kromzwaarden, marinesabels, dolken met zilveren beslag, colts, geweren en patronengordels van zeildoek. Aan petten, stijve hoeden en alle mogelijke pelsmutsen fladderden reusachtige zwart-rode linten in de wind. Het grootste lint hing aan een ingedeukte hoge hoed. De bezitter, die gekleed was in een pels, die gemakshalve aan de onderkant was afgeknipt, schoot in de lucht – waarschijnlijk wilde hij daarmee eer bewijzen aan het station Pomosjnaja, dat van schrik de adem inhield.

De wind rukte een platte strooien hoed van het hoofd van een van de Machnobandieten. De hoed cirkelde lange tijd boven het perron en kwam uiteindelijk bijna pal voor de voeten van de stationschef neer. Ondanks het schrikaanjagende zwarte lint zag de strooien hoed er lichtzinnig uit. Vermoedelijk had deze hoed (de droom van elke provinciale rokkenjager) nog tot voor kort het gepommadeerde haar van een kapper bedekt. Mogelijk had de bezitter ervan zijn pronkzucht met de dood moeten bekopen.

Ik zag een magere matroos met een haviksneus en een lange giraffenhals voorbijrijden. Hij droeg een hemd dat tot op zijn navel was opengescheurd, waarschijnlijk met opzet opengescheurd, opdat eenieder de prachtige en schrikaanjagende tatoeëring op zijn borst kon zien, die ik door de te grote snelheid niet precies kon onderscheiden. Het maakte de indruk van een verwarde kluwen vrouwenbenen, harten, dolken en slangen. De grijsblauwe, kruidkleurige tekening was met een rozerode kleur wat mooier gemaakt, een kleur die schitterde als aardbeiensap. Wanneer in de kunst van het tatoeëren een stijl zou bestaan, dan viel dit in het rococo.

Vervolgens zagen we een dikke Georgiër in een rijbroek van groen fluweel, met een damesboa om z'n nek. Hij balanceerde op een rijtuigje, en naast hem ontdekten we twee mitrailleurlopen die recht op ons gericht waren.

De kater verloor deze maskerade geen moment uit het oog. Hij trilde van opwinding en sloeg zijn nagels nu eens uit, trok ze dan weer helemaal in.

Na een dronken, vlasblonde jongen in een misgewaad, die een

gebraden gans in zijn handen hield, vloog een triomfantelijke grijsaard voorbij, die op z'n eerbiedwaardige zilverkleurig haar, een gymnasiastenpet droeg, waar het wapen uitgesneden was. In zijn hand hield hij een kozakkenlans, met een losgetornde zwarte rok eraan gebonden, waarop met witte verf de opgaande zon geschilderd was.

Al deze open wagons stuurden in het voorbijgaan onsamenhangende klanken in de richting van het stationsgebouw – de ene keer het weemoedige geklaag van een harmonika, de andere keer een overmoedig gefluit of de woorden van een lied. De liederen vloeiden in elkaar over. 'Kom op, jongens,' dreunde het vanuit de ene wagen. 'Volg de roep van Pataschon,' viel de volgende in, en de derde brulde: 'Moge rusten in vrede het lijf, het lijf, het lijf van Rabinovitsj en zijn wijf-ja!' En dan klonk weer het droevige einde van het eerste lied: 'Och, wie ligt daar onder die groene heuvel?' En de volgende wagon antwoordde weemoedig: 'Een van Machno's helden, onder een grove paardedeken.'

De eerste trein was voorbij, en meteen daarachter kwam de tweede voorbijgestoven. Een woud van omhoog gezette disselbomen hobbelde en zwaaide op de voorbij rollende open wagons. Ruige paarden stonden aan twee kanten in de gesloten wagons en knikten met hun hoofd. In plaats van paardedekens hadden ze joodse gebedsmantels – tallieth – om.

De berijders zaten op de grond en lieten hun benen uit de wagons bungelen. Gele rijlaarzen, vilten laarzen van verschillende soorten, laarzen die tot aan de knie dichtgeregen waren, laarzen met zilveren sporen, korte huzarenlaarzen met officierskokarden aan de schachten, lieslaarzen, versleten, oranjekleurige lage schoenen, rode en eeltige blote voeten, beenwindsels, die waren gemaakt van rode pluche of van groen biljartlaken gleden voorbij.

Onverwachts ging de trein langzamer rijden. De stationschef keek hulpeloos rond, maar plotseling vermande hij zich en verstarde. We sprongen van het raam weg en bereidden ons voor op de vlucht. Maar de trein stopte niet. Heel gelijkmatig en langzaam rolde hij langs het stationsgebouw, en opeens zagen we een open wagon, waarop een luxueuze, gelakte landauer stond, met vergulde, vorstelijke wapens op het portier. Een disselboom stond omhoog en er waaide een zwarte vlag aan met het opschrift: 'De anarchie is de moeder van de orde!' Vier mannen, gekleed in tabakskleurige Engelse uniformjassen, zaten op de hoeken van de goederenwagon achter mitrailleurs. Op de met rood saffiaanleer beklede achterbank hing een tengere, kleine man met een vaalgroen gezicht, die een zwarte hoed en een open casaque droeg.

Zijn benen had hij op de bok gelegd, en zijn hele houding drukte luiheid en lome, verzadigde rust uit. In z'n naar beneden hangende hand hield de man een mauserpistool, waarmee hij speelde, door het licht omhoog te gooien en het dan weer op te vangen.

Toen ik naar het gezicht van deze man keek, kwam er een walging van afschuw in mij op. Een kleffe kuif hing over zijn lage, gerimpelde voorhoofd. Hij had de boosaardige en tegelijkertijd lege ogen van een bunzing of van een gek, en uit deze ogen sprak een grimmige woede. De razernij kwam in deze man klaarblijkelijk nooit tot rust, zelfs nu niet, zoals hij daar in een opschepperig-rustige houding zat.

Dat was Nestor Machno.

De stationschef sprong op een onnatuurlijke manier in de houding, stak de rechter hand met de groene vlag ver naar voren, terwijl hij zijn linkerhand aan z'n pet bracht en voor Machno salueerde. Daarbij glimlachte hij onderdanig. Ik kon me niets voorstellen dat afstotender was dan dit glimlachje. Dat was geen lachen meer, maar een deemoedig smeken om genade uit angst voor het eigen, armoedige leven; een hulpeloze poging medelijden op te wekken.

Machno gooide zijn mauser loom in de hoogte en schoot vervolgens zonder de stationschef ook maar een blik waardig te keuren en zonder te richten. Niemand wist waarom. Wie kan er ook raden, wat een dergelijke duivelse barbaar in z'n hoofd haalt!

De stationschef gooide z'n armen met een dwaas gebaar in de lucht, wankelde achteruit, viel op zijn zij en sloeg krampachtig om zich heen, terwijl hij op het perron lag. Hij greep naar z'n keel en kwam onder het bloed te zitten.

Machno gaf een teken met z'n hand. Meteen veegde een vuurstoot uit een van de machinegeweren over het asfalt en trof de stationschef, die nog even bewoog en toen stil bleef liggen.

We stormden via de hal het perron op, terwijl de laatste goederenwagon voorbij reed. Een meisje met een wipneus en kort krullend haar, gekleed in een rijbroek en een persianerjasje, richtte vergenoegd lachend haar mauser op ons. Een man met een gezicht vol zwarte stoppels en met een Franse helm op het hoofd, duwde haar weg. De kogel sloeg achter ons in de muur.

We holden naar de stationschef. Hij was dood. Het gedienstige lachje was op zijn gezicht verstard.

We tilden hem op, waarbij we probeerden de bloedplas te vermijden, droegen hem naar het restaurant en legden hem op een lange tafel, waarop als enige versiering een verdroogde palm in een groene pot stond. De aarde in de pot zat vol gele sigarettenpeukjes.

Pas de volgende ochtend kon onze trein naar het station van Golta doorrijden.

De seminaristen waren stil geworden en murmelden de hele dag gebeden. Lucienne lag zwijgend op haar brits. Zij staarde naar de waterige hemel, Chvat fronste geërgerd z'n voorhoofd, en alleen Nasarov probeerde een gesprek aan te knopen. Maar toen hij enkel lusteloze antwoorden kreeg, hield hij ook z'n mond.

In Golta kwamen we net een paar uur na een jodenpogrom aan. Men zei dat de straten met doden bezaaid lagen. We konden er niet achterkomen wie de pogrom had georganiseerd. Niemand durfde de stad in.

Midden in de nacht begon Lucienne te huilen, eerst zachtjes, vervolgens steeds harder tot haar huilen overging van een krampachtig gesnik in een zware aanval van hysterie.

Pas bij het aanbreken van de dag kwam ze een beetje tot rust maar toen wij 's ochtens bij een station stopten, was Lucienne niet meer in onze goederenwagon. We doorzochten de hele trein maar konden haar nergens vinden. Niemand had haar gezien. Ze was verdwenen en had haar bundeltje, dat ze in de zigeunersjaal had genaaid, laten liggen – dat had ze vast al niet meer nodig.

XVIII / DE FIRINKA, EEN WATERLEIDING EN KLEINE GEVAREN

De firinka is een klein visje uit de Zwarte Zee, niet groter dan een veiligheidsspeld. Hij vond gretig aftrek, omdat er geen andere vis was en heel Odessa derhalve dit kleine visje wel móest eten. Soms gebeurde het zelfs dat deze firinka schaars werd.

Hij werd ofwel rauw gegeten en dan licht gezouten, of men hakte hem in kleine stukjes en braadde er kroketten van, die men slechts kon eten in een toestand van uiterste wanhoop, of zoals de bewoners van Odessa zeiden: 'met een tranensausje.'

Nazarov en ik – we woonden samen – hadden bijna geen geld meer. Daarom bestond ons voedsel bijna uitsluitend uit firinka en klef maïsbrood. Qua uiterlijk deed het me herinneren aan rulle cake, maar het smaakte naar een anijsdrankje. Na het eten moest men z'n mond spoelen, om de nasmaak kwijt te raken.

Soms kocht ik gepofte kastanjes, die werden verkocht door zuchtende, oude vrouwtjes, die, gehuld in zware sjaals met veel franjes, langs het trottoir op lage bankjes zaten en die de kastanjes in de kolenpannetjes omroerden. De kastanjes knetterden, sprongen open en verspreidden een geur van geschroeide boomschors met een geurige, zoete bijsmaak.

Licht was er in Odessa maar weinig; de lantaarns werden laat, of zelfs helemaal niet ontstoken. Dan werd het trottoir op stille herfstavonden enkel door de purperen gloed van de kolenpannetjes verlicht. Dit vage schijnsel verleende de straten een sprookjesachtige aanblik. Terwijl de stad zich vaak in dichte nevels hulde, hulden de oude vrouwtjes zich in hun sjaal. Gedurende de hele herfst waren er zeenevels. En het moet me van het hart, dat ik sindsdien van nevelige dagen houd, vooral in de herfst, wanneer op de grond de matte, citroengele kleur van de afgevallen bladeren schemert.

Het was erg moeilijk om in Odessa een onderkomen te vinden, maar ten slotte hadden we toch nog geluk. In de stadswijk Lanzjeron lag aan de smalle, eenzame Tsjernomorskaja-straat de psychiatrische kliniek van dokter Landesman, die zich hoog boven de zee over de steile kusthelling slingerde. Het onrustige en bonte leven van die jaren had weliswaar tot gevolg dat het aantal zenuwpatiënten sterk was toegenomen, maar niemand had geld om zich te laten behandelen, zeker niet in zo'n dure privé-kliniek als deze, en daarom was hij dan ook gesloten.

Nazarov was in Odessa een neurologe uit Moskou tegengekomen, die hij kende. Zij bracht ons onder in de lege kliniek. Landesman, een imposant en hoffelijk man, stelde ons twee kleine ziekenkamers ter beschikking onder de voorwaarde, dat wij op het huis zouden passen. We moesten ervoor zorgen dat de bomen in de vrij grote tuin niet geveld zouden worden voor brandhout en verder moesten we erop letten dat het huis zelf ook niet gesloopt werd.

De verwarming was buiten werking: ik had een vrij hoge kamer met grote ramen, en de kleine, ijzeren boerzjoejka[1] slaagde er ook nooit in de kamer te verwarmen, hoe zeer hij zich ook inspande. Hout was er bijna helemaal niet meer. Af en toe kocht ik wat houtblokken van acacia, dat per pond werd verkocht. Meer dan drie, vier pond kon ik me niet veroorloven, want ik had geen geld. Het was verschrikkelijk koud, vooral bij noordenwind, en de spiegelgladde betegelde muren versterkten dat gevoel van koude nog wegens hun witte kleur.

Ik werkte weer als corrector bij een krant, waarvan ik de naam vergeten ben en die werd uitgegeven door Ovsjanikoe Koelikovski, een lid van de Academie. Ik hoefde slechts eens in de drie dagen te verschijnen, en kreeg maar heel weinig 'klokken' – zo werd indertijd het Denikingeld met de afbeelding van de reusachtige 'tsarenklok' in het Kremlin genoemd.

1. boerzjoejka: kachel, karakteristiek voor die tijd in heel Rusland.

Het leven in de holle villa, hoog boven de zee, de volledige eenzaamheid, ja zelfs de naar de zilten zee geurende, bijna korrelige koude lucht binnen de muren bevielen me uitstekend.

Ik las veel, schreef weinig en hield me als tijdverdrijf bezig met de bestudering van de zeenevel.

's Morgens liep ik door de tuin naar de steile kustwand. In de nevel rolde de onzichtbare branding langzaam over de oever, die met kiezelsteen bedekt was. Vanaf de Vorontsov-vuurtoren klonk het doffe gehuil van de misthoorn, en het gelijkmatige gelui van de klok. Kleine, grijze druppels glinsterden op het reeds lang verwelkte gras, en op de takken van de acacia's.

Vanaf die tijd zijn in mijn verbeelding nevel en eenzaamheid, en een leven vol rust en kalmte onverbrekelijk met elkaar verbonden. De nevel begrensde de wereld en beperkte mijn gezichtsveld tot een kleine kring, waarbinnen slechts weinig dingen waarneembaar waren: een paar bomen, een bremstruik, een zuil uit natuursteen, een ijzeren poortje, een ankerketting, die ergens in een hoek van de tuin beland was, God weet hoe.

De nevel dwong mij nauwkeuriger en langer naar deze dingen te kijken dan we gewoonlijk doen. Zodoende ontdekken we allerlei voorheen nooit opgemerkte details: de poreuze, gele steen bevatte veel kleine zeeschelpen, die er zich in hadden vastgezet; aan de bremstruik zaten nog enkele bloemen, die als doorweekte en verschrompelde vlinders op rechte, harde stelen geduldig stonden te wachten op de zon, die echter maar heel zelden, en dan nog als een verschoten, witte vlek, uit de nevel te voorschijn kwam en niet eens warmte of schaduw gaf; onder de eenzame oude plataan met de citroenkleurige vlekken op de stam lagen bladeren die wel uit matgroen fluweel gesneden leken; over het ijzeren poortje liepen mieren in een lange rij, ze droegen de laatste wintervoorraden in hun onderaardse voorraadschuren; onder de ankerketting leefde een kleine, schuwe pad.

De nevel had ook zijn eigen geluiden, die ontstonden voordat hij optrok. Dan was er een vaag geritsel hoorbaar. Het water, fijn als stof, verzamelde zich tot druppels, die langs de zwarte boomtakken naar beneden gleden en zacht op de grond vielen. Later werd dit zachte geluid versterkt door een zuivere, langgerekte klank. Dat betekende dat de eerste mistdruppel water van het dak op het lege, omgekeerde zinken reservoir gevallen was.

Ik leerde van de geur van de nevel te houden; een zwakke geur van steenkoolrook en damp. Een geur van stations, aanlegplaatsen scheepsdekken – van alles wat met reizen samenhing, wat me herinnerde aan de veranderlijke, oneindige verten op het land en op het water, aan de keten van verre, roze schijnende eilanden van een archipel met een vlammend violet-blauwe gloed, vanwaar de wind de lichte geur van citroenen meevoert, aan de zwoele wind en aan het onrustige licht van de drijvende lichtboeien in het Kanaal, aan het gelijkmatige voortglijden van een trein door onze sluimerende bossen, aan alles, wat ons zwakke mensenhart in levenslange boeien slaat.

In Odessa droomde ik er indertijd van om mijn leven lang op reis te gaan, om de korte of lange tijd, die mij beschoren was, zó te gebruiken dat ik voortdurend iets nieuws zou beleven. Daarover wilde ik dan boeken schrijven met alle middelen die binnen mijn bereik lagen, om vervolgens deze boeken, heel de aarde met al haar bekoorlijke plekjes aan de jonge vrouw te schenken die ik nog zou ontmoeten en wier aanwezigheid mijn dagen en jaren zou veranderen in een onophoudelijke stroom van vreugde en leed; in een geluk van ingehouden tranen voor de schoonheid van de wereld, een wereld zoals die altijd zou moeten zijn, maar in werkelijkheid zelden is.

Indertijd was ik er nog vast van overtuigd dat mijn leven zich op die manier zou afspelen, en niet anders.

Alles wat een schrijver aan een geliefde geeft, geeft hij aan de hele mensheid. Ik geloofde heilig aan de betekenis van die moeilijk verklaarbare wet van geven en nemen: enkel geven, en niets als tegenprestatie verwachten en verlangen, hoogstens een kleinigheidje – een zandkorreltje misschien – méér niet.

Alles wat ik zoëven heb gezegd, wordt door literatuurhistorici waarschijnlijk als een lyrische afdwaling beschouwd. Ze raden schrijvers aan, zich zelf onder controle te houden, een werk logisch op te bouwen en niet van deze logische lijn af te wijken. Ik geloof echter dat men een boek kan schrijven zonder deze dwang en zonder welke voorschriften dan ook, wanneer men enkel en alleen de onweerstaanbare loop van de fantasie en van de gedachten volgt. Alleen zo kan men misschien de volledige rijkdom van het gebeurde weergeven.

Maar nu moeten we weer terugkeren tot de firinka, het maïsbrood en de herfstdagen in Odessa.

Ik maakte me geen zorgen over de voedselschaarste, zeker niet nadat ik twee potten Hollandse koffie-extract had gekregen van een kok van het in de haven liggende Franse stoomschip 'Dumont d'Urville'; ik had de koffie geruild voor een pakje 'Stamboli' tabak, dat nog van mijn vader was en dat ik van mijn moeder cadeau had gekregen.

De 'Dumont d'Urville' lag in de Quarantainehaven naast een Engelse torpedojager, waarvan de matrozen de hele dag slagbal speelden op de pier.

Uit Triëst en Venetië kwamen regelmatig de zwart-gele schepen van de maatschappij Lloyds Triëstino naar Odessa. Griekse zeelui, patrouilleerden door de stad. Hun blauwe uniformen, witte beenkappen met ronde knoopjes en brede, korte sabels deden ouderwets en een beetje theatraal aan.

Iedereen verwonderde zich in die jaren over de onvoorstelbare mengelmoes van volkeren in Odessa.

De kleine beursgokkers en zwarthandelaren werden verdrongen door de invasie van brutale en harde speculanten, die waren gevlucht uit 'Sovdepland,' zoals ze het zelf boosaardig uitdrukten. De zwarthandelaren van Odessa zuchtten verbitterd, want nu was het gedaan met de patriarchale tijden, toen in het café Fanconi dezelfde beduimelde vrachtbrief voor een wagon citroenzuur uit Archangelsk een hele maand lang van hand tot hand was gegaan; hij was nu eens in prijs gestegen, dan weer gedaald waarbij de betrokkenen aan het verschil hadden verdiend.

Archangelsk was op het ogenblik niet te bereiken, het lag verder verwijderd dan Mars, en citroenzuur was al lang een legendarisch begrip geworden. Maar dat bracht de beursspelers niet in verlegenheid. Hun bezigheden leken op de rumoerige spelen van maniakken. Ze dongen af tot ze er schor van waren, sloten zakelijke overeenkomsten, waren beledigd, en het kwam zelfs voor dat er een eindeloze, schreeuwerige twist ontstond over de wagon citroenzuur of over een even mysterieuze lading sponzen uit de Griekse franco haven Patras. Maar van tijd tot tijd slaagden ze er ook in echte transacties te sluiten: met een lading saccharine, met een partij oude bretels of met salmiak die tot poeder was gemaakt en die weinig vertrouwen inboezemde, maar die indertijd hoog genoteerd stond, omdat hij gist verving.

De uit het noorden gevluchte speculanten verbijsterden de vreedzame, filosofisch gestemde zwarthandelaren uit Odessa door hun roekeloze en onbekommerde handeltjes. Zo fonkelden er briljanten, die beslist uit de kroon van de tsaar kwamen; er werden splinternieuwe ponden Sterling en francs aangeboden; zeldzame en geparfumeerde pelzen gleden van de schouders van beroemde schoonheden uit Petrograd in de handen van Griekse tussenpersonen, met gezichten die blauwachtig glommen van het scheren. Bijzonder vrijgevig was de handel van de Russische speculanten met deftige landgoederen in alle gouvernementen van het 'vaak gekwelde Rusland.'

In de Deribassovskaja-straat kon men elke avond in de buurt van de bloemenmeisjes veel beroemdheden aantreffen; ze hadden echter al veel van hun glans verloren en waren geïrriteerd door belachelijke geruchten, die in een koortsachtig tempo de ronde deden. In dit opzicht overtroefde Odessa elke stad in het zuiden.

Er waren echter niet alleen belachelijke, maar ook dreigende geruchten en die drongen met de noordenwind vanuit de steppen van Cherson de stad binnen. De sowjettroepen rukten op naar het zuiden, ze liepen de stellingen onder de voet, dreven de Witten in 't nauw, sneden wegen af, zodat de zwakke keten van het witte front nu eens hier, dan weer daar stuk sprong als een vergane draad.

Na elke bres in het front werd Odessa overstroomd met deserteurs. De kroegen lawaaiden tot in de vroege ochtend. Vrouwen schreeuwden, men hoorde het gerinkel van glazen en het geknal van schoten; de overwonnenen rekenden onderling met elkaar af en probeerden te weten te komen wie van hun Rusland had verraden en te gronde gericht. De witte doodskoppen op de mouwen van officieren van de 'doodsbataljons' waren geel geworden van het vuil en van het vet, zodat ze niemand meer schrik inboezemden.

De stad leefde van de ene dag in de andere. De voorraad aan levensmiddelen en kolen had volgens de berekeningen al lang uitgeput moeten zijn, maar als door een wonder was dit niet het geval. Elektrisch licht was er alleen in het centrum en ook daar slechts wazig en zwak. Niemand luisterde nog naar de witte overheid, niet eens de Witten zelf.

Drieduizend bandieten uit de voorstad Moldavanka, aangevoerd door Misja Japontsjik, 'de kleine Japanner' roofden traag, zonder al te grote haast of lust. De bandieten waren oververzadigd door de sprookjesachtige strooftochten van de laatste tijd en wilden nu eens wat uitblazen van hun moeizame werkzaamheden. Ze plunderden nu alleen nog maar voor de mop; meestal organiseerden ze feestjes in restaurants en zongen daarbij een hartverscheurend liedje over de dood van Vera Cholodnaja, waarbij ze in huilen uitbarstten:

De arme Runitsj stort bittere tranen –
Vera ligt in haar kist.

Runitsj was de partner van Vera Cholodnaja. Volgens de tekst van het lied lag Vera in de kist en smeekte Runitsj:

Tooi mijn borst,
met korenbloemen, hemelsblauw.
Bedek mijn borst,
met hete tranen van trouw.

Op een avond liep ik met de journalist Jakov Lifsjits uit Petrograd van de drukkerij naar huis. Lifsjits was dakloos en als derde had hij onderdak gevonden in het sanatorium van Landesman.

De rusteloze en kleine Lifsjits met z'n warrelige kuif had de bijnaam 'Jasja op wieltjes;' een bijnaam die hij had te danken aan zijn ongewone manier van lopen: wanneer hij liep dan maakte hij met elke voet een schommelende beweging, zoals bij voorbeeld een vloeiblok doet, wanneer het inkt van papier opzuigt. Wanneer Jasja bewoog, leek het net of hij niet liep, maar snel voortrolde. Ook zijn schoenen hadden veel van een vloeiblok of een deel van een wiel: de zolen waren aan de voorkant rond afgesleten.

'Jasja op wieltjes' en ik kozen voor onze gang naar de Tsjernomorskaja-straat stille zijweggetjes, om zo weinig mogelijk patrouilles tegen te komen. In een zijstraat kwamen twee jongens uit een koetspoort naar buiten, beiden met hetzelfde soort jockeypet op het hoofd. Ze bleven op het trottoir staan en begonnen te roken. We gingen hun kant op, maar de twee liepen niet door. Ze leken wel op ons te wachten.

'Bandieten,' zei ik zacht tegen Jasja, maar hij snoof enkel ongelovig en murmelde: 'Onzin! Bandieten werken niet in dergelijke zijstraatjes waar geen mens komt. We moeten hen op de proef stellen.'

'Hoe dan?'

'Er naar toe gaan en gewoon aanspreken. Dan zien we wel.' Jasja had in z'n dagelijkse leven de theorie, om overal op af te gaan, regelrecht op het gevaar af. Hij verzekerde me dat hij dankzij deze methode op een gelukkige manier aan vele onaangename dingen ontsnapt was.

'Maar wat moeten we zeggen?' vroeg ik radeloos.

'Dat doet er niet toe.'

Jasja liep snel op de jongens af en vroeg volslagen onverwachts: 'Kunt u mij misschien vertellen hoe we in de Tsjernomorskaja-straat kunnen komen?'

De twee begonnen Jasja heel hoffelijk te vertellen hoe men daar kon komen. De weg was ingewikkeld, en ze legden het hem zeer uitvoerig uit, vooral omdat Jasja er ook nog vragen tussendoor stelde.

Jasja bedankte de twee jongens en we liepen verder.

'Ziet u nou wel,' zei Jasja triomfantelijk. 'Mijn methode is feilloos.'

Dat moest ik inderdaad toegeven, maar op hetzelfde moment

riepen de jongens iets tegen ons. We bleven staan. Ze kwamen dichterbij, en de een zei: 'U weet zeker al dat op de weg naar de Tsjernomorskaja-straat de jassen van alle voorbijgangers worden afgenomen in de buurt van het Alexander-park.'

'Zo, zo... allemaal?' antwoordde Jasja geamuseerd.

'Bijna allemaal,' verbeterde de jongen zichzelf en glimlachte. 'Uw jas wordt zeker afgenomen, dat staat vast. Daarom kunt u hem beter meteen hier al uittrekken. Voor u zal het toch niet veel uitmaken, wáár u het doet – in het Alexander-park of in de Kanatnijsteeg, nietwaar?'

'Nee, inderdaad...' antwoordde Jasja verbouwereerd.

'Vooruit, weest u dan zo vriendelijk.'

De jongen trok een mes uit z'n zak. Zo'n lang, mooi mes had ik nog nooit gezien. Het lemmet, dat zo scherp was als een scheermes, werd op hoogte van Jasja's buik gehouden.

'Wanneer het niet al te veel moeite voor u is,' zei de jongen met het mes, 'neemt u dan alles uit de zakken, wat u nodig heeft, behalve natuurlijk het geld. Mooi! Ik dank u! Goedenacht. Nee, nee, maakt u zich maar geen zorgen,' wendde hij zich tot mij, 'we hebben genoeg aan één jas. Hebzucht is de moeder van alle kwaad. Loopt u rustig verder, maar u mag niet omkijken. Wie veel omkijkt, die bereikt in het leven helemaal niets, weet u.'

We gingen weg en waren eigenlijk niet eens erg ontmoedigd door deze gebeurtenis. Jasja wachtte onderweg voortdurend op het ogenblik dat men ook mij m'n jas zou afnemen. Toen dat echter niet gebeurde, werd hij kwaad en begon te mokken, alsof het mijn schuld was dat ze alleen hem z'n mantel hadden afgenomen, of alsof ik een verklikker was en met de bandieten 'sam sam' had gedaan.

Jasja was toch al een echte pechvogel. Nazarov verzekerde me herhaaldelijk dat Jasja tot het zeldzame type mens behoorde, dat ongeluk brengt. Als bewijs haalde hij twee gebeurtenissen aan. Ik kon er jammer genoeg niets tegen in brengen, omdat het zich onder mijn eigen ogen had afgespeeld. In het ene geval ging het om een waterfles, in het andere om een thermometer.

De watervoorziening was indertijd in Odessa zeer slecht. Het water werd over een afstand van zestig kilometer uit de Dnjestr naar de stad gepompt. De pompinstallatie werkte maar op halve kracht en was al herhaaldelijk door bandieten beschoten. Daarom hing de watervoorziening van de stad doorlopend aan een zijden draadje.

Leidingwater kon men enkel in de wijken vinden die bijna op het waterpeil lagen en zelfs daar niet altijd. Met emmers, kannen en theeketels trokken de bewoners van heel Odessa van de vroege ochtend tot de late avond in lange rijen naar deze bevoorrechte wijken.

Alleen enkele gelukkige bezitters van karren konden met kleine vaten komen. Ze werden benijd, en tegelijkertijd gehaat, ofschoon ze zich zelf voor de wagentjes spanden en er meelijwekkend uitzagen, wanneer ze hun kleine vehikels zwaar hijgend een berg op trokken of wanneer ze angstig achter hun wagentjes de steile straten afholden, waarbij de helft van het water verloren ging.

We haalden om beurten water in de ongeveer twee kilometer verwijderde Oespenskaja-straat, waar ik alle kelders met waterleiding kende. Ik zou ze geblinddoekt hebben weten te vinden.

Wanneer we in de rij stonden voor het water, dan hoorden we de laatste nieuwtjes en geruchten. We begroetten de stamgasten van deze rijen als goede oude vrienden.

Niet ver van ons vandaan woonde de dichteres Vera Inber in de schaduwrijke Observatornyj-steeg. Ze ging altijd water halen in een grote vaas, gemaakt uit bontgekleurd matglas, waarin lila irissen in reliëf op afgebeeld waren.

Op een goede dag gleed de tere, kleine Inber uit, zodat haar vaas brak. Maar de volgende dag kwam ze met precies zó'n vaas. Uit medelijden droeg ik hem voor haar naar huis. Vera Inber was echter zó bang, dat ik haar laatste vaas ook nog zou laten kapotvallen dat het angstzweet me uitbrak en mijn knieën trilden.

Bij het waterdragen keek ik natuurlijk naar de grond en zo bestudeerde ik noodgedwongen alle trottoirs en de straatstenen tussen de Tsjernomorskaja-straat en de Oespenskaja-straat. Daarbij merkte ik dat dit een aantrekkelijke en in menig opzicht zelfs zeer nuttige bezigheid kon zijn. Trottoirs en straatstenen bevatten een groot aantal kleine details en aanwijzingen, die me ertoe brachten erover na te denken en er mijn conclusies uit te trekken. Er waren aangename, onbeduidende en onaangename dingen.

Het meest voorkomend en bijzonder onaangenaam, ja zelfs angstwekkend, waren de bloeddruppels – vaak hele bloedplassen – en patroonhulzen van mausers, die zurig roken naar kruit. Onaangenaam waren ook lege geldbeurzen en verscheurde legitimatiebewijzen, die ik niet zo vaak tegenkwam.

Aangename tekens waren er niet veel, maar ze waren veelsoortiger. Meestal waren het verrassende dingen: verwelkte bloemen, kristalscherven, verdroogde scharen van krabben, Egyptische sigarettenpakjes, linten die kleine meisjes hadden verloren, verroeste vishaakjes. Dat alles getuigde van een vreedzaam leven. Tot de aangename tekens behoorde natuurlijk ook het gras, dat hier en daar tussen de tegels van het trottoir te voorschijn kwam, en de onooglijke, meestal reeds verwelkte bloemen, evenals de zeesteentjes in de cementen goten, die steeds opnieuw door de regen werden schoongewassen.

Meestal kwam ik onbeduidende dingen tegen: knopen, koperen muntjes, spelden en sigarettepeuken, waar niemand op lette.

Het water dat we haalden goten we in een grote glazen mandfles op de gang. Op een goede dag liep Jasja Lifsjits de gang op en begon plotseling verschrikkelijk te schreeuwen. Ik stormde m'n kamer uit en werd getuige van een onverklaarbaar schouwspel. Voor onze ogen konden Jasja en ik zien hoe de geweldige fles langzaam overhelde, een paar seconden lang in de houding van de scheve toren van Pisa bleef staan, vervolgens op de grond viel en in duizenden stukjes uiteensprong. Het kostbare water liep klokkend langs de trap. Natuurlijk zouden we de fles nog hebben kunnen opvangen, maar we konden niets anders doen dan star voor ons uitkijken, als waren we versteend.

De tweede gebeurtenis, die met de thermometer, was nog verbluffender. Ik lag met de Spaanse griep in bed. Een thermometer was indertijd in Odessa net zo moeilijk te krijgen als bij voorbeeld ananas. De thermometers die zich in de stad bevonden kon men op de vingers van één hand tellen. Er werd even voorzichtig mee omgesprongen als schipbreukelingen in een klein bootje dat met hun laatste lucifer doen.

Nazarov vroeg aan de redacteur van onze krant, het zeer verdienstelijke en eerbiedwaardige Academielid Ovsjaniko-Koelikovskij, voor twee dagen een thermometer te leen. Als bekend humanist en verdediger van de traditie van het Russisch liberalisme kon hij Nazarov's verzoek natuurlijk niet weigeren. Steunend en op z'n lippen bijtend, waarmee hij z'n ongenoegen te kennen gaf, haalde hij de thermometer te voorschijn, maar gaf de dringende order, hem verpakt in watten in de tafella te leggen en hem te bewaken als zijn oogappel.

Nazarov nam m'n temperatuur op, maar sloeg het bevel van het lid van de Academie in de wind, want hij legde de thermometer op tafel en ging naar de stad. Ik sliep in.

Ik werd gewekt door Jasja, die voorzichtig de deur opende. Hij piepte en van dat geluid werd ik wakker.

Ik keek naar de tafel en voelde hoe de haren me te berge rezen: de thermometer bewoog nl. en rolde langzaam naar de rand van de tafel. Ik wilde schreeuwen, maar de adem stokte in mijn keel. Ik zag Jasja's verschrikte ogen. Hij staarde eveneens naar de thermometer en bewoog niet.

De thermometer rolde langzaam verder naar de rand van de tafel, viel op de grond en spatte uiteen. Waarschijnlijk als gevolg van de schrik zakte mijn temperatuur meteen. In één slag was ik weer beter. We piekerden ons suf, waar we een nieuwe thermometer vandaan moesten halen. Nasarov meldde zich ziek en ging twee dagen lang niet naar de krant, om het lid van de Academie niet onder ogen te hoeven komen. Ten slotte bleef ons niets anders over dan de weg van de misdaad. We zochten een sleutel die paste op het kantoor van Landesman, en in zijn werktafel vonden we inderdaad een thermometer. We 'namen' hem, om het maar eens in de geflatteerde dieventaal uit te drukken – dieven houden niet van het woord 'stelen' – en gaven hem aan Ovsjaniko-Koelikovskij. Na deze twee voorvallen begon Nazarov me in te praten, dat Jasja een gevaarlijk heerschap was, en hij wilde me ertoe overhalen, niet meer met hem samen door de stad te lopen. Ik lachte een beetje om Nazarov, maar werd daar al spoedig op een hardhandige wijze voor gestraft. Om een juiste voorstelling te krijgen, van wat er precies gebeurde, moet ik eerst een paar woorden zeggen over de Stoerdza-steeg. De weg naar de Tsjernomorskaja-straat ging er doorheen, en men moest deze steeg nemen, of men wilde of niet.

In deze steeg, die genoemd was naar de jezuïet Stoerdza, die ten tijde van Poesjkin zeer bekend was, overviel ons steeds het angstige gevoel van verborgen gevaar, misschien omdat hij alleen begrensd werd door de stenen omheiningen van de uitgestrekte tuinen, die op hun beurt op de steile kusthelling uitliepen. De gladde muren boden geen bescherming of enige dekking. Wanneer men indertijd door een straat liep, dan probeerde men een plek te vinden, waar men in geval van een schietpartij of een ontmoeting met dronken patrouilles, dekking kon vinden.

De Stoerdza-steeg bood dus geen bescherming, op het enige huis na dat er stond. Het had twee verdiepingen en was onbewoond; er was een smalle, donkere koetspoort en achter de gebroken raampjes tierde het onkruid welig.

Ik sloeg Nazarov's waarschuwingen in de wind en liep op een avond laat in de herfst met Jasja naar huis.

's Avonds kon men zich alleen door de stad bewegen, wanneer men zich streng hield aan een reeks ongeschreven wetten: men mocht niet roken, spreken, hoesten of hard met de schoenen op de grond stampen; lopen, of liever: sluipen, moest men dicht langs de muren of in de schaduw van de bomen; om de veertig of vijftig pas moest men blijven staan, luisteren en proberen met z'n ogen de duisternis te doorboren; het verdiende aanbeveling om op kruispunten, de straat die men moest oversteken naar beide kanten goed te onderzoeken en er dan zeer snel overheen te rennen.

We hadden de Stoerdza-steeg behouden bereikt, bleven staan, keken om de hoek of alles veilig was, luisterden en tuurden lange tijd in de dichte duisternis van de steeg. Van de ene kant kon de duisternis onze redding betekenen, omdat hij ons verborgen hield, maar van de andere kant was het gevaarlijk omdat we in een hinderlaag konden lopen.

Alles bleef stil, zo stil dat we het zachte ruisen van de branding (aan het einde van de steeg) hoorden.

We slopen door de steeg. Ik was van mening dat we het beste aan die kant van de weg konden blijven, waar de koetspoort was, vlak ervoor stil blijven staan, luisteren en dan snel en zonder lawaai te maken voorbijrennen. Volgens mij was dit een wiskundig exacte berekening. Zelfs als er mensen in de poort zouden staan, dan was het altijd nog mogelijk dat ze ons niet zouden zien. Als we echter de andere kant van de weg zouden nemen, dan kon men ons al van een behoorlijke afstand bemerken. Ik had berekend dat we in het laatste geval vijf maal langer voorbij de gevaarlijke ingang van het huis zouden lopen, of liever dat we ons vijf maal langer in het gezichtsveld zouden bevinden van eventueel in de koetspoort verstopte mensen. Dientengevolge was de kans om ontdekt te worden in het laatste geval vijf maal zo groot als in het eerste.

Jasja begon echter fluisterend over zijn theorie uit te wijden: dat men altijd recht op het gevaar af moest gaan. Ik sprak hem niet tegen om geen onnodig geluid te maken, en we gebruikten de kant van de weg die tegenover de ingang van het huis lag.

Jasja telde de seconden. We wisten dat we zeven minuten nodig hadden om van de Stoerdza-steeg de kliniek van Landesman te bereiken. Binnen de hoge omheining en achter de ijzeren poort van de kliniek zouden we ons meteen veilig voelen, zeker wanneer we de olielampjes niet zouden aansteken.

Ter hoogte van de koetspoort struikelde Jasja. Wanneer we later aan dit voorval terugdachten, verzekerde Jasja steeds dat men nooit iets bijzonder goed moet willen doen, want dat er in dat geval altijd wel iets onbeduidends gebeurt dat alles bederft. Bij mezelf dacht ik echter dat Jasja's onmogelijke manier van lopen de schuld van alles was. Dat zei ik echter nooit, om Jasja niet te krenken.

Hoe het ook zij, Jasja struikelde in elk geval, en in plaats van zacht in zichzelf te vloeken, zei hij van schrik met een duidelijke en een beetje hulpeloze stem: 'Neem me niet kwalijk!'

'Halt!' schreeuwde een schorre stem uit de koetspoort, en een scherpe lichtstraal uit een zaklantaarn viel op ons. 'Handen uit de zakken! Snel, verdomme!'

Verschillende bewapende mannen liepen op ons af. Het was een kozakkenpatrouille.

'Papieren!' zei dezelfde schorre stem.

Ik reikte hem mijn identiteitsbewijs aan. Eerst scheen de kozak op het papier, dan op mij.

'Een Griek dus,' stelde hij vast.

'Een makreelvreter! Daar heb je je vervalst vodje weer.'

Hij gaf me m'n paspoort terug en scheen op Jasja.

'Jij hoeft geen papieren te laten zien,' zei hij. 'Ik zie zo wel dat jij een generaal uit Jerusalem bent. In orde, doorlopen!'

We deden een paar passen.

'Halt!' schreeuwde dezelfde kozak plotseling. 'En verroer je niet!'

We bleven staan.

'Wat staan jullie daar! Ik heb toch gezegd dat jullie door moesten lopen!'

We zetten ons weer in beweging, maar liepen erg langzaam, om onze opwinding niet te verraden. Mijn zenuwen waren zó gespannen, dat ik met mijn rug, ja zelfs met mijn hele lichaam voelde, hoe de kozakken de vinger strak om de trekker legden. Ik hoorde echter nog geen geklik. Ik begreep wel dat dit een spel was van de kat met de ter dood veroordeelde muis, dat we in elk geval neergeknald zouden worden en dat elke seconde onze laatste kon zijn.

'Halt! Verdomme nog aan toe!' riep de kozak weer. De anderen lachten onderdrukt.

We bleven weer bij de muur staan. Ik kon deze in het donker niet zien, maar ik wist dat ze uit ruw gehouwen steen bestond en dat er uitsteeksels en gaten in zaten.

'Klim over de muur,' fluisterde ik tegen Jasja. 'In ene. 't Is toch te laat!'

Ik was mager, en daarom kostte het me weinig moeite om snel op de muur te komen. Maar Jasja gleed met zijn glad gesleten schoenen bijna uit. Ik pakte z'n arm beet en trok hem omhoog. We gooiden onze benen over de muur en sprongen naar beneden. Achter ons kraakten snel achter elkaar enkele schoten. Er vlogen stukjes steen van de bovenkant van de muur.

We stormden door de donkere tuin. De met kalk bestreken

boomstammen glansden op in het donker en wezen ons de weg.

Achter ons klommen de kozakken over de muur. Een kogel vloog ons rakelings voorbij. We renden naar de tuinmuur, die aan de overkant lag. Daar zat nl. een gat in.

Onze achtervolgers liepen nu ook al door de tuin, maar ze verloren veel tijd, telkens wanneer ze hun geweer in aanslag brachten. En we kropen tijdig de bres door in de muur. Drie stappen verder daalde een steile helling af naar zee.

We gleden er langs naar beneden en renden langs de kust. De kozakken schoten van boven maar de duisternis had ons opgeslokt, en hun kogels misten hun doel.

We klauterden lange tijd langs de oever, die met grotten en kloven was bezaaid. De branding rolde nog net zo onverschillig en traag over het grind. Oog in oog met de warme, met lavendelgeur bezwangerde nacht en de rustig ruisende golven van de zee, kon ik me haast niet voorstellen dat mensen hun soortgenoten op een zinloze manier om zeep wilden brengen. In mijn naïeveteit geloofde ik toen nog dat het kwaad altijd werd afgeschrikt door het mooie. Het was voor mij dan ook ondenkbaar dat een mens voor de ogen van de Sixtijnse Maagd of op de Akropolis vermoord kon worden.

We hadden vreselijk veel trek in een sigaret. Er vielen geen schoten meer. We kropen in de eerste de beste grot en staken een sigaret op. Nog nooit had ik zo van een sigaret genoten.

Ongeveer drie uur lang zijn we daar blijven zitten, toen stonden we op en slopen voorzichtig langs de oever tot aan de kliniek van Landesman. Overal om ons heen heerste stilte.

Toen we ons onder de kliniek bevonden klauterden we omhoog langs de loodrechte helling, terwijl we ons vastklampten aan struiken en stenen. Zo bereikten we de hoge omheining van de kliniek, die op die van een vesting leek. In de onderkant van de muur was een opening gemaakt voor het regenwater. We kropen er doorheen, stopten het gat met stenen dicht, wat helemaal niet nodig was, en gingen het huis binnen.

Nazarov sliep nog niet. Hij sloeg steil achterover van verbazing toen we hem ons verhaal vertelden. In de badkamer, die geen ramen had, staken we een petroleumlampje aan en zagen elkaar weer voor de eerste maal. Onze kleren waren gescheurd, onze handen zaten onder de bloedende snijwonden, maar voor de rest waren we ongedeerd aan de dood ontkomen.

Begerig goten we ons vol met thee, en er kwam een roes over ons, die natuurlijk niet door de thee veroorzaakt werd, maar door het wonderlijke, weergaloos opgeluchte gevoel van veiligheid. Wanneer er volmaakt geluk bestaat, dan hebben wij het in die nacht gevoeld.

Ik wilde zo lang mogelijk genieten van dit gevoel. Daarom trok ik mijn jas aan, nam een deken en ging op de loggia zitten, een diepe nis op de tweede verdieping met een vooruitspringend balkon. Het was er donker, er drong geen wind naar binnen en vanaf de straat kon niemand me zien.

Ik ging in een gevlochten ligstoel liggen, draaide me in de deken en bleef zo zitten luisteren naar de geluiden van de nacht, tot het aanbreken van de dag.

De zee rolde in lange golven naar het strand, en haar eindeloos aanzwellend en weer zwakker wordend ruisen verstomde geen moment. De wind waaide nu eens suisend door de kale bomen, ging dan weer liggen en dan was het alsof hij evenals ik naar de nacht luisterde. Hij ging niet weg, maar hij bleef hier. Ik wist het door de geur van de natte kiezelsteentjes en aan het nauwelijks waarneembare ritselen van een eenzaam platanenblaadje.

Dit koppige, blauwgroene blad was me overdag al opgevallen, maar in de nacht leek het veel op een klein, levend wezen, dat met mij waakte.

Soms klonken er in het donker geweerschoten uit de richting van de stad. Dan blaften de honden lang. Later flitste er ver op zee een mat licht op, dat meteen weer uitging.

De hele omgeving sliep. Zelf sluimerde ik steeds opnieuw enkele ogenblikken in, maar nooit erg diep. Ik verviel in die halfslaap, waarin men grote, witte bloemen op de nachtelijke zee ziet drijven of een viool hoort zingen, die even licht is als een kinderhand en dit alles met een helderheid die men normaal alleen in wakende toestand kent.

In deze halfslaap gevoelde ik me zelf heel anders dan gewoonlijk: uitermate rustig, vol vertrouwen, in overeenstemming met de wereld. En ik hoorde verzen, die in het duister vanuit zee overwoeien, en die leken op het fluisteren van een vrouw:

Wat betekent nou mijn naam
Die snel weer zal zijn vergaan
Als 't nachtelijk geluid in 't woeste bos, de golven op 't strand
Die droevig ruisend weglopen in het zand.

XIX / DE LAATSTE SCHRAPNEL

Het leven in Odessa werd met de dag verontrustender. Bij Voznessensk waren al gevechten met sowjettroepen aan de gang.

Stoomschepen, die afgeladen met vluchtelingen zaten, voeren weg, richting Constantinopel. Ze waren bijna alle vuil en van de zijkanten bladderde de zwarte verf af. Traag voeren ze de haven uit onder zware slagzij, want ze waren geladen tot boven de waterlijn en ze lieten zulke dikke rookpluimen achter, dat heel Lansheron en onze Tsjernomorskaja-straat erdoor in wolken werden gehuld.

Maar de kranten verschenen nog. De leiding van de Witten, die wisten dat hun einde letterlijk van uur tot uur nabij kwam, gaf zich alle moeite om dit voor de bevolking verborgen te houden, vooral voor de vluchtelingen uit het noorden. In de kranten werden telegrammen afgedrukt, waarin werd gemeld dat de opmars van de Bolsjevieken tot staan was gebracht en dat sterke Franse eenheden, die met artillerie en gas waren uitgerust, van Saloniki onderweg waren naar Odessa.

Deze geruchten werden verspreid met het oog op de vluchtelingen uit het noorden. Men wilde verhinderen dat ze er in een vlaag van paniek verder naar het zuiden, richting Constantinopel, van door zouden gaan en het leger der Witten op zijn vlucht zouden belemmeren. In de haven lagen slechts enkele stoomschepen, en die hadden de Denikintroepen voor zich gereserveerd.

Nog altijd zaten er officieren te drinken in café 'De gele kanarie'. Het interesseerde hun allemaal niet meer. De kranten stelden alles in het werk om de bevolking de versleten waarheid te suggereren:

'Moskou was wel platgebrand, maar daarom was Rusland nog niet verloren.'

Ook de krant, waaraan ik als corrector verbonden was, zaagde eindeloos door over dit thema in artikelen, feuilletons en verzen, ofschoon de hoofdredacteur, het lid van de Academie Ovsjaniko-Koelikovskij, reeds op een armoedig, Grieks stoomschip, de 'Venus', naar Turkije was gevlucht.

Op een goede dag kwam Boenin bij ons op de redactie. Hij maakte zich zorgen en wilde weten wat er aan het front gebeurde. Hij bleef in de deuropening staan en het duurde een hele tijd voordat hij zijn rechterhandschoen uithad. Buiten viel een kille regen en de handschoen was doorweekt en plakte een beetje. Ten slotte kreeg hij hem uit; hij keek vluchtig met zijn rustige, grijze ogen rond in onze rokerige kamer en zei: 'Ja, het ziet er bij jullie armzalig uit.'

We werden een beetje verlegen, en Nazarov antwoordde: 'Waar moeten we het geld ook vandaan halen, Ivan Alexejevitsj? We lopen op onze laatste benen.'

Boenin nam een stoel en ging naast Nazarov aan diens tafeltje zitten.

'Zeg,' zei hij 'weet u niet waar die uitdrukking "op zijn laatste benen" lopen vandaan komt?'

'Nee, dat weet ik niet.'

'Nou ja, alles is toch voorbij!' zei Boenin en zweeg een tijdje. 'Regen, koude, duisternis, en het hart is rustig. Of liever: leeg. Net alsof men dood is.'

'U bent een beetje melancholiek geworden, Ivan Alexejevitsj,' zei Nazarov voorzichtig.

'Welnee,' antwoordde Boenin. 'Het is op deze wereld gewoon onbehaaglijk geworden. Zelfs de zee ruikt naar roestig ijzer.'

Hij stond op en liep naar de kamer van de redacteur.

Al sinds mijn jeugdjaren hield ik van Boenin wegens zijn ongenadige precisie, zijn melancholie, zijn liefde voor Rusland en zijn verbazingwekkende kennis van het volk; ik hield van hem wegens zijn wijze enthousiasme voor de wereld in haar veelzijdige schoonheid, wegens zijn scherpzinnigheid en omdat in zijn werk het duidelijke gevoel leefde, dat men geluk overal kan vinden en dat het alleen voor hen die het weten te vinden is. Toen al hoorde Boenin voor mij tot de classici. Veel van zijn gedichten en zelfs losse fragmenten van zijn proza kende ik van buiten. Maar boven alles verheven was voor mij een kort verhaal van twee of drie pagina's met de titel 'de profeet Elia'. De reden van mijn voorkeur was dat er zoveel bitterheid en leed uit sprak en dat het in zo'n vlekkeloze taal was geschreven.

Daarom was ik nu bang om in zijn aanwezigheid ook maar een woord te zeggen. Het was gewoon vrees. Ik hield mijn hoofd naar beneden, luisterde naar zijn doffe stem en keek slechts af en toe naar hem op bang als ik was zijn blik te ontmoeten.

Vele jaren later las ik *Het leven van Arsenjev*. Sommige hoofdstukken uit dit boek zijn voor mij stuk voor stuk de meest verheven en volmaakte vorm van poëzie en proza. Vooral daar waar Boenin het over 't stoffelijk overschot van zijn moeder heeft – begraven in de koude kleigrond van Jelez – over het onvermijdelijke verlies van de mensen die men boven alles liefheeft, over de wanhopige liefde voor hen en over het arme hart, dat zich troosteloos aftobt in de leegte van het leven. Hij vond eenvoudige woorden, die iemand het hart konden breken:

'Een weduwe huilt in de nacht.

Ze hield zo van het kind, maar het kind is begraven.

Ook de buurman, een grijsaard, drukt huilend zijn arm voor z'n ogen,

En in de stal huilt de geit, en de sterren schitteren zacht,

Een moeder huilt elke nacht,

Wanneer iemand 's nachts huilt, springen ook anderen tranen in de ogen.

Sterren biggelen als tranen langs de nachtelijke hemel.

Onze-Lieve-Heer drukt huilend zijn arm voor z'n ogen.'

Boenin ging al vlug weer weg; ik was niet in staat om te werken en om de uit de duim gezogen, klungelige nieuwtjes van de journalisten van Odessa te corrigeren. Ik ging naar huis.

Een zwarte wind stak op vanuit de loden zee. Donkere regengordijnen trokken over de zee. De accaciablaadjes dreven niet langer op de heldere plassen water, maar waren er al lang in verdronken. Ze lagen nu onder het water als een gelige, rottende laag op de tegels van het trottoir. Alleen de natte klimop glansde in de tuinen en herinnerde aan het leven.

Ik ging naar de zee, naar Arkadija. De waterwoestenij steeg en zakte gelijkmatig, en het water liep geruisloos over het ondergespoelde zand. De hele somberheid, de hele ongastvrijheid van de herfstachtige zee overviel mij en veroorzaakte een droefgeestigheid, die mij liet verstarren en waar ik me niet tegen kon verzetten.

Voor de hoeveelste keer overzag ik mijn leven? Ik liet het aan mij voorbijtrekken en begreep ineens, dat mijn verleden, dat door tegenstrijdigheden helemaal was opengescheurd, pas door de toekomst zijn zin en kracht, z'n betekenis en rechtvaardiging zou krijgen. Misschien zou de toekomst uit mijn leven, uit de menigvuldigheid van mijn belevenissen alles kiezen, wat door een ware menselijkheid en poëzie werd verlicht en verwarmd, en zou ze me helpen de losse schakels van mijn leven tot een gesloten verhaal aaneen te voegen. Wie weet zou dit verhaal niet alleen voor mij van nut zijn, maar ook voor andere mensen en zou het hen helpen zich door de taaie nevel heen te werken tot aan een verre, verblindend felle strook klare hemel. Wie zou het zeggen? Tot aan die strook, die nu uit zuidelijke richting al langzaam begon aan te groeien boven de zee, en die de belofte inhield, de herfstachtige zon van de zeekust uit haar gevangenschap van de dichte, donkere wolken te bevrijden.

Tijdens de nacht breidde de strook heldere hemel zich uit en 's ochtends zag ik door het raam van mijn kamer een onwaarschijnlijk blauwe zee.

Er waaide een zwakke, maar vinnige noordoostenwind. Zoals altijd bracht hij koude, een wolkenloze hemel en zuivere lucht mee. Het droge gras was bedekt met rijp en bewoog glinsterend en tinkelend heen en weer op de wind.

De branding likte zwaar en traag aan de rotsen op de kust en liet er een witte ijskorst op achter. De wind rukte het zoute schuim, dat aan mekaar kleefde als opgeklopt eiwit, van de golven van de zee. De schuimvlokken beefden en trilden op het strand en bij deze aanblik viel het me niet moeilijk om van de Grieken uit de oudheid aan te nemen, dat hun godin Aphrodite met haar bovennatuurlijke schoonheid uit dit schuim geboren zou zijn.

Mijn afgedwaalde gedachten werden door het geluid van artillerievuur onderbroken. Het nam de hele stad in zijn greep als een ijzeren klauw. De hele kliniek rinkelde van het schot als een uitgedroogde kast met glazen deuren. Er klonk lawaai van het dak en er viel een pan op de grond in stukken.

Daarop dreunde een tweede schot, een derde, een vierde...

De schoten waren afkomstig van een Franse kruiser, die op de rede lag en die in de richting van de steppe schoot. De projectielen suisden over de stad en vlogen zó ver dat de ontploffingen in Odessa niet te horen waren.

Door het raam zag ik 'Jasja op wieltjes' vanaf de straat het erf op stormen. Hij opende de deur en riep beneden op het trappenhuis met een stem die door de lege kliniek galmde: 'De Bolsjewieken zijn bij Tilligoelskij-Liman doorgestoten! Ze naderen Koejalnik. 't Is afgelopen!'

Koeljalnik lag enkele kilometers ten oosten van Odessa.

Jasja kwam mijn kamer binnenhollen; Nazarov kwam ook. Jasja schreeuwde dat de Witten er van door gingen zonder een schot te lossen, dat er paniek heerste in de haven, dat de Franse kruiser in het wilde weg op de steppe schoot, dat we zo snel mogelijk het hoogst nodige moesten bijeenrapen en in een kleine koffer pakken en dat we naar de haven moesten gaan. Daar was de inscheping op de stoomboten al in volle gang.

'Nou en?' vroeg ik. 'Ga rustig je gang. Dat moet je voor je eigen geweten verantwoorden. Ik vind echter dat men zijn volk en vaderland nooit en onder geen enkele voorwaarde in de steek mag laten.'

'Ja,' voegde Nazarov eraan toe. 'Een leven buiten Rusland heeft geen waarde en geen zin. Als uw leven voor u echter zoveel waarde heeft Jasja – ik zou niet weten voor wie – duvel dan maar op en wel zo snel mogelijk!'

'Onzin,' mompelde Jasja en werd zó rood dat de tranen hem in de ogen sprongen. 'Iedereen vlucht. Ik werd gewoon meegesleept, maar natuurlijk ga ik nergens naar toe.'

Men moest in die tijd zijn beslissingen snel nemen. Een ogenblik van aarzeling kon het hele leven vernietigen of redden.

Jasja bleef en was dolgelukkig dat hij nu niets meer hoefde te bedenken, niet meer hoefde te wikken en te wegen. Hij zette thee, we dronken hem haastig op en gingen toen naar het Alexanderpark. Daar lag een antiek gewelf bovenop de steile kusthelling, van waaruit we een goed uitzicht hadden op de hele haven. Alles wat zich daar afspeelde konden we zien.

Jarenlang heb ik de kwellende verbeelding niet van me kunnen afzetten dat ik deze homerische vlucht, die zich op dat ogenblik voor onze ogen afspeelde, al eens eerder had gezien, en wel op een schilderij van een meedogenloos kunstenaar. Deze monden die vertrokken waren van hulpgeroep en deze ogen die uit hun kassen puilden; deze gezichten die groen zagen van afschuw en die diepe groeven vertoonden als tekens van de naderende dood; deze blinde angst, waarin de mensen slechts één enkel ding zagen: de zwaaiende loopplank van het stoomschip; de leuningen van deze planken, reeds gezwicht onder de stormloop van menselijke lichamen; de geweerkolven van de soldaten boven hun hoofden; kinderen, die door hun moeders met uitgestrekte armen boven de waanzinnige horde werden getild; hun wanhopig gehuil; een vrouw die onder de voet werd gelopen en die kermend over de stenen rolde...

De mensen stortten elkaar in het verderf en accepteerden zelfs niet dat diegenen zich konden redden, die zich al hadden omhoog gehesen tot aan de loopplank en die de leuning al hadden beetgepakt. Meteen klampten zich vele handen vast aan degene, die zo gelukkig was, en lieten hem niet meer los. Hij drong verder naar voren, sleepte andere vluchtelingen op de loopplank achter zich aan, werd teruggestoten, viel, stortte samen met hen in zee en verdronk, omdat hij niet de kracht bezat zich te bevrijden van zijn huiveringwekkende, levende last. Alle toegangswegen tot de haven waren verstopt. Het leek wel of de heiningen en de huizen zouden bezwijken onder de stormloop van de mensen, alsof ook zij spoedig zouden meegeven en instorten. Voor velen zou dat misschien de redding hebben betekend, maar de huizen weken niet met hun ruwe stenen muren. Alleen een voortdurend gerinkel van glas en een gekraak van hout wees erop, dat de mensen ramen en deuren indrukten.

Vertrapte koffers, bundeltjes en korven gleden en tuimelden als misvormde wezens onder de voeten van de mensen de berg af in de richting van de haven. De verpakte spullen puilden eruit, raakten verward in de benen van de mensen, zodat de vluchtenden rokken, kant, kinderkleren en linten achter zich aansleepten. Deze vreedzame voorwerpen maakten het schouwspel van de vlucht nog droeviger.

Boven alle toegangswegen tot de haven hing een afschuwelijk, ijzige stofwolk.

Officieren en soldaten werden door de menigte weggevaagd en van elkaar gescheiden; alleen de vilten capes van de Kaukasiërs doken hier en daar in het dichte gewoel op als zwarte klokken, maar ze waren op de vlucht zo lastig, dat hun bezitters ze afgooiden. En dan leek het net of de capes vanzelf op onzichtbare golven wiegden en als zwarte tapijten naar beneden naar de haven gleden.

Langzaam helden de stoomschepen over onder de last van de mensen, die zich aan de zijkanten hadden vastgeklampt en aan boord probeerden te klimmen. Matrozen en soldaten probeerden de menigte terug te dringen, maar ze werden onder de voet gelopen.

Met elke minuut nam het geweeklaag der mensen toe. Het ruisen van de branding tegen de pier, waardoor de rede werd afgesloten, was al niet meer te horen.

Toen klonken er ineens geweerschoten bij de loopplanken. Men wilde de menigte tot staan brengen maar de razernij werd er alleen maar groter door.

In de stad achter de waanzinnige menigte werd 't stil en verlaten. De Sowjettroepen hadden de stad blijkbaar nog niet bereikt. Als ze in de stad geweest waren, als er slechts één enkele ruiter was verschenen achter deze menigte of als er slechts één enkel schot was gelost, dan zou de waanzin geen grenzen meer gekend hebben.

De volgende dag hoorden we dat er rond deze tijd al verkenningspatrouilles van het Sowjetleger de stad waren binnengedrongen, maar dat ze, geschokt door het afschuwelijke schouwspel van de vlucht, boven aan de toegangswegen naar de haven hadden halt gehouden en het vuur niet hadden geopend.

We zagen hoe de trossen doorgekapt werden en de stoomschepen van wal staken, zonder dat de loopplanken werden binnengehaald. De planken gleden weg en stortten met de mensen er nog op in zee. Het was onmogelijk om nog langer te blijven luisteren naar het geschreeuw, getier en gehuil van de mensen die achterbleven of gescheiden waren. De schepen voeren langzaam weg, uit de schoorstenen kwamen dikke rookwolken en de schroeven draaiden op volle toeren. Ineens stroomde de haven leeg. De achtergeblevenen stormden zijstraatjes in en verborgen zich in alle hoekjes van het haventerrein. Want over de wegen die bezaaid lagen met verscheurde dingen, reed een cavaleriepatrouille van het Sowjetleger langzaam tussen de lijken van doodgedrukte mensen naar de haven.

Deze soldaten van het Rode Leger reden met gebogen hoofd, alsof ze diep nadachten, ze hielden halt bij de mensen die op de grond lagen, sprongen uit het zadel en bogen zich over hen heen.

Waarschijnlijk zochten ze naar overlevenden, maar die waren er niet meer.

De soldaten reden helemaal de pier op, hielden daar in en keken lang naar de stoomboten, die achter elkaar opstoomden naar open zee. Ze voeren langs de oude Voronts-vuurtoren, die al heel wat had beleefd en gezien. Het was stil. Alleen uit de stad drong een nauwelijks hoorbaar lied tot ons door:

'Vijandelijke stormen razen door de lucht;
Dreigende wolken verduisteren het licht.
Ook al staan ons leed en dood te wachten,
Tegen de vijand roept ons onze plicht.'

Boven de brug van een van de schepen schoot een stoomstraal omhoog naar de grijze lucht; er huilde een sirene met een laag, bevend geluid. Alle andere stoomschepen namen dit signaal meteen op verschillende toon over. Het waren afscheids- en doodssirenes.

Ze klonken als lijkbeden voor de mensen, die hun vaderland vaarwel zeiden, die afstand deden van hun volk, van de Russische velden en wouden, van de lente en winter, van leed en vreugde van het volk, afzagen van heden en verleden, van het geniale licht van Poesjkin en Tolstoj, van de grote kinderliefde voor elke grasspriet, elke druppel water uit de schoot van onze ongekunstelde en prachtige aarde.

De ruiters stonden nog steeds onbeweeglijk aan het einde van de pier. De torpedoboot die de schepen begeleidde, vuurde twee schoten af. Twee nutteloze schrapnels ontploften met een lichte dreun boven de stad. Dát was een laatste afscheidsgroet aan de geboortegrond. De artillerie van de Sowjets beantwoordde het vuur niet. De mensen stonden op de pieren, de boulevards, de steile hellingen boven de zee te kijken, hoe de zware rompen van de stoomboten zich verwijderden en in rook en nevel vervaagden. In dit zwijgen van de overwinnaars lag een zwaar verwijt.

De schepen verdwenen in de nevel. Het was alsof de noordoostenwind een schone bladzijde opsloeg waarop de heldhaftige geschiedenis van Rusland, ons zwaar beproefde, buitengewone en tot de laatste ademtocht beminde vaderland, nog moest worden geschreven.

KONSTANTIN PAUSTOVSKIJ

De herinneringen van Konstantin Paustovskij beslaan zes delen. Daarnaast verscheen nog een afzonderlijk zevende deel met literaire herinneringen. De complete reeks bevat de volgende titels:

1 *Verre jaren* (Privé-domein nummer 16)
2 *Onrustige jeugd* (Privé-domein nummer 32)
3 *Begin van een onbekend tijdperk* (Privé-domein nummer 5)
4 *De tijd van de grote verwachtingen* (Privé-domein nummer 61)
5 *De sprong naar het Zuiden* (Privé-domein nummer 83)
6 *Boek der omzwervingen* (Privé-domein nummer 103)
7 *De gouden roos* (Privé-domein nummer 137)

Van Konstantin Paustovskij verschenen voorts bij De Arbeiderspers:
Afscheid van de zomer (verhalen)
De romantici (roman)

De literaire kritiek over Konstantin Paustovskij:

* Zonder twijfel heeft Paustovskij heel wat meer menselijke slechtheid en lelijkheid gezien en ervaren dan Proust zich ooit heeft kunnen verbeelden. Het is daarom zo verbluffend dat hij zo intens-vitaal vooral het boeiende, mooie en stimulerende in het leven bleef vastleggen. – *The New York Times Book Review*

* De taal van Paustovskij stroomt voort als een machtige rivier. Ze is uitdrukking van een volmaakt meesterschap dat hem in staat stelt het miraculeuze te realiseren: de revolutie, de strijd, de honger, de hoop en illusies te verbeelden van het volk, dat men door zijn pen in diepste wezen kan leren kennen. – *Le Monde*

* Paustovskij kan zonder meer gelden als de directe voortzetter van de grote literaire traditie van Boenin en van Anton Tsjechov. – *Neue Zürcher Zeitung*

* [...] een Russische Proust. – *Times Literary Supplement*

* Een superieur model in het genre van de autobiografie. In dit door en door Russische werk komen vele scènes voor die altijd in het geheugen van de lezer gegrift blijven. – *The Observer*

* Alle delen van Paustovskij's memoires bestaan uit een aaneenschakeling van korte verhalen, spannende gebeurtenissen, anekdotische en ontroerende voorvallen, ontmoetingen met kleurrijke personen, afgewisseld met natuurbeschrijvingen en overpeinzingen. – NRC *Handelsblad*

* Paustovskij's kracht als schrijver is de concrete, aanschouwelijke, beeldende manier waarop hij aspecten van de werkelijkheid weet te verwoorden; verder de niet opdringerige, indirecte maar toch heel scherpe karakterisering van de mensen die in zijn verhalen optreden. – *Vrij Nederland*

* Paustovskij was voor mij een openbaring. – *Maarten 't Hart*

* Een ontzaglijke variëteit aan mensentypes en anecdotes, waarvan de ontmoetingen met schrijvers als Babel, Boelgakov, Ilf, Chlebnikov en anderen hoogst waardevol en interessant zijn, passeert de subtiele opmerkingsgave van Paustovskij. – *De Morgen*

* Een prachtige uitgave van De Arbeiderspers [...] een onbetwist hoogtepunt van de sovjetliteratuur [...] in een voortreffelijke vertaling van W. Hartog. – *Marko Fondse*